价格型调控转型中货币政策操作目标的效力检验

——基于 SHIBOR 的实证分析

周陈曦 著

中国金融出版社

责任编辑：王雪珂

责任校对：张志文

责任印制：陈晓川

图书在版编目（CIP）数据

价格型调控转型中货币政策操作目标的效力检验——基于 SHIBOR 的实证分析/周陈曦著. —北京：中国金融出版社，2019.6

ISBN 978 - 7 - 5220 - 0006 - 0

Ⅰ.①价… Ⅱ.①周… Ⅲ.①货币政策—研究 Ⅳ.①F820.1

中国版本图书馆 CIP 数据核字（2019）第 039304 号

价格型调控转型中货币政策操作目标的效力检验——基于 SHIBOR 的实证分析

Jiage Xing Tiaokong Zhuanxing Zhong Huobi Zhengce Caozuo Mubiao de Xiaoli

Jianyan——Jiyu SHIBOR de Shizheng Fenxi

出版
发行　**中国金融出版社**

社址　北京市丰台区益泽路 2 号

市场开发部　（010）63266347，63805472，63439533（传真）

网 上 书 店　http：//www.chinafph.com

　　　　　　（010）63286832，63365686（传真）

读者服务部　（010）66070833，62568380

邮编　100071

经销　新华书店

印刷　保利达印务有限公司

尺寸　169 毫米×239 毫米

印张　15.75

字数　200 千

版次　2019 年 6 月第 1 版

印次　2019 年 6 月第 1 次印刷

定价　56.00 元

ISBN 978 - 7 - 5220 - 0006 - 0

如出现印装错误本社负责调换　联系电话（010）63263947

前　　言

众所周知，实施货币政策价格型调控转型是顺应经济社会发展，加快利率市场化改革的配套性举措。转型会对原有货币政策传导渠道产生影响，货币政策操作目标是传导渠道的关键环节。操作目标效力状况事关转型的有效推进。构建一套评价体系用于货币政策操作目标效力的检验，并将上述体系应用于具体实践，成为一项亟待解决的理论命题。

本书以传统的货币银行理论为基础，构建了价格型调控转型背景下的货币政策操作目标效力的评价体系。具体而言，该体系包括：操作目标波动率预测及精度状况；应货币政策工具的反馈能力；对货币政策最终目标的调控效力；对市场利率的引导效果；与货币供应量的协调状态五个方面内容。本书将从上述视角展开分析。

上海银行间同业拆放利率（SHIBOR）具备作为操作目标的有关特征：（1）从我国实际看，虽然SHIBOR不能同过去的"基准利率"般任由央行决定，但其交易操作仍处于央行管理之下，能较好地沿袭过去的操作习惯，使得研究对象具有较好的历史沿袭性；（2）从自身属性看，一方面SHIBOR是由同业拆借市场自发形成的报价价格，另一方面SHIBOR市场由央行组织构建，比较适合承担作为"货币政策工具"至"最终目标"之间的"桥梁"，确保了SHIBOR能够同时具备政策传导性与市场反馈性；（3）从市场地位看，同业拆借市场是主要的货币市场，其价格地位强于票据市场、大额可转让定期存单市场（CD 市场）、国库券市场等其他货币市场；（4）从国际经验看，目前世界主要经济体都采用了同业拆借利率作为操作目标，SHIBOR 应用前景广泛。

本书的研究主要从以下几个方面展开。

第一，探讨了货币政策操作目标效力的本质、作用机理与检验标准，分析了社会公众经济行为、金融机构经营行为与央行货币政策转型等方面因素，对货币政策操作目标构成的影响，论证了操作目标效力的主要特征、决定因素和作用机理，并对货币政策操作目标效力评价标准进行了论述。分析了美国、德国、英国等国家货币政策操作目标效力状况，探讨了我国货币政策操作目标运行的四个阶段。研究发现，我国利率市场化有待完善，利率调节渠道尚不畅通；金融市场不甚发达，操作目标传导机制不甚健全；市场利率种类多，但缺乏权威性的操作目标利率。

第二，探讨了 SHIBOR 波动的基本规律及其测定，主要包括三方面内容：一是 SHIBOR 波动率指标能否被方便获取；二是 SHIBOR 波动率能否被预测；三是 SHIBOR 波动率预测的精确度如何。本书将 SHIBOR 分为早期、初期、中期和近期四个阶段进行分析，对 SHIBOR 的高频数据进行波动率测定，并对测定结果进行了相应的精度检验。

第三，探讨了 SHIBOR 应货币政策工具作用下的传导效力。即中央银行通过运用各种货币政策工具，能否准确、及时地对 SHIBOR 进行调节和控制，以贯彻货币政策意图。中央银行能否根据政策目标和宏观经济运行的情况，在公开市场或通过其他工具直接参与货币市场交易，从而对 SHIBOR 进行调节。本书从理论层面分析了传统的三大货币政策工具对 SHIBOR 的影响，随后将上述过程拓展至其他货币政策工具，从数量型与价格型货币政策工具的角度探讨了货币政策工具对 SHIBOR 的影响过程。最后借助计量分析工具对上述影响进行了量化分析。

第四，探讨了 SHIBOR 对货币政策最终目标的调节作用。操作目标作为货币政策传导工具，对于其他利率具有较强的相关性，能够起到引导其他利率发生联动的作用，通过影响一般性的成本收益水平，进而影响市场主体的消费、投资、储蓄倾向，改变他们对不同金融产品的偏好，最终与国民经济总产出、货币供给、社会消费总额发生关联。本书将货币政策最终目标分为经济增长、物价稳定、充分就业、国际收支平衡、结构调整和金融稳定六个方面，分析了 SHIBOR 对最终经济目标的影响路径，并借助计量工具分析了 SHIBOR 对于货币政策最终目标影响的冲击响应过程。

第五，探讨了 SHIBOR 对其他主要市场利率的引导作用。SHIBOR 是利率体系中最具有代表性的利率，作为金融产品定价依据的技术基准，是金融市场利率体系的坐标原点，在整个利率体系中处于基础性地位。本书从货币市场、债券市场、信贷市场和同业市场等方面分析了 SHIBOR 的利率联动作用，并对短期、中期和长期三个期限间 SHIBOR 的联动效应进行了定量分析。

第六，探讨了 SHIBOR 对货币供应量的协调作用。货币供应量作为我国货币政策重要调控目标的历史由来已久。在开展关于 SHIBOR 作为货币政策操作目标的效力检验分析时，理应考察其与货币供应量的协调状况。以确保在实行价格型调控转型之后，货币政策操作目标运行的连续性与一贯性。本书从货币供应三个层次分析了 SHIBOR 与货币供应量之间的协调关系，并运用计量工具分析了上述关系的实际效果。

通过上述研究，我们得到如下研究结论。

（1）通过对不同期限 SHIBOR 进行 GARCH 族模型预测，并对预测结果进行精度检验。研究表明，SHIBOR 波动率呈现出显著的"尖峰厚尾"的特征，短期 SHIBOR 存在明显的 ARCH 效应，序列回归方程残差出现波动的集群现象，SHIBOR 波动率具有很强的波动集聚性和持续性。

（2）通过采用 State‑space 模型就货币政策工具对于 SHIBOR 的调

控进行分析。结果表明，不同货币政策工具对于 SHIBOR 的影响效应随着时间的不同而存在差异，数量型货币政策工具对于 SHIBOR 的影响略微有限，价格型货币政策工具能够对 SHIBOR 发挥比较显著的调节作用。

（3）通过采用 SVAR 模型对 SHIBOR 与货币政策最终目标间的相关性进行分析，结果表明，SHIBOR 对于国内生产总值的影响比较微弱，对于消费物价具有显著的影响效应，对于就业水平总体产生了负向影响，对于国际收支的影响并不稳定，对于结构调整与金融稳定的影响较弱。

（4）通过对 SHIBOR 联动效应的 TVP - VAR 模型的分析，结果表明，不同期限的 SHIBOR 之间存在联动关系，长期 SHIBOR 对于短期SHIBOR 具有更加显著的引导效应，短期 SHIBOR 对于长期 SHIBOR 的联动效应相对有限。在不同利率市场之间，SHIBOR 对于国债收益率、质押式回购利率、CHIBOR 的联动效应存在差异。

（5）通过采用 SEM 模型对 SHIBOR 与货币供应量的协调关系进行分析，研究表明，在市场利率上升的情形下，企业融资压力较大，企业存款增长率出现下滑，SHIBOR 的上升降低了储蓄存款增长率，并降低了其他存款增长率。广义货币供应量增长率与 SHIBOR 之间存在负向关系，狭义货币供应量增长率与 SHIBOR 之间存在正向关系。

基于上述研究结论，我们提出如下对策建议。

（1）加强 SHIBOR 市场报价体系机制的建设，有效提升市场波动预测的及时性与精确性。推进不同市场间的联络，加强本币与外汇市场间的互联互通。提高中长端利率的报价准确性，缩小不同期限市场间的波动差距。规范市场秩序，加强对金融机构定价行为的监测分析。

（2）加强央行对于 SHIBOR 的监管和指导作用，有效提升货币政策工具的调控效力。建立跨市场的联合调控机制，增强货币政策调节的协调性与规范性。加大票据市场采用 SHIBOR 作为定价基准的力度。强化对价格型货币政策工具的管理，正确引导货币价格变动的合理预期。巩固中国人民银行的货币政策主体地位，不断提升央行货币政策的权威性。

（3）加强 SHIBOR 对于货币政策最终目标的影响作用，不断增强对于货币政策传导的相关性。完善中央银行制度，确保中央银行决策独立性与货币政策适用性；提高货币政策的经济调控效力，增强政策设计与经济运行的契合性；加强货币政策与财政政策、产业政策的综合协调。

（4）加强 SHIBOR 市场与其他市场的协调联动关系，强化各金融市场价格与 SHIBOR 的协调性。协调发展各金融市场，建立规范的货币市场资金流通渠道和机制。协调发展金融市场，加强货币市场和资本市场的联系和统一，建立完善的利率传导机制。

（5）加强 SHIBOR 调控与货币供应量管控的协调与配合，提高政策传导与货币政策调节效能。强化货币政策的科学性，提高 SHIBOR 对于货币政策调控的有效性。合理利用数量型与价格型调控工具，促进多种政策手段的调节效能。重视货币政策和财政政策等非货币政策调控手段的协同效应，减少对宏观经济的作用时滞，增强政策调控的针对性。

目　　录

1 导　　论

1.1　研究背景与研究意义

2007 年 2 月，中国人民银行发布《2006 年第四季度货币政策执行报告》，首次提出：进一步推动利率市场化，增强利率等价格杠杆的调控作用。灵活运用利率工具，提高价格型工具的调控效果，逐步发挥价格杠杆在货币政策调控中的作用。此后，《金融业发展与改革"十二五"规划》以及《中华人民共和国国民经济和社会发展第十三个五年规划纲要》均明确提出"推动货币政策由数量型为主向价格型为主转变"，货币政策价格型调控转型业已展开。

价格型调控与数量型调控是中央银行货币政策调控的两种基本模式。价格型调控是中央银行以某一利率水平为目标，放弃对基础货币供给的控制，通过改变基础货币的供给以满足商业银行对此的需求；数量型调控是以控制一定数量的储备资产（可以是基础货币、超额存款准备金、借入准备金或者非借入准备金等）为目标，放弃对货币市场利率的控制，通过储备资产价格的变化来改变商业银行对储备资产的需求。

在过去相当长的一段时期内，我国货币政策采取的是数量型调控。货币政策操作目标以基础货币、准备金为主导的数量型指标为主。在货币政策由数量型转变为价格型的背景之下，货币政策操作目标表现如何？能否确保转型期内货币政策传导顺畅？或者说货币政策操作目标效力如何？近期来看，SHIBOR 作为操作目标利率的表现如何？能否将其培育成为价格型调控中的主导型操作目标？这些都是颇值商榷的问题。

对于上述问题的研究具有较大的研究意义，操作目标效力直接关系着货币政策工具的调控效果，对于货币政策传导乃至宏观经济调控具有不可估量的重要性：良好的操作目标效力不但能确保央行货币政策对于经济目标持久发力，并能有效协调各类经济变量，甚至预测可能的宏观经济风险，为潜在风险提供早期预警。在宏观审慎不断强化的今天，操作目标对于调节各主体的经济行为，维护良好的金融竞争秩序具有不可替代的作用。另外，倘若操作目标效力发挥不利，将无法确保货币政策对于最终经济目标的有效控制，导致政策失效，甚至是货币当局职能"架空"，引发金融混乱直至经济危机，2013—2015 年爆发的数次"钱荒"事件就是这一事实的明证。由此可见，及时关注与探讨货币政策操作目标效力的重要性是不言而喻的，特别是在货币政策调控模式处于转型过程中时，这种关注与探讨的重要意义又因随机性与不可预测性而更加凸显出来。

那么，在价格型调控转型的背景下，如何对"操作目标"效力进行检验？一方面，我们可以从价格型调控转型的实践特征中寻找答案。简要而言，转型期至少具有三项特点：（1）货币政策传导途径在数量型与价格调控中分别适用，那么上述途径在转型期同样适用，即传统的评价操作目标的标准在转型时期仍然适用；（2）之所以要转，隐含的假设命题在于不成熟、不充分，即价格型传导不顺畅，根本上是利率市场不健全，客观上要求某种利率发挥利率联动效应及主导型作用；（3）转型是一个过程，意味着转型期对货币政策数量型调控的关注分亦未断、似断非断，数量型指标对于操作目标的影响不容忽视。在这样的背景下检验货币政策操作目标效力，需要同时考虑上述三方面因素。

因素一：货币政策基本传导；因素二：市场利率的引导；因素三：与货币供应量之间的协调。上述三方面因素分别衍生成为本书所研究的五项标准：其中，因素一衍生成为"可测性""可控性""相关性"；因素二衍生成为"联动性"；因素三衍生成为"协调性"。这就是检验操作目标效力的五项标准。

另一方面，从经典货币银行理论中寻找答案。既然货币政策传导是按照"货币工具→操作目标→中间目标→最终目标"的基本途径展开的。而"效力"指的是一套机制，一种体系。科学检验货币政策操作目标的效力需要将其纳入货币政策传导途径中进行考量。这一分析视角是与经典的货币银行学理论不谋而合的，可分为以下几个层次：（1）对于操作目标自身的检验构成了对操作目标效力"可测性"的检验；（2）"货币工具→操作目标"的传导途径构成了"可控性"的检验；（3）"操作目标→最终目标"的传导构成了"相关性"的检验；（4）"操作目标→中间目标"的传导构成了"联动性"的检验（在此仅指价格型调控）。最后，"货币工具→操作目标→中间目标→最终目标"的路径，实际上包含了数量型与价格型两种类型，如果考虑数量型与价格型彼此的协调关系，就得出了层次（5）"协调性"的检验，同样得出了检验操作目标效力的五项标准。

至此，我们从实践和理论两方面的视角，都得出了检验价格型调控转型中操作目标效力的五项检验标准，即"可测性""可控性""相关性""联动性""协调性"。其中，前三项直接来源于货币银行理论，后两者是结合我国货币政策价格型调控转型背景，以严格的货币银行理论为依据的检验标准。上述五项标准共同构成了"操作目标"效力的检验体系。

在得出货币政策操作目标检验标准后，我们应用上述标准对 SHI-BOR 的操作目标效力进行检验。自 2007 年 1 月 4 日运行以来，SHIBOR 已经成为金融市场上最重要的市场利率之一，成为银行、债券等市场重要的定价依据。2007 年以来，SHIBOR 在"美国次贷危机"、2013 年"钱荒"等重大历史性事件中较好地承担了政策传导、风险测试、危机预警等职能，作为货币政策主导型操作目标的实际地位不断显现。我们将借鉴 2002 年经济学诺贝尔奖获得者弗农·史密斯（Vernon Smith）提出的"实验经济学"思想为指导开展分析：在明确研究场景之后，我们将上述场景分解为若干个部分，借助"可测性""可控性""相关性""联动性""协调性"五个方面对 SHIBOR 的操作目标效力状态进行详细研究。

值得说明的是，目前在实际操作中，央行并没有将 SHIBOR 当作唯一的货币政策操作目标，而是在《货币政策执行报告》中定期公布 SHIBOR、质押回购利率、存贷款基准利率等货币价格波动情况。上述几种利率都具备充当货币政策操作目标的基本效力，但由于目前我国利率市场化体系还有待进一步完善，价格型货币政策调控机制尚未完全建立，目前的货币政策主要通过多种渠道作用于最终目标，SHIBOR 独立承担货币政策操作目标尚需时日。

本书的理论意义在于：明确货币政策传导的机制与路径（并且这个路径具有公认性与宏观性），从而避免由于场景不同、标准相异造成结论判断的偏颇，并在此基础上探讨操作目标效力。此外，本书将政策传导的操作目标纳入行政调节与市场调节的范畴，突出政策调节的主动性与市场调节的客观性，为推进货币政策的市场化特征提供可供借鉴的参考样本。本书的写作将采用多种计量分析手段就不同的问题开展研究与讨论，对于进一步丰富实证分析的场景性范式，提高结论的科学性具有重要意义。本书的研究结论能够较好地印证、充实波动率及其检测理论、货币政策传导理论、货币政策调控理论、利率传导理论、货币供应决定理论等经典货币银行理论，具有较强的理论意义。

本书的实践意义在于：通过研究转型中货币政策操作目标效力，阐释我国货币政策价格型调控转型背景下货币政策操作目标运行的某些特点。并对上述特点进行实证检验，充分保证了研究结论的准确性与科学性。上述研究过程与研究结论将为货币政策制定者提供一定的参考；对于制度顶层设计及对于转型的方向性把控等方面提供一定的借鉴价值；对于金融行业的从业人员进行宏观经济分析提供参考与借鉴。

1.2 国内外研究现状

研究价格型调控及其转型背景下的货币政策操作目标效力的相关文献十分丰富，本章将从价格型调控与货币政策操作目标实际应用等视角分别梳理国内外相关研究成果并对现有研究的贡献与不足进行评述。

1.2.1 关于价格型货币政策调控的研究

根据丁伯根法则，要实现不同的货币政策目标，至少需要具备相应数量并且相互独立的货币政策工具（Tinbergen，1956）[1]，而普尔定理将上述法则运用于货币政策领域，认为货币数量与货币价格稳定的目标不可能同时实现，而只能设立两者中的一个目标（Poole，1969）[2]。历史上，随着货币供应量指标对于货币政策工具传导的乏力，主张以价格指标作为调控工具的凯恩斯主义学派应运而生，凯恩斯将货币理论与经济目标结合起来，研究储蓄与投资对于就业与总收入的决定，提出了货币供求对于均衡利率水平的决定问题，进而指出了价格型调控的

① Tinbergen. J. . On the Theory of Income Distribution [J]. *Weltwirtschaftliches Archiv*, 1956, 77 (2): 155 – 175.
② Poole. W. . Optimal Choice of Monetary Policy Instruments in a Simple Stochastic Macro Model [J]. *Quarterly Journal of Economics*, 1969, 85 (4): 716 – 717.

理论基础（Keynes，1930）①。随后 Hicks（1945）② 将上述理论进一步深化，提出了 IS – LM 模型，进一步论证了货币价格在连接货币政策与实体经济之间的纽带作用。

从价格型调控的实际效果看，Alesina 和 Barro（2002）③ 认为，价格型货币政策工具比数量型工具具有更大的优势，能够更好地承担政策协调作用，Bernanke（2001）④ 认为，价格型货币政策工具在零利率的条件下仍然具有调节效力。后金融危机时代，Woodford（2013）⑤ 认为，价格货币政策调节对于经济复苏有重要作用，但 Drakos 和 Kouretas（2015）⑥ 认为，传统的数量型调控工具已经难以发挥作用，价格型货币政策工具的作用日益显著。

从价格型调控的运行机制看，Faia 和 Monacelli（2007）⑦ 认为，当市场经济形势发生变化，市场利率呈现下降趋势时，紧缩性货币政策对于实现市场的"泰勒规则"具有重要借鉴作用。Kwapil 和 Scharler（2009）⑧ 认为，在利率传导机制不建全的情况下，泰勒规则不再有效，

① Keynes. J. M. . *The pure theory of money*［M］. Cambridge University Press, for the Royal Economic Society, 1930.

② JR Hicks. Capital controversies: ancient and modern［J］. *American Economic Review*, 1945, 64（2）: 307 – 316.

③ Alesina. A, Barro. R. J. . *Currency unions Hoover Institution Press*［M］. Stanford University, 2001, 117（2）: 409 – 436.

④ Bernanke. B. S, Gertler. M. . Should Central Banks Respond to Movements in Asset Prices?［J］. *American Economic Review*, 2001, 91（2）: 253 – 257.

⑤ Woodford. M. . *Forward Guidance by Inflation – Targeting Central Banks*［M］. Social Science Electronic Publishing, 2013.

⑥ Drakos. A. A, Kouretas. G. P. . Bank ownership, financial segments and the measurement of systemic risk: An application of CoVaR［J］. *International Review of Economics & Finance*, 2015, 40（6）: 127 – 140.

⑦ Faia. E, Monacelli. T. . Optimal interest rate rules, asset prices, and credit frictions［J］. *Journal of Economic Dynamics & Control*, 2007, 31（10）: 3228 – 3254.

⑧ Kwapil. C, Scharler. J. . Interest rate pass – through, monetary policy rules and macroeconomic stability［J］. *Journal of International Money & Finance*, 2010, 29（2）: 236 – 251.

在美国和欧元区利率的传导机制作用非常有限。Rodebush（1995）[①] 认为，当期的长期利率与短期利率之差能反映未来短期利率的变化，结果表明隔夜利率、短期利率（3 个月以内）和长期利率（12 个月以上）都可以预测未来短期利率的变化，可以利用货币政策来控制市场利率。Clarida、Gali 和 Gertler（2002）[②] 通过构建扩展的泰勒规则进行实证研究，发现改进后的泰勒规则能够更好地说明利率的波动状况。Faia 和 Monacelli（2007）[③] 研究了泰勒规则对于经济的影响效果，结果发现下调利率对于缓解资产价格上升的趋势具有重要作用。Kwapil 和 Scharlcr（2009）[④] 认为，在利率传导机制不完全，而且融资成本上升使得市场利率上升的假设下，在发达经济体中的效果比较有限。

　　谢平和罗雄（2002）[⑤] 通过在我国进行泰勒规则分析，发现该规则具有较好的运用前景，并认为短期利率作为操作目标效果比较理想。王建国（2007）[⑥] 也对我国货币政策采取了泰勒规则检验，研究表明，我国市场利率与产出缺口的相关程度偏弱，但对物价的相关性较强，可见我国利率平滑性相对明显，平滑参数数值较高。欧阳志刚（2009）[⑦] 对于阈值协整模型的研究表明，宽松性货币政策与从紧的货币政策对于利率调节的反馈效果存在差异，对于经济增长的影响也存在不同的调

　　① Mchone. D. L, Rodebush. C.. Active Foreign Business Income Test for 80/20 Corporations ［J］. *International Tax Journal*, 2009, 11 (3): 124 – 178.

　　② Clarida. R, J Gali, Gertler. M.. A simple framework for international monetary policy analysis ［J］. *Journal of Monetary Economics*, 2002, 49 (5): 879 – 904.

　　③ Faia. E, Monacelli. T.. Optimal interest rate rules, asset prices, and credit frictions ［J］. *Journal of Economic Dynamics & Control*, 2007, 31 (10): 3228 – 3254.

　　④ Kwapil. C, Scharler. J.. Expected monetary policy and the dynamics of bank lending rates ［J］. *International Review of Economics & Finance*, 2013, 27 (2): 542 – 551.

　　⑤ 谢平, 罗雄. 泰勒规则及其在中国货币政策中的检验 ［J］. 经济研究, 2002 (3): 3 – 12.

　　⑥ 王建国. 泰勒规则与我国货币政策反应函数的实证研究 ［J］. 数量经济技术经济研究, 2006, 23 (1): 43 – 49.

　　⑦ 欧阳志刚. 我国利率的非线性动态调节及其货币政策效果 ［J］. 统计研究, 2009, 26 (4): 33 – 40.

节效果。邓创和石柱鲜（2011）[①] 研究认为，状态空间模型能够较好地
对市场利率、潜在产出和汇率进行检验。由此他们构建了一个新的包含
货币流动因素的泰勒规则。研究发现，我国货币政策不具有较强的前瞻
性，但在实际操作过程中，利率却能发挥针对通胀、汇率波动产生有效
调节。王灿和李舜宇（2014）[②] 的研究发现，货币政策结构性调节策略
是在金融风险上升、房地产业风险外溢、结构调整不足与经济增速下滑
背景下的被动性政策。

1.2.2　关于操作目标传导效力评价的研究

操作目标对于货币政策传导效力的研究，凯恩斯主义学者认为，
"萨伊定律"对于危机导致的失业的治理是乏力的，应该采取逆向货币
政策调控手段，才能取得比较理想的调控效果。20 世纪 60 年代，以
Friedman（1948）[③] 和 Kydland（1977）[④] 为代表的货币学派的学者对相
机抉择的货币政策进行了有力的抨击。该学派认为，相机抉择不能很好
地解决经济问题，并且容易导致货币政策更大的波动。货币主义学派主
张采取容易被操作的、易于理解的货币政策。上述政策容易被公众所理
解，并能发挥自我实现的纠偏机制，上述学派主张的单一规则集中体现
在长期稳定的货币供应量增长水平。但是随着后期新型金融产品大量
涌现，货币供应量作为政策指标的弊端显现出来，而价格型货币政策指
标的优势开始显现，因此货币学派之后的经济学者加大了对利率规则

---

① 邓创，石柱鲜. 泰勒规则与我国货币政策反应函数——基于潜在产出、自然利率与均衡汇率的研究［J］. 当代财经，2011（1）：64 – 73.

② 王灿，李舜宇. 我国定向宽松型货币政策研究［J］. 经济视角，2014（5）：33 – 34.

③ Friedman. M，Savage. J . The Utility Analysis of Choices Involving Risk［J］. *Journal of Political Economy*，1948，56（4）：279 –304.

④ Kydland. F. E，Prescott. E. C. The Econometrics of the General Equilibrium Approach to Business Cycles［J］. *Scandinavian Journal of Economics*，1991，93（2）：161 – 178.

的关注。Taylor（1993）[①] 对于通胀率、产出缺口与联邦基金利率之间
的经济关系研究表明，货币政策操作目标是由通胀与产出缺口共同决
定的，主张着重采用公开市场操作对联邦基金利率进行调节，进而实现
既定的经济目标。从此之后，对于货币政策操作目标的调节的理论研究
均对泰勒规则进行了借鉴并发展，有关泰勒规则在货币政策中运用的
研究成果汗牛充栋，大多是从泰勒规则的研究视角、方法、效力等方面
入手。Rudebusch（1999）[②] 对产出缺口进行修正。Woodford（2001）[③]，
Engela 和 Rogersb（2006）[④] 则进一步增加了货币政策规则的影响因素，
并对通胀预期进行了更加丰富的拓展研究。

　　操作目标对经济变量调控效力的研究，Mckinnon（1967）[⑤] 和 Shaw
（1957）[⑥] 共同提出了金融抑制与金融深化的概念，并通过进一步研究
提出了关于利率管制以及自由化改革之间的影响关系。基于上述理论，
Gelb（1977）[⑦] 与 Futher（1995）[⑧] 则研究了货币政策操作目标对于宏
观经济的影响效果，从而论述了市场利率对产出的预测作用。Bernanke
（1992）[⑨] 的研究也发现，货币政策操作目标利率对于宏观经济具备较

　　① Taylor. J. B.. Discretion versus policy rules in practice ［J］. *Journal of Political Economy*，1980，88（1）：1 – 23.

　　② Rudebusch. G. D，Svensson. L. E.. Eurosystem Monetary Targeting：Lessons from U. S. Data ［J］. *European Economic Review*，1999，46（3）：417 – 442.

　　③ Woodford. M.. The Taylor Rule and Optimal Monetary Policy ［J］. *American Economic Review*，2001，91（2）：232 – 237

　　④ Engela. C，Rogersb. J. H.. The U. S. Current Account Deficit and the Expected Share of World Output ［J］. *Journal of Monetary Economics*，2006，53（5）：1063 – 1093.

　　⑤ Mckinnon. R. I.. Futures Markets，Buffer Stocks，and Income Stability for Primary Producers ［J］. *Journal of Political Economy*，1967，75（6）：844 – 861.

　　⑥ Shaw. E. S. The Mechanism of Cheap Money：A Study of British Monetary Policy，1931 – 1939 by Edward Nevin ［J］. *Journal of Political Economy*，1957，8（2）：331 – 332.

　　⑦ Gelb. A. H. On the Definition and Measurement of Instability and the Costs of Buffering Export Fluctuations ［J］. *Review of Economic Studies*，1979，46（1）：149 – 162.

　　⑧ *Futher*. J. C，Moore. G. R.. Monetary Policy Trade – offs and the Correlation between Nominal Interest Rates and Real Output ［J］. *American Economic Review*，1995，85（1）：219 – 239.

　　⑨ Bernanke. B. S，Blinder. A. S.. The Federal Funds Rate and the Channels of Monetary Transmission ［J］. *American Economic Review*，1992，82（4）：901 – 921.

好的影响与预测能力。但是至于如何发挥预测效力，相关学者提出了不同的观点。Estrella（1991）① 认为应该通过货币政策目标长短期利率来共同实现，值得注意的是，大部分学者都比较关注基准利率对于最终目标之间的关系，即一种单向的影响机制，而对于操作目标利率与最终目标的双向变动关系关注较少。对此 Bernanke（2002）② 考察了货币政策操作目标利率对于经济调控的双向关系，研究发现联邦基金利率在影响宏观经济变量的同时，经济变量也会对联邦基金利率发挥反向调节作用，并且上述反向调节效力要强于正向调节。此外，Sarno（2007）③ 研究发现货币政策操作利率对于 3 个月期国债收益率之间存在某种均衡关系，并且上述均衡关系受到外力破坏后，仍然引导国债收益率向长期均衡调整恢复。Morris 和 Sellon（1995）④ 则根据经典的货币银行理论对操作目标利率与国债收益率之间的传导关系进行了分析。研究发现，操作目标利率决定该收益率的变动，而且还会对股票收益率产生主导作用。Bernanke（1995）⑤ 发现，联邦基金利率与股票价格之间存在一定的对应关系，联邦基金利率的下调将有可能导致股价的上升。Taylor（1998）⑥对于在货币政策执行过程中的利率传导机制进行了研究，结果发现短期利率对于货币政策的敏感性较高，随后货币政策会沿着期限逐渐向中长端利率实现传导。

① Estrella，A. and Hardouvelis，G. The term structure as a predicator of real economy activityThe term structure as a predicator of real economy activity ［J］. *Journal of Finance*，1991：555 – 576.

② Bernanke. B. S，Kuttner. K. N.. What explains the stock market's reaction to Federal Reserve policy? ［J］. *Journal of Finance*，2005，60（3）：1221 – 1257.

③ Sarno. L，Thornton. D. L.. The dynamic relationship between the federal funds rate and the Treasury bill rate：An empirical investigation ［J］. *Journal of Banking & Finance*，2003，27（6）：1079 – 1110.

④ Morris. C. S，Sellon. G. H.. Bank lending and monetary policy：evidence on a credit channel ［J］. *Economic Review*，1995，80（2）：59 – 75.

⑤ Bernanke. B. S，Gertler. M.. Inside the Black Box：The Credit Channel of Monetary Policy Transmission ［J］. *Journal of Economic Perspectives*，1995，9（4）：27 – 48.

⑥ Taylor. J. B. Historical analysis of monetary policy rules ［J］. *Nber Chapters*，1998，30（3）：1375 – 1386.

在前文中我们已经提到：本质上"操作目标"的特征与"基准利率"或"中介目标"选择及评价的理论标准的边界并不清晰，大部分西方国家都有比较明确的"操作目标"，而"中介目标"通常缺失，两者通常是合而为一的。刘轶（2003）① 在研究中对于选择基准利率的原则进行了探讨，指出作为基准利率应该具备较高的市场参与程度及市场引导效果；对于其他利率应具备相关性，并且能够稳定其他无风险利率效应。王志栋（2012）② 认为，从货币政策操作目标利率的特性来说，良好的基准利率应该具备稳定性、可测性、相关性和可控性。董奋义（2006）③ 则认为从市场利率基本特性的角度出发，可测性、可控性、基础性、灵敏性才是最优的利率选择标准。戴国强（2006）④ 研究了基准利率的选择标准，认为稳定性、相关性、市场性等指标对于选择基准利率至关重要，需要予以重点关注。蒋竞（2007）⑤ 认为，应该分步骤开展利率选择，初次选择应该以基础性和可控性为标准，此后可以采用波动性为标准再次选择。蒋贤峰（2008）⑥ 对于同业拆借利率、质押回购利率、一年期存贷款利率进行了研究，发现不同市场利率之间的特性存在差异，并且其作为基准利率的效果也存在政策效果方面的不同，应该进行差异对待。王志栋（2012）⑦ 通过对美国和英国的主要基准利率进行对比研究，发现相关性、稳定性、基准性等指标对于基准利

① 刘轶，李久学．中国利率市场化进程中基准利率的选择 [J]．财经理论与实践，2003，24（4）：56－59．

② 王志栋．中国货币市场基准利率选择的实证研究 [J]．投资研究，2012（1）：25－40．

③ 董奋义．利率市场化过程中我国基准利率的选择与培育 [J]．经济经纬，2006（4）：136－139．

④ 戴国强，梁福涛．中国金融场基准利率选择的经验分析 [J]．世界经济，2006（4）：3－11．

⑤ 蒋竞．我国利率市场化中基准利率的选择与培育 [J]．西南交通大学学报（社会科学版），2007，8（5）：28－33．

⑥ 蒋贤峰，王贺，史永东．我国金融市场中基准利率的选择 [J]．金融研究，2008（10）：22－36．

⑦ 王志栋．中国货币市场基准利率选择的实证研究 [J]．投资研究，2012（1）：25－40．

率的选择具有决定性意义。李宏瑾（2010）[①] 通过实证研究，认为选择
基准利率应重点关注可控性和基础性。彭红枫（2010）[②] 认为相关性、
联动性和稳定性是选择基准利率可供参考的指标。姚余栋（2011）[③] 则
从相关性、基础性和可控性等方面对央票发行利率的货币政策指标意
义进行了实证分析。方意（2012）[④] 的研究发现检验标准主要由稳定性
和基础性构成，认为上述两项属性必须同时具备才能成为符合特定时
限的基准利率。戴金平（2013）[⑤] 研究了货币政策对于货币政策操作目
标的影响效果，以及基准利率对于宏观经济变量的脉冲响应状况。
Bardford（2010）[⑥] 从利率与货币供应量指标的可控性、可测性和相关
性三个原则，认为相对于利率，货币供应量作为中介目标更加合理。因
此中央银行应该充分利用货币供应量调节工具达到调节宏观经济的
目标。

1.2.3   关于 SHIBOR 操作目标效力的研究

关于 SHIBOR 货币政策效力评价的研究。方先明（2009）[⑦] 经过对
SHIBOR 的研究表明，不同期限之间的 SHIBOR 存在显著的因果关系，
相对于债券市场而言，SHIBOR 作为货币政策的效力更加显著。冯宗

---

① 李宏瑾，项卫星. 中央银行基准利率、公开市场操作与间接货币调控——对央票操作及其
基准利率作用的实证分析 ［J］. 财贸经济，2010（4）：13 – 19.
② 彭红枫，鲁维洁. 中国金融市场基准利率的选择研究 ［J］. 管理世界，2010（11）：166 –
167.
③ 姚余栋，谭海鸣. 央票利率可以作为货币政策的综合性指标 ［J］. 经济研究，2011，4
（2）：63 – 74.
④ 方意，方明. 中国货币市场基准利率的确立及其动态关系研究 ［J］. 金融研究，2012（7）：
84 – 97.
⑤ 戴金平，陈汉鹏. 中国利率市场化中基准利率的选择——SHIBOR 作为基准利率的可行性研
究 ［J］. 财经科学，2013（10）：1 – 10.
⑥ Bardford. J，Long. D.. The Triumph of Monetarism ［J］. *Journal of Economic Perspectives*，2010，
14（1）：83 – 94.
⑦ 方先明. SHIBOR 能成为中国货币市场基准利率吗——基于 2007.1—2008.3 间 SHIBOR 数据
的经验分析 ［J］. 经济学家，2009（1）：85 – 92.

宪、郭建伟和霍天翔（2009）[①] 通过采取多维度的分析认为，SHIBOR 具有相对于其他市场利率更加优越的基准利率表现，应该对 SHIBOR 进行良好的引导，以充分发挥其基准性作用。刘喜波、赵鹏远等（2008）[②] 通过对 SHIBOR 与质押回购利率进行对比分析，最后得出结论，认为 SHIBOR 的市场基准性更好，更适于作为市场基准利率。龙佩（2009）[③] 的研究则是在不同期限 SHIBOR 之间进行分析，结果发现短期 SHIBOR 的市场引导效应强于长期 SHIBOR，因此短期 SHIBOR 作为市场基准利率比较合适。

关于 SHIBOR 效力不足方面的研究。周珠玲（2009）[④] 通过研究论证发现，SHIBOR 作为基准利率具备较好的理论条件与实践条件，经过计量分析方法的实证研究，结果发现 SHIBOR 对于我国金融市场具有一定的影响，并且认为 SHIBOR 基本上具备较好的基准利率特征。刘湘云（2010）[⑤] 在研究过程中采用平稳性检验与协整分析手段对 SHIBOR 作为货币政策基准利率的特性进行了研究，通过对 3 个月期 SHIBOR 的分析，结果表明，SHIBOR 具备较好的稳定性、市场性和基础性，因此可以较好地充当金融市场定价的基础，但却在相关性方面表现不佳。高丽（2011）[⑥] 通过对同业拆借利率、回购定盘利率和质押回购等主要经济金融变量进行分析，分别与 SHIBOR 建立了 SVAR 模型，研究认为 SHIBOR 的货币市场作用较强，但是与经济金融变量相关程度较低，对于

---

① 冯宗宪，郭建伟，霍天翔. 市场基准利率的基准性检验 [J]. 西安交通大学学报，2009，29（3）：24－30.

② 刘喜波，赵鹏远，李红梅，等. SHIBOR 作为基准利率的实证研究 [J]. 数学的实践与认识，2008，38（11）：46－49.

③ 龙佩. 浅析 SHIBOR 作为基准利率的问题 [J]. 江苏商论，2009（32）：39.

④ 周珠玲. 上海银行间同业拆借利率作为我国基准利率的探讨 [D]. 上海：复旦大学，2009.

⑤ 刘湘云，邱乐平. SHIBOR 已成为我国货币市场基准利率了吗？[J]. 金融理论与实践，2011（1）：24－27.

⑥ 高丽. 基于 SVAR 模型的货币市场 SHIBOR 基准地位研究 [J]. 商业研究，2012（2）：97－101.

货币政策的传导性也较弱。

　　关于改进 SHIBOR 效力的研究。吴玮（2007）[①] 在研究中指出应该参考美国联邦基金利率的构建原理，通过拓展应用场景设定利率区间，开展市场整合等手段，促进金融产品与 SHIBOR 挂钩，增强金融创新的引导，增强 SHIBOR 效力的实际影响。詹向阳和樊志刚等（2008）[②] 在研究中指出，SHIBOR 仅是一种报价利率而非成交利率，那么就有可能出现超调与失调，进而影响其运行的独立性，因此他们认为，应该增强银行对 SHIBOR 市场的准入与准出管理，并使商业银行票据利率与之挂钩。胡海鸥和赵慈拉（2008）[③] 的研究论证了 SHIBOR 存在的不足，例如，运行机制存有不足、基准利率体系繁杂、各个子市场条块分割严重等，并基于上述问题提出了解决对策，要求实行双向报价，并充实交易主体、取消利率管制等。梁琪、张孝岩和过新伟（2010）[④] 对货币市场利率进行模型修正与脉冲分析，研究认为短端利率的基准地位有待加强，而国债回购利率主要集中在长端，需要完善 SHIBOR 运行机制，才能提升基准利率效力。梁琪、张孝岩和过新伟（2010）[⑤] 研究发现，SHIBOR 在收益率曲线短端已经具备了初步的基准条件，但在长端的基准利率主要由国债回购利率承担，SHIBOR 的基准性地位还有待提高。

1.2.4　研究述评

　　基于上述文献的分析现状，我们认为国外学者对于货币政策操作

　　① 吴玮．联邦基金利率发展经验及对推广的启示［J］．中国货币市场，2007（8）：30－33.

　　② 詹向阳，樊志刚，邹新等．银行间市场基准利率体系选择及运行分析［J］．金融论坛，2008，13（4）：3－8.

　　③ 胡海鸥，赵慈拉．理顺和规范 SHIBOR 决定机制的思考［J］．上海金融，2008（9）：30－33.

　　④ 梁琪，张孝岩，过新伟．中国金融市场基准利率的培养——基于构建完整基准收益率曲线的实证分析［J］．金融研究，2010（9）：81－98.

　　⑤ 梁琪，张孝岩，过新伟．中国金融市场基准利率的培养——基于构建完整基准收益率曲线的实证分析［J］．金融研究，2010（9）：81－98.

目标效力方面的研究成果比较丰富，虽然所使用的研究方法和形成的结论存在差异，但在总体上已经形成了相对完整的研究体系，并且大多采用的是计量实证分析手段，在市场大环境方面，发达国家利率市场化运行相对成熟，利率市场自由化发展程度也较高，因此所选取的数据及其定量分析方法相对成熟。相较而言，我国研究学者对于货币政策操作目标效力的研究也有了比较显著的进展，并且在部分研究中，已经开始从金融形势发展变化的角度对有关问题展开关注，并能根据国际最新研究成果提出自己的研究论点，上述观点对于充实我国在相关领域的研究具有重要意义。但是与国外学者比较而言，在部分领域内国内学者的研究还是相对滞后的，并且还存在一些亟待解决的问题。例如，（1）在实证工具的使用方面存在不足，例如，大多采用的是跨月度的数据，变量之间的波动性趋同效应影响了结论的科学性；（2）在数据区间的选取方面，基本上没有考虑价格型调控转型的背景，所得结论的科学性有待加强；（3）国内相当数量的学者在开展研究时采用的是货币供应量作为货币政策操作目标的经济变量，但也有部分学者采用的是利率与通胀率等指标，但对于我国与国外经济金融状况缺乏深入研究，所得结论值得商榷；（4）还有学者认为，我国正处于市场经济转轨时期，有必要采用多个操作目标，但是操作目标之间的内在冲突有可能导致货币政策顾此失彼。本书在检验我国货币政策操作目标的效力时，仍会基于现有理论，但会根据现实情况进行合理拓展，从而兼顾理论性与实践性。

1.3 研究内容、框架与方法

1.3.1 研究内容

本书从分析货币政策操作目标效力的本质和机理等方面因素入手，借鉴了当前主要经济体操作目标效力检验的现状，总结出操作目标运行的基本现状，力图总结出操作目标的基本特征与检验标准，为推导操作目标选择总体框架提供前期铺垫与辅助。本书研究内容主要包括五个方面。

（1）SHIBOR 波动性特征及精确性检验

借助 GARCH 族模型分析 SHIBOR 的波动特性，重点分析其历史波动率和隐含波动率，运用 MZ（Mincer Zarnowitzreg regression）回归检测方法进行精度检验。借助平均误差平方（Mean squared error）和平均绝对误差（Mean absolute error）等 6 类波动率预测模型的损失函数值，进行预测波动率拟合与属性检测，进而预测出 SHIBOR 波动率。研究表明，SHIBOR 总体可测性较强，利用波动率模型可以较好地对其进行拟合与预测，但是不同期限的 SHIBOR 的波动特征存在差异，SHIBOR 波动性呈现出显著的"尖峰厚尾"的特征，短期同业拆借利率存在明显的 ARCH 效应，结果表明序列回归方程残差出现波动的成群现象，SHIBOR 市场具有很强的波动集聚性和持续性。

（2）央行货币政策工具对于操作目标的调控效力

借助状态空间模型（State – Space Model）与卡尔曼滤波（Kalman Filtering）分析货币政策变量对于操作目标的调控效率，着重分析货币政策工具变量对于 SHIBOR 波动的时变参数变动情况，力图揭示货币政策工具对于操作目标的影响状况，从数量分析的角度探求 SHIBOR 的货币政策可控性。研究表明，不同类型的货币政策工具对于 SHIBOR 的影响存在差异，其中数量货币政策工具对于 SHIBOR 的影响力逐渐下降，而价格型政策工具影响力具有逐渐增强的趋势。

（3）操作目标对于货币政策最终目标的相关性

借助结构向量自回归模型（Structural Vector AutoRegression，SVAR）分析 SHIBOR 对于经济增长、物价稳定、充分就业、国际收支平衡最终目标，以及结构调整和金融稳定等阶段性目标的调控效率。研究表明，SHIBOR 对于实体经济的调控作用较弱，对于消费物价具有显

著的影响效应，对于就业水平影响总体微弱，SHIBOR 对于国际收支的
影响并不稳定，对于结构调整影响相对复杂，对于金融稳定影响为正。

（4）操作目标利率对于相关利率的联动关系

借助时变参数向量自回归模型（Time – Varying Parameter Structural
Vector Auto Regression，TVP – VAR）分析以及蒙特卡罗模拟实验（MC-
MC）。寻找 SHIBOR 与存贷款利率、超额准备金率、再贴现利率、质押
回购利率等利率之间的联动效应，考察 SHIBOR 的价格引导效果。研究
表明，不同期限的 SHIBOR 之间存在联动关系，长期同业拆借利率对于
短期拆借利率具有更加显著的引导效应，短期 SHIBOR 对于长期 SHI-
BOR 的联动效应相对有限。SHIBOR 对于不同类型的市场利率因期限不
同而存在差异。

（5）操作目标利率与货币供应量之间的协调

通过构建结构方程模型（Structural Equation Modeling，SEM）分析
SHIBOR 与货币供应量之间的协调关系，探究价格型调控与数量型调控
两种模式的影响效应。研究表明，广义货币供应量增长率与 SHIBOR 之
间存在负向关系。作为资金的价格，在 SHIBOR 较高的情形下，对应着
货币供应较少，因此两者呈现负向关系；狭义货币供应量增长率与
SHIBOR 之间并不是如预期的那样呈现负向关系，而是存在正向关系。

1.3.2　研究框架

本研究首先提出了价格型调控转型背景下操作目标效力检验的理
论基础，在分析过程中，本书将理论回顾与国际经验借鉴作为分析问题
的逻辑起点，从文献研究和历史研究的角度，梳理价格型调控与操作目
标的逻辑关系。如图所示，从理论层面提出"可测性""可控性""相
关性"；从实践层面提出"联动性"和"协调性"共五个方面对 SHI-
BOR 作为操作目标的效果进行评价。

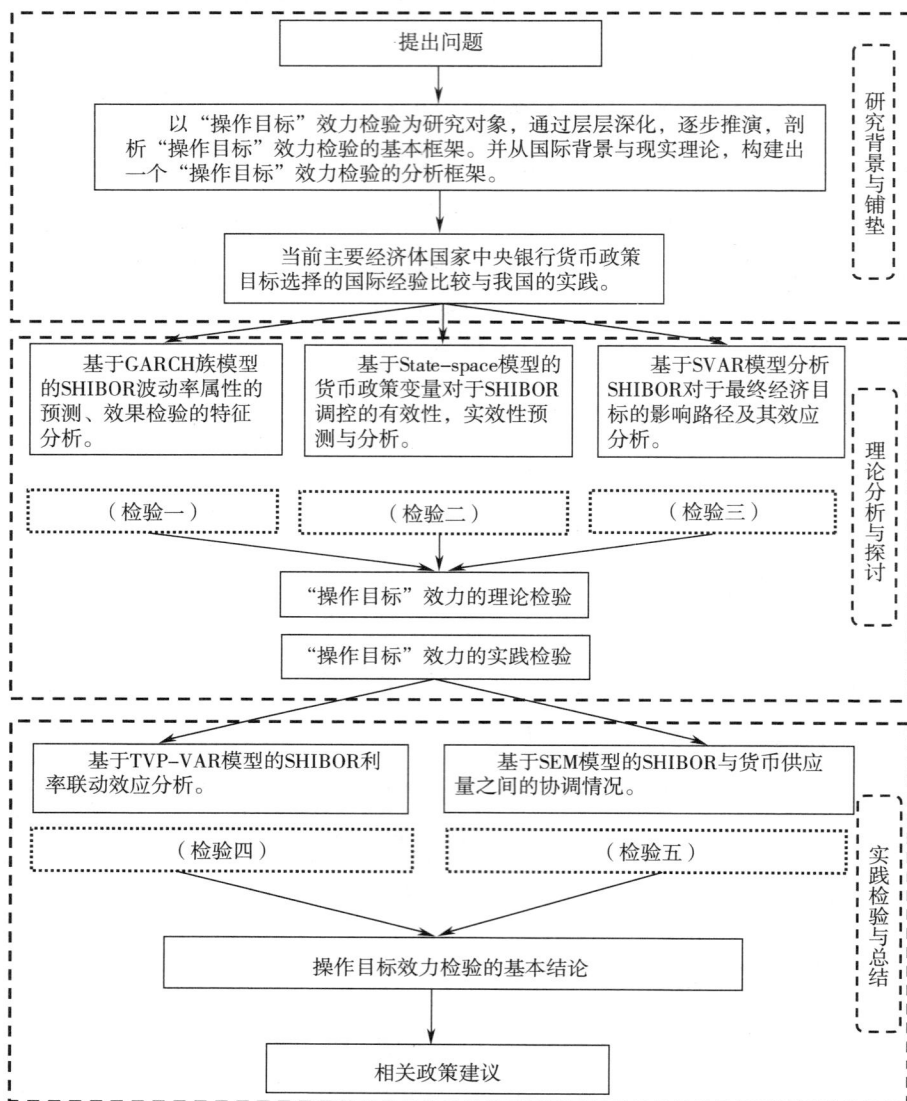

图　本书的研究框架

1.3.3　研究方法

本书主要采用了历史研究法、数理统计法、实验论证法等研究方法，创新方面主要包括理论概念的升华、数理分析的应用以及研究论述的背景支撑等方面。

（1）历史研究法

历史分析是经济学分析的重要手段之一，许多经典的经济学理论都来源于历史的实践，因此历史研究方法也是本书的重要方法之一，根据对历史的回顾，我们发现许多经济体的货币政策框架都不同程度地经历了一个从数量型调控向价格型（利率）调控转变的过程。对于上述现象的分析，有助于我们寻找一个合理的解释，分清货币政策操作目标的效力实质。

（2）数理统计法

文中我们还会运用相当数量的数理分析手段，通过模型分析，以弥补历史分析的不足，增强其科学性和客观性。应用 RStudio，OxMetrics以及 SPSS 等计量经济分析软件进行建模，探求 SHIBOR 作为操作目标的实际效果与合理性，力求得出严谨、科学的分析结论。

（3）实验论证法

通过静态比较分析实验，以 GARCH 模型为基础，对不同期限SHIBOR 数据的波动性进行预测，分析其自然波动率、隐含波动率与历史波动率状况，并对预测精度进行检验，通过将 SHIBOR 进行模型分析后，比较其预测结果，为研究 SHIBOR 总体波动率提供依据。以State – space 模型为基础，对一定时期内货币政策工具变量对 SHIBOR的影响时变效应进行分析；以 TVP – VAR 模型为基础，分析不同种类利率之间的价格联动效应的时变特性，揭示出 SHIBOR 作为操作目标的价格调节能力。以 SEM 模型为基础，以经典的货币供给理论与利率决定理论为依据，以近几年货币供应与利率变化实际数值为参数校准依据，分析货币政策价格型调控与数量型调控之间的协调关系。

1.4　本研究创新与不足之处

本书的创新之处主要集中在如下几个方面：

（1）经典货币银行理论将货币政策操作目标评价标准确立为"可测性""可控性""相关性"三个方面，但是对这一标准划分的理论逻辑论述较少，目前国内的研究也大多遵循这三项标准，但对于这样划分的理论渊源以及逻辑支点却鲜有论述。本书在继承上述经典理论的同时，深入分析了上述三项标准的理论来源与学理内涵，并在此基础上结合货币政策价格型调控这一现实背景，引出了"联动性"与"协调性"两项新的评价标准，形成了符合我国现阶段发展实际的操作目标效力检验标准，并进一步充实了对于货币政策操作目标效力的综合评价体系，实现了理论沿袭与实践探索的创新与融合。

（2）本书检验了SHIBOR的货币政策操作目标的效力。我们将上述场景分解为若干个部分，借助"可测性""可控性""相关性""联动性"和"协调性"五个方面对SHIBOR的操作目标效力状态进行研究，揭示了SHIBOR预测方面所具备的相关特点；货币政策工具对于SHIBOR的调控效力；SHIBOR对于货币政策最终目标的影响效力；SHIBOR对其他市场利率的联动效力；SHIBOR与货币供应量之间的协调效应。

（3）分析了货币政策价格型调控转型对于货币政策操作目标效力的影响。以往的研究成果大多基于静态的数据分析与相关理论的研究，对于货币政策调控模式转型的动态考量较少，所得出的结论对转型这一动态过程影响效应的分析也较少，我们将考虑价格型调控转型的特殊背景，并将此因素引申为货币政策操作目标的检验加以分析，从而更加契合时代的进程。

研究的不足之处在于：

（1）预期因素对于 SHIBOR 波动影响的评价分析不够。按照卢卡斯批判（Lucas Critique）的观点，某些经济问题是不能通过简单的计量研究的方法予以解答的，这是因为计量模型是通过历史回溯来预测，但市场主体都是前瞻的，因此预期因素对于 SHIBOR 波动影响衡量在本书中的分析有所不足。波动走向与主观意愿之间还是存在一定的差别，如何区别二者差异也是未来研究的一个重要方向。

（2）市场间主体的博弈关系对于 SHIBOR 的影响讨论不够。本书立足于央行货币政策的一般视角，对于以市场为基础的视角讨论不够。从本书的写作习惯看，本书只能立足某一视角，否则容易陷入绝对的行而上学而导致不可知论。本书立足"管中窥豹，可见一斑"，倘若能够"多管"窥豹，当然可以得出更加全面的认识。这也是本书进一步研究的方向。

2 价格型调控转型中操作目标效力检验的理论基础与实践

本章将采取层层递进的演绎逻辑推演出我国价格型调控转型中货币政策操作目标效力检验的理论基础。本章首先阐述对货币政策操作目标效力的理解；其次，将上述效力转化为具体的四项效力机制，为提出操作目标效力检验标准提供理论渠道；再次，将货币政策操作目标效力机制与操作目标选择的标准相融合，提出操作目标效力的检验标准，即"可测性""可控性""相关性""联动性"四项标准；最后，结合价格型调控转型的特殊背景，增加了"协调性"的标准，对货币政策操作目标效力的检验标准进行最终完善。

2.1 货币政策操作目标效力的理解

本节在分析各个领域内效力范畴的基础上总结出货币政策操作目标效力的概念及主要特性，为下一节分析货币政策操作目标效力的检验奠定基础。

2.1.1 效力的定义

相关研究成果表明，"效力"有多种理解，梳理这一词汇的内涵，并探寻不同领域内概念的相通之处，从而准确把握货币操作目标的效力本质内涵。

（1）效力的有关定义

在不同的研究领域中，"效力"有着不同的内涵，上述内涵看似分属不同学科，具备不同的含义并有着不同的适用范围，但却有着相通的学理内涵，值得我们开展一番有益的探索。

法学领域内的"效力"。在法学研究领域内，"效力"通常是指法律所具有的效力。一般认为，法律效力是指法律生效的时空范围，即某种法律规范对于何人、何地以及何时发挥效力。

行政学领域内的"效力"。行政学研究领域内的"效力"主要是指行政活动所包含的行政关系。上述效力还包括约束、执行与公共力等多项内容。

管理学领域内的"效力"。在组织管理领域内，管理的效力主要是指某一集体围绕明确的战略目标而开展的针对组织成员的关系协调的程度。例如，企业管理是指为了完成既定的企业经营目标与任务，开展的一系列协调与管理的行为与结果。行政管理是指为了实现行政部门的某些目标，而针对部门集体开展的管理。

药效学领域内的"效力"。该领域内主要是指药物的疗效，指的是药物通过理化反应与作用所产生的对于机体后产生的生理反应。

基于上述分析，我们认为"效力"是一种时空合力。从时间的角度分析，效力既包括某种改变事物原有状态（程度有大小的分别）的作用力（作用对象），也包括该作用力的后续影响状况（中介对象）。从空间的角度分析，效力既是对自身（实施主体）的描述，又是对发展状态（作用载体）的状态描述。事实上，与"效力"相关的还有"效率"的概念，在货币政策"效率"的研究方面，相关学者作出了大量内容丰富而成果丰硕的研究，非常值得我们深入研究。"效率"主要是指时间的利用状态，在经济领域内，基本上是指投入产出状态，也是一个内涵极其丰富的概念，"效力"与"效率"在运用场景方面有所不同。在本书的论述中，我们希望将上述两方面的概念实现有机融合，以促进分析的全面性与客观性。那么，货币政策操作目标效力的本质内涵是什么呢？我们将从以下几个方面进行理解。

（2）货币政策操作目标效力本质范畴的理解

首先，"效力"的字面含义是"什么"对于"什么"发挥作用并产生影响？那么上述作用的目的是什么？更进一步的，产生上述影响与作用的途径与承载中介是什么？上述中介要素对于作用主体的影响效果是怎样的？以上述问题为出发点，我们就会发现与效力有关的要素。

其次，货币政策操作目标发挥效力的是一个动态过程，货币政策操作目标发挥效力需要一定的背景环境作为依托，并且由货币政策操作目标的各种内在组成发挥相互协调机制与作用，在这一过程中效力的施力者与受力者之间存在影响、互动与博弈的过程。可见，货币政策操作目标效力是一个综合性的系统性概念，是一个动态化的互动性概念，它需要诸构成要素的系统协作才能实现这一过程。缺少了其中任何一个环节都不可能发挥其完整的效力，都不能全面发挥货币政策操作目标的具体作用。

再次，货币政策操作目标的效力是一种合力，是对于货币政策工具、中介目标与最终目标各个要素之间相互作用与博弈的作用结果与具体过程的总和。货币政策操作目标效力的强弱与上述各个要素之间的作用结果密切相关。即与效力作用的目的、中介载体、实施主体、作用对象等要素相互作用、相互依赖、相互协同的过程中所产生的作用效果越大，才能确保产生的效力最大，才能使产生的正向作用最大，即货币政策操作目标的效力最大，并能为实现既定目标创造最好的现实条件。另外，制约货币政策操作目标效力实施效果的还包括成本的考量，即使某项货币政策操作目标效力较强，但是如果实施该目标所需要付出的成本过高，那么这样的货币政策操作目标也不能算是一个好的政策目标。综合来看，只有与货币政策大环境相适应的，并能促进内部政策因素相互协调、精准发力的货币政策操作目标才是好的操作目标，只有具备上述因素的货币政策操作目标评价标准才是一个好的评价标准。

最后，货币政策操作目标的效力发挥还要受到所处的发展周期与货币政策大环境的影响。处于不同时期的货币政策效力受到外界影响的程度是存在差异的，正如前文所述，货币政策操作目标内部各个因素相互的过程离不开外界环境的影响。换言之，政策环境也会对货币政策操作目标发挥重要作用，因此在评价货币政策操作目标效力时，外界环境也是选择评价标准的重要因素。

2.1.2　操作目标效力的本质

在界定货币政策操作目标内涵之后，我们发现操作目标内涵主要包含如下几方面的内容。

货币政策操作目标效力的"实施主体"。货币政策操作目标作为央行货币政策调控中必不可少的关键环节应该时刻处于央行的调控之下，因此，货币政策操作目标的实施主体不可能是市场或其他社会主体，只能是央行。央行能够很方便地对操作目标进行获取以及预测，并为央行开展货币政策操作目标调节提供前期准备。另外，央行通过货币政策工具能够对货币政策操作目标进行调节，因此央行的控制是操作目标效力的首要来源。

货币政策操作目标效力的"中介载体"。货币政策操作目标效力的发挥需要选择合适的效力载体，该载体应该同时具备对央行货币政策工具的承担作用以及对金融市场的调节作用，即能够承担央行货币政策工具调节与市场引导的双重职能。在数量型调控模式下，采用基础货币、存款准备金等以货币供应量为中心的货币政策操作目标为载体，比较符合当时的时代背景。上述指标成为货币政策操作目标是由当时的时代背景所决定的，彼时经济发展的行政调控色彩比较浓厚，并且行政手段对于经济的调节效率较高，利率市场乃至金融市场发展并不充分，市场对资源的配置作用并未充分发挥，通过关注并调节以货币供应量为中心的数量型指标能够较好地实现货币政策最终目标。随着时代的变迁，利率、汇率等货币政策价格型指标对于货币政策工具相关性显著提升，对于实体经济的调节作用逐渐增强，倘若采取价格型操作目标将对实体经济产生显著调节作用，货币政策操作目标效力随着载体的更新而得到增强。

货币政策操作目标效力的"作用对象"。中央银行履行宏观调控职能，实现对经济发展的调节需要通过货币政策工具，连接货币工具与最终目标之间还需要操作目标与中介目标发挥效力。可见，货币政策操作目标居于货币政策工具与中介目标之间。因此操作目标发挥效力的直接作用对象就是中介目标，具体而言是指货币数量或货币价格。一方面，操作目标需要对货币价格发挥联动作用，操作目标应该具备对市场利率的调节能力。操作目标应对央行货币政策保持敏感性，并且能够对市场利率发挥调节作用，只有具备良好的货币政策价格传导效益与利率市场联动效力才具备较高效力。另一方面，操作目标还需具备对货币数量的调节作用，即与货币供应量的协调作用。实践证明，政策的协调对货币政策效果具有关键作用，良好的制度设计只有与相关政策保持良好协调才能发挥最大效果，否则再好的政策如果不考虑政策协调，将事倍功半，甚至陷入政策内部自相矛盾，以致南辕北辙的"内耗"，从而使政策效果大打折扣。

货币政策操作目标效力的"作用目的"。货币政策的制定与执行的检验标准在于最终经济目标，因此，货币政策操作目标也是经济目标，操作目标的效力应着眼于对经济增长、物价稳定、充分就业与国际收支平衡等最终经济目标的实现情况。换言之，检验货币政策操作目标效力应以其对于最终目标的影响效力为重要依据，即货币政策操作目标能否对最终经济目标产生显著效力。另外，在转型时期的背景下，传统的最终经济目标固然重要，更重要的是需要关注结构调整和金融稳定等新的具有特定时代背景的目标，因此考察货币政策操作目标效力不但需要关注其对于传统四大经济目标的效力，还需要在新的历史背景下，考察操作目标对于具有时代特点的经济目标的影响效力。

2.2 货币政策操作目标的作用机理与检验

上一节中我们已经揭示了货币政策操作目标效力的本质，本节我们将借助操作目标效力来源构建机制的渠道，并借鉴引入货币政策操作目标的可测性、可控性、相关性三项公认的选择标准，将效力来源通过机制渠道提炼成为货币政策操作目标的检验标准。

2.2.1 目标效力的作用机理

"实施主体"——央行货币政策工具对操作目标效力的影响。在推进利率市场化以后，中央银行货币政策的调控必然是间接型的，而传统的货币供给量由于缺乏市场性和可测性，已经不再适合作为主要货币政策操作变量，从而转向采用利率工具，使利率型传导渠道成为利率全面市场化环境下的主要货币政策传导渠道。而央行操作目标处于货币政策的前端，是连接货币政策和货币市场的纽带，是整个货币政策发挥作和功效的起点。因此，货币政策操作目标起到货币政策的前端工具或目标的作用，通过央行货币政策方向和力度来控制或引导操作目标的变动。央行货币政策影响到商业银行信贷产品的定价和其他银行性金融机构的产品定价；通过对商业银行可贷资金的调节，影响信贷利率，影响工商企业的利润和投资者的收益水平，从而影响贷款规模；通过货币市场利率体系影响到货币市场和资本市场上股票、债券等金融资产的价格，起到了收入再分配的作用，从而改变居民的储蓄和消费行为。

同时，操作目标的变动将影响实际利率，影响固定资产投资总额和社会再生产的规模，改变经济产出和通货膨胀预期。通过影响外汇市场上的资金供求引起汇率的波动，改变进出口贸易状况，从而实现对投资、消费、政府支出和进出口的调控，促进产出、就业、物价和进出口与宏观经济目标相一致。央行货币政策是通过上述影响渠道实现对操作目标的调节的。

"中介载体"——金融机构经营行为对操作目标效力的影响。货币政策操作目标一般产生于银行间市场，它的形成离不开商业银行和其他非银行性金融机构的参与。操作目标直接影响到银行间市场的金融机构资金头寸，影响到金融市场上货币供给量，影响到金融机构之间融资和再融资的成本，影响到商业银行信贷资金的供给，从而影响到商业银行的贷款规模。同时，操作目标的稳定性和基准收益性是合理度量资金成本的基准线和参照系，已经成为各种金融产品和衍生产品的定价基准，因而它的变动和调整必然导致商业银行存贷款利率、各种理财产品和保险公司保险产品的价格和收益水平的变化。可见金融机构的经营行为对于货币政策操作目标的形成具有重要作用。从金融机构经营策略看来，央行货币政策操作目标的形成，为金融机构的内外定价提供了一种参照标准，有助于实现金融机构的定价行为由过去钉住法定利率向钉住央行操作目标利率转变，促使金融机构资产期限匹配和利率敏感性缺口管理与央行基准利率和市场基准利率相挂钩，从而增强金融机构在解除利率管制、实现利率市场化后对操作目标的预测和研究能力，提高金融机构负债自主化、自主定价的能力，提升金融机构经营管理的市场化和国际化水平，增强金融机构的市场竞争力。

"作用目的"——社会公众经济行为对操作目标效力的影响。投资者对操作目标的作用主要是通过财富（收入）再分配和信贷途径反映出来的。如图2.1所示，投资者在经济社会生活中基于自身对经济形势的分析与判断，调整自身经济行为，通过各种市场交易机制对货币政策当局的政策进行预判，并基于此影响了货币市场的资金供求状况，从而引起股票和债券等金融资产价格的变化，引起家庭财富结构的变化，产生收入再分配的财富效应，同时改变人们对产出和通胀的预期，直接影响居民的储蓄和消费的决策行为。进而对货币市场产生微观层面的影响，通过政策传导灵敏度的影响，产生对央行货币政策操作目标的调节效应。在信贷途径方面，社会公众的资金借贷行为将直接影响银行经营行为，也改变了货币市场资金供求状况，从而引起股票和债券等金融资产价格的变化，引起家庭财富净值的变化，产生收入再分配的财富效应，同时会改变人们对产出和通胀的预期，并直接影响居民的储蓄和消费的决策行为。央行据此作出相应调整，从而确定合理的货币政策操作目标，真实反映市场资金供求结构，实现资金成本的合理化，促进资金资源的有效配置，改善和优化社会总投资的目标。

"作用对象"——金融市场活动对操作目标效力的影响。利率是一个市场对于资金使用价值的客观评价与价值表现，利率也是经济主体开展经济活动并相互博弈的最终结果。资金供求双方对于资金的经济活动影响导致了利率的不规则波动。事实上，利率是一个体系的概念，不同的经济活动可能形成多个利率体系，多个金融市场可能对同一种利率施加影响，由此可见，经济主体的金融活动对于市场利率的形成具有重要意义。如果在同一时期各个主体都增加对资金的实际需求，那么就有可能推高市场利率。相反，缺乏对资金的需求又可能导致资金价格的下降。在市场经济不甚发达的时期，不同金融市场之间的利率差异是比较显著的，利率水平与资金供求关系的背离相对普遍，市场利率难以反映真实的市场资金供求状况。随着市场经济改革的推进，利率市场化有效促进了资金价格在跨市场之间的价值差距，从而进一步促进了市场利率的合理形成，而货币政策操作目标效力本身也是市场资金价格的一种，因此在市场越发达的时期，金融活动对于操作目标效力的传导就越显著，传导效率也更高。

中央银行

中央银行货币政策工具 ⟷ 公开市场操作

准备金

金融机构定价

货币供给

操作目标 → 产出与通胀预期

存款和货币　　股票和债券等价格　　汇率

贷款利率和数量　　家庭财富　　进出口商品价格

政府支出　　社会投资　　消费支出　　进出口

经济增长、充分就业、物价稳定、国际收支平衡等

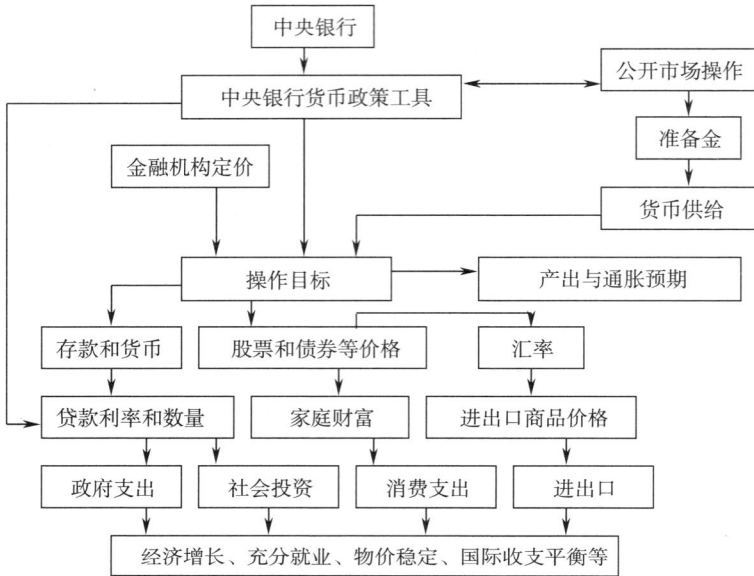

图 2.1　货币政策操作目标效力的影响因素及其作用机理

2.2.2　货币政策操作目标选择标准对于效力检验的借鉴

传统的货币银行理论对于操作目标的选择作出了专门的论述，主要提出了"可测性""可控性"和"相关性"等标准，文中通过"机理"的桥梁，将效力评价标准与选择标准联系起来，并在此过程中增加了"联动性"的标准。

央行货币政策影响操作目标效力的作用机理——可控性，在央行货币政策调节的"工具箱"中有许多备选的货币政策工具，它们具有不同的特点，不同的货币工具对于宏观经济变量在不同时期具有不同的作用，在经济过热时应该使用从紧的货币政策，保持经济在正常的轨道上运行。而当经济紧缩时，又应该使用扩张性货币政策，促进经济复苏与增长，上述政策相互配合才能对最终目标产生显著的影响效应。货币政策操作目标作为央行货币政策调控的重要环节，理论上应该具备

对于宏观经济的调控力度，这就是对可控性最直接的理解。在当前经济环境下，各种变量之间的相关关系趋于复杂，不同的货币政策操作目标对于经济的调节效力也是不同的，只有对于最终目标具有显著调节作用的货币政策操作目标才是较好的操作目标，才能发挥应有的作用，这也是货币政策操作目标的存在应有的价值。因此可控性是货币政策操作目标的重要标准之一。

金融机构经营行为影响操作目标效力的作用机理——可测性，操作目标除反映市场供求关系的变化外，受其他不可预测的意外因素的影响较小，总体处于相对稳定之中，防止出现经常性大幅度的波动。现实中，在以同业拆借利率为操作目标的情形下，金融机构的经营行为会对操作目标的稳定性构成显著的影响。操作目标保持合理的稳定性，有利于保持收益率的平稳，能客观真实地反映金融资产的价格，更能成为金融市场上各类产品定价的重要基准。如果操作目标容易受到商业银行经营因素的影响，处于经常性大幅度的波动状态下，使市场基准利率随之经常性大幅度地波动，将导致市场上投机性色彩的增加，使金融产品定价尤其是同定收益金融产品的定价无所适从。同时，货币政策操作目标的平稳性也是央行货币政策微调的重要思路。保证操作目标的合理平稳性有利于防止货币市场产生剧烈的市场波动，抑制过度投机行为带来的金融不稳定，导致金融风险增加，而且防止资金供求状况波动对金融机构、企业和居民的资产配置、资产定价、投资、消费等行为产生误导，有利于维持金融系统稳定、防范和化解金融风险，促进金融市场和国民经济稳健发展。

社会公众经济行为影响操作目标效力的作用机理——相关性，相关性是指货币政策操作目标对于最终经济目标具有显著的影响作用，任何货币政策工具的目标都是能够对最终经济目标产生显著的影响作用，包括货币政策操作目标在内的货币政策工具必须具备良好的经济调节作用，才能够发挥应有的货币政策工具效能。如果货币政策操作目标不能对最终目标产生显著调节，那将导致中央银行失去对于经济的调节地位，从而影响其对于宏观经济的支配地位。因此相关性对于选择货币政策操作目标也是至关重要的，我们需要选择的一个操作目标，应能够对最终经济目标产生显著影响效力，就计量分析的角度而言，良好的货币政策操作目标数据与最终经济目标数据之间的相关性越高，那么相关性也就越好，对于经济调节的效力也越大。

金融市场活动影响操作目标效力的作用机理——联动性，通常而言，货币政策操作目标除会对最终经济目标发挥调节效力之外，还能对其他市场利率产生影响。事实上，货币政策操作目标自身也是一种利率，只不过这种利率是被央行选定的一种或几种用于贯彻其货币政策意图的特殊利率。那么，上述机理的一个隐含的命题在于，央行必须选择一种能够对其他利率发挥显著调节作用的利率作为货币政策操作目标，否则就难以起到政策调节的作用。一般而言，需要选择对于其他利率产生显著调节作用的利率作为操作目标的效力最高，对于央行开展货币政策工具调控而言也最便捷。

2.3　价格型调控转型背景下操作目标效力检验体系的建立

前文的分析中将货币政策操作目标的检验标准确立为"可测性""可控性""相关性"和"联动性"四项，都是从基本理论以及实际机理出发得出的结论。本部分内容，我们将考虑价格型调控的特殊背景，并将此因素引申为货币政策操作目标检验的第五项标准，并再次从传统的货币银行理论的角度出发，对于选取上述五项标准的原因做一次系统性阐述。

2.3.1 价格型调控转型的主要特征及其影响

随着中国经济已步入"新常态"，经济发展方式从粗放型增长转向集约型增长模式，经济发展动力从传统增长点转向新的增长点，产业结构转型升级，经济运行效率更趋提高。随着金融市场的开放，各项经济指标对于利率的敏感性逐渐提高。在上述背景下，央行货币政策调控需要随之进行转型。总体而言，价格型调控转型显示出如下几个特征：（1）货币政策调控手段从直接调控转变为间接调控，央行从直接限定货币规模，逐步转变为管理货币价格；（2）货币政策调控对象从数量型指标的关注转变为价格型指标，从过去对信贷、存款准备金等数量指标转变为重点关注市场利率、汇率等市场价格指标；（3）货币政策管理重点从计划管理转变为市场管理，过去中央银行主要依靠制订指标计划对调控对象进行直接管理，转变为划定经济主体活动边界，更多地依托市场竞争机制发挥效力。上述特征的实质在于央行货币政策渠道在数量型及价格型两者模式之间的调整转换，上述转型对于货币政策操作目标影响主要表现在两个方面：一方面，完全的市场化价格调控模式有待完善，在数量型调控模式下，价格型货币政策操作目标的传导渠道是相对畅通的，但货币政策传导主要是通过货币数量渠道，市场型价格形成机制并不十分成熟。另一方面，货币政策调控的数量型色彩仍然较浓，货币政策调控转型是一个过程，不可能一蹴而就，数量型调控在转型期仍然具有较强的影响力，在研究价格型的货币政策操作目标效力的同时，需要对数量型调控渠道的影响效力加以考量，因此在研究货币政策操作目标效力检验标准时，就需要考虑货币供应量指标与价格型指标之间的协调关系。

2.3.2 货币政策操作目标效力检验的最终体系

分析至此，让我们回到货币政策调控这个逻辑起点，对央行货币政策操作目标效力的检验标准进行总结性分析论证。如表 2.1 所示，几乎所有的货币银行教科书都会介绍这样一个货币政策传导场景：货币政策传导渠道中最终目标始终固定，货币政策工具、操作目标与中介目标依货币政策调控模式的不同而有所区别。货币政策调控可以分为价格型与数量型两类。上述划分集中体现在货币政策操作目标与货币政策中介目标。其中数量型货币政策工具包括法定存款准备金、再贴现率和再贷款利率、公开市场业务等，中介目标是货币供应量。而价格型政策工具包括存贷款利率、再贴现率、再贷款率和汇率等，中介目标为利率或资产价格。

表 2.1　　　　　　　货币政策数量型与价格型调控比较情况

		货币政策工具	货币政策传导机制		中介目标	最终目标
货币政策	数量型调控手段	法定存款准备金 再贴现和再贷款 公开市场业务	货币渠道	信贷渠道 企业资产负债表渠道	货币供应量	经济增长 物价稳定 充分就业 国际收支 平衡等
	价格型调控手段	存贷款利率 再贴现和再贷款利率 汇率	利率渠道	利率渠道 资产价格渠道 汇率渠道	利率或资产价格	

图 2.2 体现的是依据传统货币银行理论，所得出的货币政策操作目标效力的五项检验标准，需要说明的是，上述五项标准既包含了传统的货币政策操作目标选择标准，也有基于理论与价格型调控背景之下的若干标准。现分别展开介绍。

标准（1）：可测性。该标准主要检验货币政策操作目标效力的首要表现在于自身所具备的波动状态，以及该状态下所具备的可预测的能力，现实中货币政策操作目标能够被中央银行及时获取，以便于分析与预测。

标准（2）：可控性。货币政策操作目标需要承接中央银行货币政策调控工具，以有效贯彻其货币政策意图，货币政策操作目标效力的第二个表现应该是对央行货币政策工具的承接效力，及其对于贯彻央行货币政策的能力。

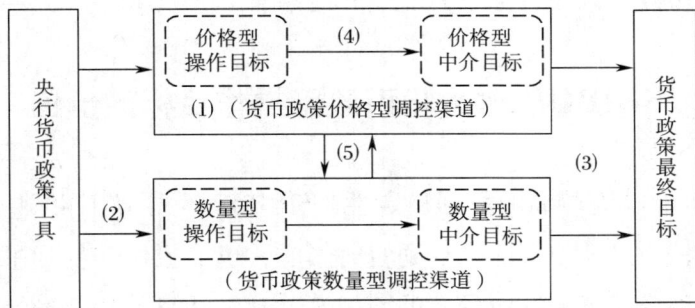

图 2.2　货币政策操作目标效力的检验标准分布概况①

标准（3）：相关性。货币政策操作目标作为贯彻中央银行货币政策意图的重要组成部分，应能对最终目标产生影响，因此货币政策效力的第三个表现应该是货币政策操作目标对于最终目标的实际影响力。

标准（4）：联动性。通常货币政策操作目标评价标准只是可测性、可控性与相关性三项。但目前我国金融发展正处于市场化转型时期，货币政策的调控模式正从数量型向价格型转变，货币政策操作在顺应价格型调控方向的同时还需要兼顾数量型调控，由于在这个过程中价格型货币政策操作目标向中介目标的传导渠道并不具备西方健全金融体系中相对明晰的传导渠道，即出于转型背景的考量下，操作目标与中介目标不宜视作同一事物。因此在研究货币政策操作目标效力时，有必要对操作目标与中介目标间的传导状态进行考量，从而构成了检验操作目标效力的第四个标准，价格型货币政策操作目标联动性反映了某一项货币政策操作目标对于价格型中介目标体系的影响力状态。

标准（5）：协调性。同样考虑在货币政策调控的转型阶段，虽然货币政策调控正在向价格型调控转变，但是原有的数量型调控渠道仍然存在，并仍然在发挥作用，因此检验价格型货币政策操作目标效力不

---

① 在此仅以货币政策价格型调控模式为例。

可能忽视其与原有的数量型调控渠道的关系，即本书称为协调性，这就是评价货币政策操作目标效力的第五项标准。

2.4　SHIBOR 作为货币政策操作目标的价值

SHIBOR 具有较高的数据稳定性。SHIBOR 受外界不可预测因素干扰的影响较小，即使短期内受到暂时影响，也能很快恢复到平稳状态，避免由于外界因素干扰而导致的不规则波动。从目前的市场情况来看，SHIBOR 均没有出现过较大幅度的波动，稳定性较为理想。此外，SHIBOR 具有一般银行间同业拆借利率的优点，比其他利率具有更强的优势。首先，同业拆借利率是报价利率，各报价行的报价是综合考虑市场交易情况和对市场的预期，因此所公布的利率在交易时可以作为参考利率。其次，选用数据方便。同业拆借中心在各报价行都报完价之后就可以计算 SHIBOR，在 11 时 30 分就开始对外公布。而其他的同业拆借利率数据公布却要迟得多。因此，SHIBOR 的数据选用更为方便。最后，市场的相关性较好，风险较小，比市场上的其他利率相比稳定性较高，并在很大程度上弥补了其他利率的不足。

SHIBOR 具有较高的货币政策相关度。中国人民银行制定了与 SHIBOR 相配套的报价银行管理制度，从根本上保证了 SHIBOR 体系的权威性。现在的 SHIBOR 报价银行是经过人民银行严格审批的，且在中国货币市场上具备较高的信誉等级、人民币交易活跃、专业技术性强、信息披露充分和具有较强的利率定价能力的银行。近年来，中央银行积极推广和使用 SHIBOR 在市场化产品定价中的运用，央行货币政策工具使用过程中对于 SHIBOR 的关注度不断提升。

SHIBOR 具有较好的实体经济反馈度。SHIBOR 能够如实地反映出市场上的资金供求状况，且基础性较好。当市场上资金盈余时，SHIBOR 将下降；当资金短缺时，SHIBOR 将上涨。并且在金融产品定价中有着广泛的运用，如附息债、银行内部定价、票据贴现、金融衍生品等，表现出了较好的基础性。SHIBOR 的中长期限利率是根据短期利率加上风险溢价而得到，SHIBOR 对于长短期市场利率都具有高度的相关性，SHIBOR 较少受货币政策影响，可控性较好。SHIBOR 最终面对的是企业和居民，能够很敏感地影响微观主体的消费与投资，最终作用于实体经济，与这些宏观指标之间高度相关。

SHIBOR 具有比较广泛的市场利率代表性。我国 SHIBOR 市场参与主体种类广泛，市场参与主体具有主动性，以市场供求关系形成的利率能够如实地反映市场上的资金供求状况。SHIBOR 报价行信誉等级高、交易规模大、专业水平较高。SHIBOR 能够对其他利率产生基础性和成因性的影响，对其他利率的变化产生较大且较久的影响。SHIBOR 共有八个期限品种，且能够反映出在一定时期内无风险收益的水平，能够成为金融资产定价的基础。

综上所述，以 SHIBOR 作为货币政策操作目标效力检验的研究对象既具有理论价值，又具有较好的实践价值。需要说明的是，本研究虽然采用 SHIBOR 作为货币政策操作目标的研究对象，但在具体实践中，基准利率也是货币政策研究中不容忽视的。本研究没有以基准利率作为研究对象，主要基于以下原因：（1）从过去的状态看，基准利率具备较好的央行政策调控能力，央行对其掌控性较好，SHIBOR 虽然不能完全由央行掌控，但是 SHIBOR 的建立与运行同样处于央行的管理范围内，因此与基准利率相类似，SHIBOR 同样具备较强的政策代表性；（2）从目前的表现看，货币供应量对于国民经济变量的调控能力正在逐渐弱化，而基准利率作为货币供应量调控的重要组成部分，其效力状态值得考量，而 SHIBOR 作为市场定价的代表利率，理论上其对于国民经济的调控力较强，更加值得重点关注；（3）从未来的趋势看，利率市场化是货币政策发展的主流趋势，而基准利率具备一定的政府计划色彩，从基准利率的视角或许难以勾勒出利率市场化的变化趋势；

（4）从下文中即将介绍的世界各国实践来看，大部分国家或地区，采用了同业利率作为操作目标，可见以 SHIBOR 为代表的同业拆借利率应作为比较理想的研究对象。

2.5　操作目标应用及其效力的国际经验

本节将介绍货币政策操作目标的应用及效力状况，着重分析美国、德国、英国、日本和新兴市场经济国家的基本情况。

2.5.1　美国

1951 年美联储从财政部分离出来，真正意义上的独立的货币政策才开始实施。美国的货币政策操作目标历经了多次调整与探索，直到最后一次调整才将联邦基金利率确立为操作目标体系的主体。

（1）凯恩斯主义与价格型调控的早期建立（1951—1970 年）

这一时期美国货币当局主要奉行"凯恩斯主义"的相机抉择机制，选择利率作为货币政策的中心，并将其作为操作目标实现对货币发行与信贷量的调节，进而实现对实体经济的调节，该时期主导的货币政策理念认为，利率作为资金的价格，能够有效影响投资需求与总需求。在实践中，这一时期的主流货币政策理论主张发挥利率作为操作目标的调节效应，在经济过热时提高利率抑制总需求；而在经济遇冷时，降低利率鼓励投资，提振经济。

（2）货币主义与价格型调控的放弃（1970—1987 年）

20 世纪 70 年代，美国的货币政策操作目标历经了市场利率、非借入准备金、货币供应量等多个阶段，从 1970 年开始，美国货币当局定期公布 M1 数值，通过操作 M1 的变化实现对货币政策的调控，而到了 20 世纪 70 年代末期，货币政策操作目标由 M1 转变为 M2，这一时期可以进一步细分为三个不同的时期。

1970 年至 1979 年下半年，货币政策操作模式是通过控制非借入准备金，从而控制联邦基金利率在一个相对较小的幅度之内波动，但是这一模式在控制通货膨胀方面并没有取得较好的效果，受到了较多抨击。

1979 年下半年至 1982 年，货币当局允许联邦基金利率在较大范围内波动，并加大对货币供应量的关注。从调控的操作模式上看，当货币供应量增长较快，则降低非借入准备金，促使联邦基金利率上升，从而促进货币供应量回归正常。实际上，20 世纪 70 年代末期，货币供应量确实能够为控制国民收入增长，进而为推算非借入准备金提供依据。但是 80 年代后，上述联系变得不再显著，从而作为货币政策操作目标的非借入准备金率也逐渐退出了历史舞台。

1983 年至 1987 年下半年，由于联邦基金利率趋于稳定，但是银行体系的准备金需求出现了较大波动，因此美国货币当局开始关注借入准备金对于联邦银行体系中资金紧张程度的评估效益。美联储通过改变贴现率实现对借入准备金的调节，从而调节联邦基金利率。但随着 1987 年股灾发生，货币当局放弃了借入准备金的货币政策操作目标，转而采用联邦基金利率作为操作目标，确保银行体系的充足流动性。

（3）"Q" 条例的废除与利率市场化改革（1988—1990 年）

在确立以货币供应量作为货币政策操作目标之后，20 世纪 80 年代美国出现了美元过度升值、利率水平飙升、国际收支失衡等对国民经济不利的情况。此时的货币供给增长率与通胀之间存在着相对稳定的相关关系，但是通胀与货币供给对于产出的影响甚微。由于该时期货币的利率弹性比较低，因此存款与其他金融资产相对收益比较低。但事实上，随着金融创新的加深，利率市场化加深，货币供应与产出之间的稳定性被打破，因此继续以货币供应量作为操作目标不再符合政策需要。1993 年另一种货币政策微调模式 "泰勒规则" 诞生。"泰勒规则" 从一个侧面证明了放弃货币供应量作为操作目标，确立以联邦基金利率作为新的操作目标的现实必要性。1986 年，美国取消了 "Q" 条例，不再对存折账户利率设置上限，这一事件标志着联邦基金利率作为货币政策操作目标的正式确立。

（4）价格型调控机理的探索（1991年至今）

进入20世纪90年代，理论发展为货币政策操作目标的确立提供了理论基础，Bernanke和Blinder（1992）[①]的研究论证了利率渠道的客观存在，在比较了美国的M1、M2、联邦基金利率、3个月短期国债利率和10年长期国债利率对经济产出和就业的预测能力后，发现联邦基金利率的预测效果最优。因此，以联邦基金利率为代表的同业拆借利率作为货币政策操作目标具有较大的政策效力。Estrella（1998）[②]通过对货币供应量、联邦基金利率与最终目标关系的考察得出了与上述理论相一致的研究结论，即相对于货币供应量，联邦基金利率对实体经济的调节能力较强。Brzoza（2003）[③]通过对1996—2002年的联邦基金利率的分析，认为联邦基金利率具有较强的波动性，其变动趋势与经济周期一致。Normandin与Phaneuf（2004）[④]在上述研究的基础上分析了基准利率对于货币政策的传导反馈效应。

2.5.2　德国

从20世纪60年代开始，德国全面推进利率市场化改革，1965年取消3个月以上的存款利率限制，1966年则部分取消了大额存款利率限制，1967年货币当局全面放开了利率管制，德国货币当局出于稳妥考虑，并没有完全放开市场利率，而是逐步推动，从而有保留地实现了利

---

①　Bernanke. B. S. , Blinder . A. S. . The Federal Funds Rate and the Channels of Monetary Transmission [J]. *American Economic Review*, 1992, 82 (4)：901 – 921.

②　Estrella. A. . A New Measure of Fit for Equations With Dichotomous Dependent Variables [J]. *Journal of Business & Economic Statistics*, 1998, 16 (2)：198 – 205.

③　Brzoza. L. . Srebra Kazimierza / Leszek Brzoza [J]. *Art & Business Gazeta Aukcyjna*, 2003, 15 (5)：131 – 136.

④　Normandin. M. , Phaneuf. L. . Monetary policy shocks：Testing identification conditions under time – varying conditional volatility [J]. *Journal of Monetary Economics*, 2004, 51 (6)：1217 – 1243.

率市场化，并于 1967 年 4 月建立了银行间的利率协商机制，通过银行间利率相互协商机制，确立市场利率，并将其制定的市场利率作为货币政策操作目标。这一参考利率并不要求强制执行，但却是货币政策市场化调控的重要标志，随着 20 世纪 70 年代储蓄存款标准利率的废止，德国利率市场化全面实现。

推行利率市场化的德国金融体系，其直接融资与间接融资比例并未发生根本变化，间接融资规模仍然占据整个融资体系的一半以上，这可能是由于德国银行体系可以同时开展信贷业务与证券业务，因此利率市场化对于德国银行业的冲击比较小。因此，货币政策在相当长的时期内钉住货币供应量，货币信贷规模相对稳定，随着市场标准利率的废止，德国货币政策操作目标开始以货币供应量与货币信贷为主体。

与世界各国的金融发展趋势相类似，进入 20 世纪 80 年代后，随着金融创新与自由化的不断加剧，金融产品创新使德国金融部门的金融资产结构发生了根本变化，银行资产从占据市场规模一半以上下降至 30% 左右，保险资产与证券资产占据市场规模的 30% 左右，特别是在 2008 年以后，银行融资规模显著降低，货币政策乘数不再稳定，货币供应量作为货币政策操作目标的地位不断下降。因此，进入 20 世纪 90 年代，德国央行的货币政策操作目标不再仅仅钉住货币供应量，转而钉住市场短期利率，建立起双重政策目标体系。

20 世纪 90 年代，欧洲央行以德国央行调控框架为主体构建了新的货币政策调控体系，操作目标延续了货币供应量与货币利率的双目标格局，重点关注物价稳定目标。更具体地，采取钉住隔夜拆借利率，依靠贷款便利，通过构建利率走廊调控体系实现货币政策的调控。欧洲货币当局通过确立隔夜拆借利率上限作为利率走廊上限，而采用商业银行存款便利构成下限，确保利率在利率走廊间波动。而在宏观方面，欧央行采取同时关注货币供应量与实体经济数据的双支柱体系，实现货币政策宏观调控。

2.5.3　英国

英国操作目标随着金融自由化的发展而演变，其中主要经历了贴现率、货币供应量、最低贷款利率、准备金利率等多个阶段。其金融自由化自 20 世纪 70 年代开始，大约经历了 10 年的时间至 1981 年结束。

（一）利率管制阶段（"一战"后到 20 世纪 50 年代：以贴现率为操作目标）

早在"二战"之前，英国就实行了利率管制，其主要是通过银行间的协议达成对利率的管控机制，这一时期的货币政策操作目标主要由贴现率充当，由票据交换银行共同制定存贷款利率。通过上述机制，实现了存贷款利率与贴现利率之间的同步变动。这一利率管制模式在"大萧条"期间得以继续延续，并一直保持至 20 世纪 60 年代。上述银行间协议主要包括存款利率协议、贷款利率协议、拆借利率协议三个方面。通过一系列的政策安排，保持了协议利率与再贴现利率的密切联动，由此货币当局通过再贴现率的调整实现对市场利率以及贷款规模的控制。在 20 世纪 70 年代以前，英国只有 7 家协议制定银行，而此后又合并为 6 家，其中 4 家位于伦敦。几乎同时，随着银行间同业资金业务的频繁开展，伦敦同业拆借市场蓬勃发展起来，伦敦同业拆放利率（LIBOR）的市场资金价格衡量标准的地位逐渐凸显出来。

（二）利率市管制后期（20 世纪 60 年代：以货币供应量为操作目标）

"二战"结束以后，世界经济历经了 20 多年的发展，经济社会发展经历了较大规模的变革，随着新的经济理念的革新，国际商品与资本交易日趋频繁，金融创新趋势渐趋明显，包括利率管制在内的金融管制不再适应于新经济形势发展的需要。在此背景下，以利率市场化为代表的金融自由化日渐风行，货币政策操作目标也需要随之改变。在这一时期的利率市场化进程主要包括三方面内容：（1）货币政策操作目标改变，进入 20 世纪 60 年代，贴现率作为货币政策操作目标，同时钉住利率作为货币政策中介，但是随着通货膨胀的加剧，货币当户对于利率的控制能力降低，因此货币政策中介转而采取货币供应量；（2）随着20世纪60年代末期英镑贬值的加剧，汇率危机造成英镑利率与欧洲美元利率差距扩大，汇率不稳定性进一步加剧；（3）随着银行竞争力下滑，长期低息政策加剧了市场不稳定，英国被迫推进利率市场化。在此背景下，伦敦各家银行自发形成了利率报价体系，LIBOR体系在这一机制形成过程中逐渐确立起来。

（三）利率市场化初期（20世纪70年代：以最低贷款利率为操作目标）

20世纪70年代，英国开始推行新的金融监管手段，新的规则目的在于促进银行间市场公平竞争，强化金融运行机制，加强市场化调控机制。具体而言，各家银行通过采取个别定价形成基本利率，强化利率统一定价与个别定价的相关性，随着政策推进与金融形势的变化，进入70年代，英国货币当局采用最低贷款利率作为货币政策操作目标，而不再以贴现率作为货币政策操作目标，随后英国又经历了通货膨胀、汇率贬值等不利形势，并始终坚持以最低贷款利率作为货币政策操作目标，取得了较好的政策效果。

（四）完全利率自由化阶段（20世纪80年代至今：以准备金利率为操作目标）

进入20世纪80年代，英格兰银行取消了对于最低贷款利率的定期公布，1986年，英国政府正式取消利率指导，从而推行了市场化利率管理体制。在具体操作中，巴克莱、劳埃德等四大银行的存贷款利率成为贷款利率下限，其他银行则在此基础上确立自己的存款利率。目前，英国货币当局仅仅公布准备金率，并以此作为货币政策操作目标，而其他的市场存款利率则以准备金率为参考确立。

2.5.4　日本

（1）第一阶段（"二战"后至20世纪70年代：同业拆放利率作为

操作目标）

第二次世界大战结束后，日本经济遭受了严重冲击，国民经济衰退明显。为恢复国民经济，日本开展了对利率的金融管制。1947 年《临时利率调整法》颁布，规定了存款利率上限，以实现对利率的政策性控制，从而推进战后经济恢复与重建。此时日本银行以同业拆借利率为操作目标，但同时注重对贷款的控制，从而实行了以同业拆借利率为主体，多重目标的货币政策操作目标模式。

（2）第二阶段（20 世纪 70—80 年代：货币供应量作为操作目标）

20 世纪 70 年代，美国在冷战中渐趋下风，西方阵营国家加强了对实体经济的直接管控，在此背景之下，日本开始将货币政策操作目标转为货币供应量。这一时期日本加大了国债发行规模，日本大藏省从 20 世纪 70 年代末期开始允许商业银行持有承销国债并上市销售，并且允许以市场利率上市发行。与此同时，开展同业拆借利率的波动区间，并且推进国债买卖的市场化，并逐渐放开了银行间票据交易管制。20 世纪 70 年代末开始发行大额定期存单，首张发行单位为 5 亿日元。

（3）第三阶段（20 世纪 80—90 年代：货币市场利率作为操作目标）

进入 20 世纪 80 年代，国际形势发生了新的变化，金融创新逐渐成为新的发展导向，货币供应形势也更趋复杂。银行的关注重点也不再局限于货币供应量，该时期，利率、汇率、资产价格、广义货币都开始作为重要的货币政策工具发挥更加重要的作用。在这一背景下，对于货币供应量具有重要指示作用的市场利率的货币政策操作目标地位逐渐凸显出来，20 世纪 80 年代末期，紧缩性货币政策显著导致了市场利率的上升。外贸经济下滑以及全球性不稳定因素都显著影响了市场利率的走势，市场利率（以隔夜拆借利率为主）的货币政策操作目标作用越发显著。

（4）第四阶段（20 世纪末至 21 世纪：经常账户未偿付差额为操作

目标）

进入 21 世纪，对外贸易在日本国民经济调控的地位逐渐凸显，因此货币政策操作目标也转变为经常性账户未偿付差额，隔夜拆借利率作为操作目标的地位逐渐下降。日本货币当局开始重点关注经常性账户未偿付差额，并将其作为货币政策调控的重要中介，以使其充分发挥货币政策调控的重要作用。

2.5.5　新兴经济体国家

（1）韩国

韩国在 1998 年之前也实行过数量型调控，政策演变的渠道主要沿着“$M1 \rightarrow M2 \rightarrow MIT(M2 + CDs + Money - in - trust) \rightarrow M3$”的顺序推进。特别是在 1997 年亚洲金融危机之后，韩国开始以通货膨胀目标制作为货币政策中介，并得到了进一步发展，在这一时期韩国央行由最初的采用准备金作为货币政策操作目标转而采用隔夜拆借利率作为操作目标，其市场的价格型调控导向显著增强。1999 年，隔夜拆借利率正式成为韩国中央银行的货币政策操作目标，也标志着货币政策价格型调控的正式确立。此后，市场利率显著趋于稳定。

（2）巴西

在过去相当长的一段时期内，汇率一直是巴西的货币政策操作目标，开始于巴西采取的“雷亚尔计划”以应对恶性通胀，巴西的“名义锚”确立为美元。到了 1996 年，巴西采取 TBAN（巴西中央银行援助利率）和 TBC（中央银行再贴现窗口利率）作为基准利率。这一时期汇率仍然是巴西央行关注的首要目标，而利率则处于相对次要的地位。到了 1999 年巴西雷亚尔出现了严重高估问题，此时巴西央行开始采取雷亚尔自由浮动政策。也就在这一年 6 月，SELIC（银行间市场隔夜回购利率）开始作为巴西央行的政策操作目标，货币政策调控的价格型转型显著增强。在此之后的市场利率波动性显著下降，即使是在经历 2008 年国际金融危机的关键时期，市场利率都保持了平稳。

（3）墨西哥

墨西哥的金融市场曾经在 20 世纪 90 年代债务危机的打击下持续动荡，受制于现实的严峻，1995 年墨西哥中央银行开始采取现金账户日均余额（Corto）作为政策操作目标，同时将隔夜拆借利率作为明确政策导向的公告工具。直到 2008 年隔夜拆借利率正式成为墨西哥央行的操作目标，并由此开始推行价格型调控货币政策框架。与此同时，墨西哥 28 天期均衡波动率仅为 0.7%，低于转型前 10 年平均水平。通过采取隔夜操作目标利率显著降低了墨西哥市场利率波动性，保持了市场环境的平稳。

（4）马来西亚

与其他新兴经济体国家类似，马来西亚央行最初也是采用数量型货币政策调控框架，货币供应量在很长一段时期内充当货币政策的中介目标，但在 1995 年之后，马来西亚央行也开始了货币政策的价格型转型调整。在 21 世纪初期，马来西亚央行对货币政策调控框架进一步改革，开始采用 3 个月期的利率作为新的操作目标，在此之后，银行隔夜拆借利率的波动率保持了平稳。

2.6　我国操作目标的具体实践

我国货币政策操作目标的实践大致经历了四个阶段，每个阶段都有自己的操作目标及其相对应的货币政策传导机制。

2.6.1　"现金投放"阶段

战后的金融生态严重受损，资本市场几近崩溃。中国人民银行分别于 1948 年与 1955 年发行了两套人民币供市场流通，人民币成为新中国成立初期唯一的法定货币。为了尽快结束解放战争，恢复国民经济，在

1949年中央财政通过发行人民币弥补了大约50%的财政赤字。货币政策调控几乎等同于人民币发行调控。通过对人民币现金投放的调控，居民消费物价逐渐趋于稳定，金融的投机倒把得到了初步遏制，多重流通工具充斥金融市场的现象得到了初步治理，金融发展局面逐渐趋于稳定。随着1956年三大改造进入尾声，计划经济体制得以确立，在对现金投放规模严格控制之下，高度集中的信贷管理体制建立起来。现金计划性管理机制成为货币政策调控的主流。由此可见，在新中国成立初期至改革开放以后的这段时期内，我国建立的以现金投放作为操作目标的做法有力地促进了国民经济的恢复发展，为维护中央金融调控权威，确保经济复苏与快速恢复发挥了积极的作用。

2.6.2 "准备金率"阶段

改革开放之后，我国计划经济体制正在逐渐转轨，国民经济的市场化程度不断提升，以中国人民银行作为唯一大型金融机构的体系正在逐步发生变革，传统的单一化信贷管理体制正在向多元化调控方式过渡。单纯的钉住现金投放作为货币政策操作目标的做法显然不再符合社会经济发展的实际情况，并且难以实现物价稳定的经济目标，直接对现金进行控制的调控模式已经不能有效实现经济调控目标。另外，货币信贷与总需求之间的联系日益密切，央行摆脱"大一统"地位的同时更加注重对宏观经济的掌控，货币政策调控更趋科学性，在上述因素的共同影响下，以"准备金率"为新的操作目标的货币政策调控模式应运而生，这一时期的商业性金融机构还具有一些计划经济的"影子"。因此，受制于央行准备金率的控制特征比较明显，准备金率变动能够对其经营方式造成显著影响。以"准备金率"作为货币政策操作目标的做法比较符合经济发展实际，取得了较好的调控效果。

2.6.3 "双重目标"阶段

这一时期国民经济的市场化特征更加明显，相对于间接融资，直接融资规模逐渐扩大，社会融资结构正在悄然发生变化，随着国有大型金融机构信贷总量比重的下降，货币信贷规模对于国民经济发展规模的适应程度出现改变，贷款规模与广义货币供应量之间的比例稳定性下降。因此，单纯钉住货币信贷实现对国民经济的掌控的调控方式不再符合社会经济发展实际，因此货币供应量作为新的货币政策中介地位逐渐凸显出来。与此同时，我国货币政策操作目标采取"准备金率"与"货币市场利率"并重的模式，即"双重目标"并存模式。

2.6.4　"货币市场利率"阶段

面对金融"脱媒"趋势加剧，货币政策单纯钉住货币供应量的方式已经不能适应形势的需要，货币政策数量型调控弊端逐渐显现出来，价格型调控模式亟待建立。以 SHIBOR 为代表的价格型货币政策操作目标正在发挥实质性基准作用，运用前景广阔。2013 年以来，中国人民银行推出了 SLF/MLF/PSL 等一系列新型货币政策工具，政策工具种类更加丰富，同时为"利率走廊"型货币政策调控模式的建立创造前提条件。此时的货币政策操作目标以"货币市场利率"为主的趋势愈发明显，货币政策操作目标的政策地位更加显著。

2.7　我国货币政策操作目标效力的制约因素

通过对货币政策操作目标进行国内外比较分析，我们发现，国外大多以同业利率为货币政策操作目标，且传导渠道相对畅通。我国在某些方面还存在一定的不足，亟待进一步改进。

利率市场化取得重要进展，资金价格传导渠道仍存阻碍。随着人民银行对商业银行存款利率上限限制的取消，我国利率市场化改革已经取得了显著进展，目前仍然在向更深层次、更宽广的领域推进。利率市场化改革是一个动态的过程，其核心目标在于破解过去旧的体制机制对于金融市场的束缚，全面推进资金定价的市场化。在这个动态的过程中，特别是要重视中央银行货币政策调控对于货币政策工具及利率传导的重要作用，从过去的主要按照政策意图推进，转变为依靠市场的定价机制，利用市场主体之间的价格竞争，形成公平合理的定价规则，最终形成公平合理的利率水平。上述过程要求利率传导的顺畅，就是要打破过去在资金定价方面旧有体制的限制，改变利率调节渠道不通畅的现象。

金融市场发展前景良好，货币政策传导质量有待提升。目前我国货币政策正处于价格型调控的关键时期，但是受到过去计划经济体制的影响，与发达国家经济体相比，我国金融市场起步晚、发展慢，利率形成机制还有相当程度的政府定价的色彩，亟须采取有效措施予以打破，改变旧有体制对于利率形成的影响。其中表现比较突出的在于操作目标，这就需要我们进一步健全货币政策传导机制。理顺不同货币政策传导变量之间的传导关系，进一步消除影响货币政策传导的不利因素。健全货币政策操作目标的传导机制，基础性工作在于促进金融市场的发展，特别是要建立发达的、适应现有经济发展规模与发展理念的金融市场。还要突出中央银行的货币政策调控的核心地位，确保货币政策传导取得实效，进一步健全货币政策操作目标的作用机制。

市场利率类别丰富，基础性的操作目标利率仍然稀缺。目前我国市场利率经过了几十年的平稳发展，资金的定价模式日渐丰富，利率品种不断增多，各种市场利率在不同经济领域内均发挥了资金价格的作用，对于市场经济发展发挥了积极的作用。但是在数量众多的利率中，仍然缺乏具备基础性作用的操作目标利率，培育操作目标利率任重道远。

3 可测性：SHIBOR 波动率的预测及其检验

"可测性"是中央银行操作目标需要满足的首要目标。货币政策操作目标的"可测性"主要是指：货币政策操作目标能够被中央银行及时获取，以便于分析与预测。本章中，我们将分析不同时期 SHIBOR 的波动情况，并借助 GARCH 族模型对 SHIBOR 的可测性进行测定，并对测定结果进行检验。

3.1 各时期 SHIBOR 的阶段性波动状态

自 2007 年 SHIBOR 诞生以来，SHIBOR 几乎始终处于不断波动过程中，特别是在"次贷危机""钱荒"等特殊时期，上述波动甚至出现加剧的态势。总体而言，SHIBOR 的总体波动情况可分为四个时段。

3.1.1 SHIBOR 的早期波动状态

2007 年 1 月至 2008 年 11 月，受美国"次贷危机"影响，同业拆借市场资金全面紧绷，2007 年 9 月短期 SHIBOR 一度达到峰值，隔夜、1 周、2 周、1 个月 SHIBOR 分别为 3.72%、7.03%、7.58% 和 7.17%。中长期 SHIBOR 相对平稳，呈现稳步上升的态势。经济形势总体呈现出贸易顺差过大、投资增长过快的现象，经济增长与物价总体水平均呈现

较高增长率。2007 年国内生产总值（GDP）达 24.7 万亿元，增长
11.4%；居民消费价格指数（CPI）上涨 4.8%。这一时期短期 SHIBOR
总体呈现振荡上行的趋势，如表 3.1 所示，其中四种短期 SHIBOR（隔
夜、1 周、2 周、1 个月）均值分别达到 2.24%、2.91%、3.28%
和 3.47%。

在此过程中，同业拆借业务规模达到 10 万元，同比增幅接近
400%；回购业务突破 40 万亿元，同比增幅接近 70%，上述两项业务
增长幅度均打破了传统极值。其中中长期业务总量接近 2000 亿元。这
一时期的货币市场在 SHIBOR 的发展作用下得到了快速增长。2007 年
银行间业务规模的市场总量超过 70 万亿元，环比增幅超过 30 万亿元，
增长幅度超过 80%。

表 3.1　　　2007 年 1 月至 2008 年 11 月 SHIBOR 波动的基本情况　　　单位：%

	N0	W1	W2	M1	M3	M6	M9	Y1
均值	2.246	2.911	3.279	3.471	3.828	3.907	3.981	4.089
中值	2.131	2.868	3.095	3.267	4.25	4.328	4.381	4.449
最大值	8.528	10.082	13.579	8.827	4.507	4.597	4.652	4.716
最小值	1.281	1.373	1.658	2.227	2.808	2.869	2.931	3.002
标准差	0.597	1.000	1.152	0.894	0.678	0.708	0.691	0.658
偏度	3.253	2.405	2.972	2.456	−0.402	−0.356	−0.388	−0.492
峰度	30.004	13.926	20.008	11.33	1.365	1.335	1.400	1.559
JB 统计量	14723.37	2719.718	6194.277	1784.63	63.376	62.617	60.322	58.124
总和	1028.615	1333.407	1501.739	1589.492	1753.141	1789.557	1823.341	1872.946
离差平方和	163.108	456.617	606.963	365.047	210.375	229.047	218.407	197.774
样本数	458.000	458.000	458.000	458.000	458.000	458.000	458.000	458.000

资料来源：Wind 资讯库。

如图 3.1 所示，此阶段隔夜 SHIBOR 的交易规模较大，其中 2008
年累计规模接近 1600 亿元，其中每日平均交易超过 600 亿元。市场短
期资金业务增长比较显著，其中隔夜类业务规模超过 70%。隔夜类交
易规模增长比较活跃，占比始终排名在其他期限交易规模前列。此时，

SHIBOR 的市场价格主导地位不断巩固。主要表现在 SHIBOR 对于债券的价格影响渐趋强化。2007 年以 SHIBOR 为重要参考定价的债券规模接近 1000 亿元、融券超过 1300 亿元、企业债券超过 1600 亿元。以 SHIBOR 为参考的创新性金融商品规模不断增长，其他回购类与转贴现业务均将 SHIBOR 作为重要参考。

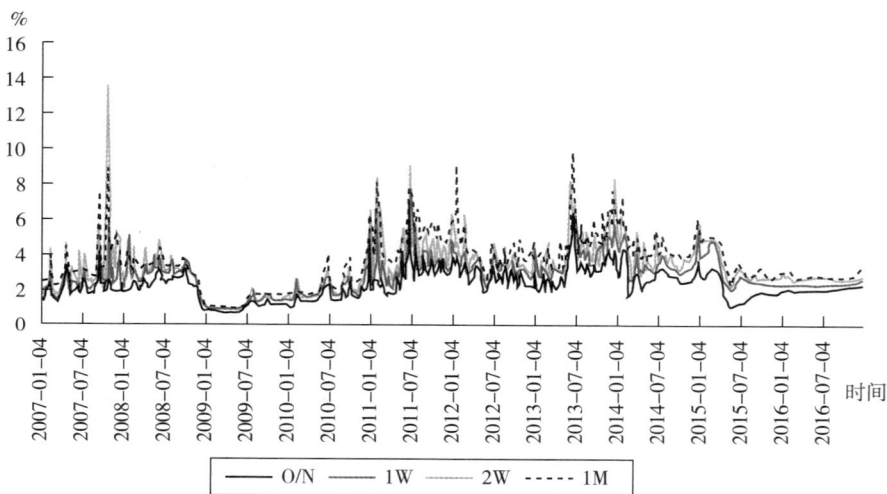

图 3.1　短期 SHIBOR 在各时期波动的基本情况

3.1.2　SHIBOR 的初期波动状态

2008 年 12 月至 2010 年 12 月，该时期 SHIBOR 运行比较平稳，如表 3.2 所示，各期限 SHIBOR 均值稳定在 2% 左右，总体水平较低。SHIBOR 的定价是市场资金定价的基础，2009 年货币市场规模接近 90 万亿元，环比增长接近 30%，是 3 年前的两倍。表现出货币市场规模不断扩大，交易日趋规范，市场主导性交易规模不断扩大等特点。在积极性财政政策以及实体经济发展的共同影响下，利率水平有所下降，市场流动性水平较好，2009 年同业拆借水平基本稳定在 1% 左右的低位。2009 年下半年随着一系列政策调控的推出，以及新股发行、央行公开市场操作等因素的影响，市场利率有所上升，如图 3.2 所示，年末同业拆借利率比年中分别上升 37%。到了 2009 年末，隔夜与七天 SHIBOR 比年中分别提高 7% 和 37%，而 90 天与 360 天期限 SHIBOR 分别较年中增长 52% 和 39%。SHIBOR 的变动较好地反映了经济发展的实际情况，为货币政策的调整提供了重要参考，为稳定经济增长发挥了积极作用。短期 SHIBOR 的定价作用最强，与其他货币市场利率的联系最为紧密，集中反映了市场资金价格的变动状况。而中长期 SHIBOR 则反映了市场预期与未来资金供求状况，其与国债收益率的联系比较紧密，短期与中长期 SHIBOR 共同构成了市场资金定价体系。这一时期内美国"次贷危机"爆发，世界主要经济体均遭受较大影响，我国经济同样受此影响。2009 年我国顺应世界经济发展的需要，果断采取了积极的财政政策与货币政策，并在经济刺激政策的影响下，总体经济形势企稳向好。2009 年经济总量超过 30 万亿元，增长率接近 9%，经济增长"三驾马车"表现良好，经济增长结构不断优化。物价水平表现平稳，并有所下降，居民消费价格指数（CPI）比上年同期低 6%。这一时期 SHIBOR 的走势客观反映了市场的实际情况，由于 SHIBOR 是主要的金融机构融资的成本表现，一定程度上反映了市场货币价格的基本水平，是市场资金价格的客观体现。

表 3.2　　　2008 年 12 月至 2010 年 12 月 SHIBOR 波动的基本情况　　单位：%

	N0	W1	W2	M1	M3	M6	M9	Y1
均值	1.323	1.615	1.688	1.874	1.974	2.099	2.221	2.378
中值	1.284	1.575	1.650	1.743	1.854	1.966	2.117	2.302
最大值	2.765	3.326	3.720	4.053	4.036	4.332	4.380	4.439
最小值	0.801	0.882	0.905	1.013	1.204	1.466	1.636	1.850
标准差	0.432	0.541	0.598	0.700	0.607	0.571	0.538	0.489
偏度	0.866	0.745	0.812	0.847	0.949	1.610	1.840	2.096
峰度	3.323	3.170	3.280	3.205	3.968	6.439	7.613	9.041
JB 统计量	67.181	48.680	58.818	63.101	98.399	480.789	754.402	1171.152

续表

	N0	W1	W2	M1	M3	M6	M9	Y1
总和	688.024	839.759	877.976	974.412	1026.663	1091.694	1154.861	1236.774
离差平方和	96.948	151.934	185.469	254.263	190.995	169.035	150.199	124.227
样本数	520.000	520.000	520.000	520.000	520.000	520.000	520.000	520.000

资料来源：Wind 资讯库。

　　与 SHIBOR 相关的金融产品发展迅速，说明 SHIBOR 的市场定价的基准性地位不断增强，为货币市场提供了较好的参考与借鉴作用。2008 年以来的人民银行涉及超过 6000 亿元的国外央行货币互换全部以 SHIBOR 为参考定价。企业债从 2007 年中开始均以 SHIBOR 作为报价参考，截至 2009 年发行规模达到 8000 亿元。而以 SHIBOR 作为报价参考的融券规模超过 4000 亿元，占比接近 4 成。其中利率互换规模超过 2500 亿元，占比超过 2 成。从 2007 年开始，以 SHIBOR 作为价格参考的利息浮动债券数量超过 20 只，发行总量接近 2000 亿元。无论是发行主体还是范围都得到了极大的拓展，影响力远播海外。SHIBOR 对于金融产品

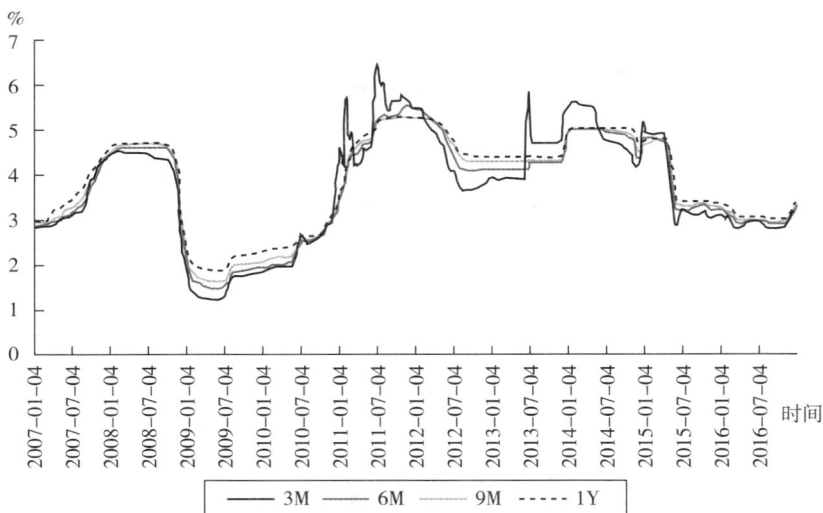

图 3.2　中长期 SHIBOR 在各时期波动的基本情况

的定价影响力不断增强。

此时，SHIBOR 对于商业银行的定价机制作用不断完善，定价作用显著强化。一方面是同业存款定价在 SHIBOR 的影响下显著增强。目前，相当数量的商业性金融机构均采取了 SHIBOR 参考定价，2009 年我国同业业务存款规模接近 5 万亿元，以 SHIBOR 为基准的同业拆借定价体系不断完善。另一方面是贴现利率定价机制不断完善，有多家商业性金融机构建立了参照 SHIBOR 的贴现率参照定价体系。从 2009 年下半年开始，央行开始以 SHIBOR 为基准制定票据定价系统，从而客观上推动了 SHIBOR 对于相关金融产品定价与系统定价的能力。此外，内部转移定价的基准性不断增强。在已经推行 TP 报价的金融机构中均与SHIBOR 关系密切。具体而言，商业性金融机构在回购、同业拆借等方面均以 SHIBOR 为重要参考；SHIBOR 与 TP 之间的互动关系日渐显著。根据上述分析可知，SHIBOR 对于金融机构的业务与定价的影响作用是全面且深远的，不仅局限于货币市场，相关定价作用延伸至金融产品及相关金融资产，体现出 SHIBOR 作为操作目标的市场地位是不容置疑的。

3.1.3 SHIBOR 的中期波动状态

2011 年 1 月至 2015 年 7 月，该时期 SHIBOR 有剧烈振荡的趋势，表现出实体经济前景不确定性增加，金融资源自主化配置与行政化配置都存在较大不确定性。如表 3.3 所示，8 种已公布的 SHIBOR（隔夜、1 周、2 周、1 个月、3 个月、6 个月、9 个月、1 年）均值分别达到2.96%、3.75%、4.14%、4.6%、4.66%、4.58%、4.63% 和 4.7%。SHIBOR 在经历了振荡上行以及中期低位波动的过程后，表现更加积极，作为市场价格反映的角色进一步得到显现。

2011 年我国国民经济的增长动力不断增强，经济增长的自主性不断提升。国民经济平稳向好的趋势日趋显著。居民消费对于经济的拉动作用不断强化，经济结构合理性较高，物价增长保持平稳。当年我国经济总量达到 47 万亿元，物价水平表现平稳，居民消费物价达到 5.4%。贸易顺差超过 1500 亿美元，同比有所减少。进入 2012 年，经济增长延续了上一年度的快速平稳态势，消费对于经济增长的拉动作用进一步显现。但是国际收支的资本与金融项目出现了多年来少有的贸易逆差。全年经济总量突破 50 万亿元，国民经济保持了 7% 以上的增长，但是增速有所放缓。其中物价上涨 2% 左右，贸易顺差达到 2300 亿美元以上。2013 年我国经济总量达到 56 万亿元，增长率继续保持 7% 以上，贸易顺差突破 2500 亿美元。2014 年经济结构进一步改善。但是受国际经济形势趋紧的影响，对外贸易经济拉动作用下降。全年经济总量突破 60 万亿元，经济增长率保持在 7% 以上高位运行。物价指数相比上年上涨 2%，贸易顺差突破 3800 亿元。

表 3.3　　　　2011 年 1 月至 2015 年 7 月 SHIBOR 波动的基本情况　　　单位：%

	N0	W1	W2	M1	M3	M6	M9	Y1
均值	2.961	3.750	4.138	4.603	4.664	4.575	4.626	4.700
中值	2.831	3.514	3.904	4.425	4.678	4.662	4.714	4.780
最大值	13.444	11.004	9.064	9.698	6.461	5.524	5.250	5.256
最小值	1.027	1.920	2.205	2.268	2.857	3.064	3.083	3.110
标准差	1.090	1.106	1.121	1.097	0.730	0.543	0.475	0.444
偏度	2.383	1.731	1.201	0.993	−0.080	−0.393	−0.810	−1.141
峰度	15.431	8.152	4.942	4.571	2.375	2.822	3.623	4.693
JB 统计量	8455.396	1838.444	455.249	305.810	19.867	31.036	143.789	385.332
总和	3390.097	4294.242	4737.708	5270.263	5340.482	5238.308	5297.207	5381.813
离差平方和	1358.941	1398.812	1438.633	1377.035	609.461	337.414	257.696	225.616
样本数	1145.000	1145.000	1145.000	1145.000	1145.000	1145.000	1145.000	1145.000

资料来源：Wind 资讯库。

这一时期的同业拆借交易表现平稳，2011 年同业拆借业务量累计达到 30 余万亿元，其中平均每天交易量达到 1300 亿元，其中交易量最大的品种是隔夜类，其占据总的交易量的比例超过 80%，是同业拆借业务中占比最大的交易品种。次年，同业拆借业务量累计突破 40 万亿元，其中隔夜交易品种占比达到 86%，同比上升了 4%。到了 2013 年，同业拆借业务量累计下降到 35 万亿元，同比减少了 4.8%。2014 年同业拆借业务规模得到了恢复发展，同业拆借业务量累计再度增长至 37 万亿元，日均成交量突破 1500 亿元，其中隔夜拆借品种交易量占比达到 78%。SHIBOR 的八个报价品种均值分别达到 2.961%、3.75%、4.138%、4.603%、4.664%、4.575%、4.626% 和 4.7%，其数值较上一阶段有了显著上升，标准差也较上一阶段有所扩大，表现出数值增长、波动量加剧的变化趋势。

3.1.4 SHIBOR 的近期波动状态

2015 年 7 月至 2016 年 12 月，这一时期经济保持了平稳较快的发展，消费增长对于经济的拉动作用进一步显现，占国内生产总值的贡献比例在六成以上，第一、第二产业对于国民经济贡献比例不足 50%。各种新的经济增长方式层出不穷，有效促进了国民经济的发展复苏。2015 年全年经济总量达到 67 万亿元。居民消费价格指数保持 1.4% 左右的低位，贸易顺差达到 3600 亿元人民币。2016 年是"十三五"规划的开局之年，此时国民经济呈现结构优化、新经济增长点进一步增加的特点。消费增长对于经济拉动作用更加明显，消费对于经济的贡献比例达到 64%，第三产业比重进一步上升至 51%。经济总量达到 74 万亿元，增长率为 6.7%。国民经济正稳步向好，物价水平保持了低位运行，经济发展新常态趋势更加明显。2015 年银行间拆借交易规模有了较大幅度增长，累计交易量突破 60 万亿元，日均交易量达到 2579 亿元，同比增长突破 70%。其中隔夜拆借量占比超过 80%。这一时期大型金融机构是资金主要融出方，且交易量增长明显。其他金融机构资金需求持续旺盛，全年净融入 13.4 万亿元，同比增长 6 倍以上。中小型银行全年同业拆借净融出 2.4 万亿元，同比下降 42.7%。2016 年隔夜拆借品种仍然是主要的同业拆借交易品种，其比例超过 80%。同业拆借业务量累积接近 100 万亿元，日均成交 3821 亿元，日均成交同比增长 48.2%，大型银行资金融出旺盛。该时期 SHIBOR 处于低位平稳运行，显示出 SHIBOR 的市场基准地位更加巩固，经济发展形势日趋明朗，货币市场逐渐适应"新常态"，体现出市场信心逐渐恢复，货币价格总体表现平稳。如表 3.4 所示，8 种已公布的 SHIBOR（隔夜、1 周、2 周、1 个月、3 个月、6 个月、9 个月、1 年）均值分别达到 1.96%、2.38%、2.7%、2.86%、2.98%、3.07%、3.11% 和 3.2%。SHIBOR 在经历了上一阶段的波动后，总体表现稳健，市场反应趋稳。

表 3.4　　　2015 年 7 月至 2016 年 12 月 SHIBOR 波动的基本情况　　单位：%

	N0	W1	W2	M1	M3	M6	M9	Y1
均值	1.955	2.380	2.703	2.858	2.979	3.065	3.111	3.196
中值	1.997	2.357	2.687	2.823	2.967	3.024	3.070	3.147
最大值	2.345	2.802	3.272	3.373	3.265	3.353	3.365	3.419
最小值	1.159	2.278	2.460	2.646	2.781	2.866	2.920	3.025
标准差	0.236	0.085	0.128	0.157	0.135	0.151	0.151	0.158
偏度	-1.312	1.238	0.925	0.821	0.075	0.272	0.169	0.182
峰度	5.502	4.789	4.388	2.823	1.697	1.678	1.365	1.232
JB 统计量	206.040	146.191	83.813	42.706	26.955	32.012	43.675	51.043
总和	734.913	894.964	1016.386	1074.756	1119.916	1152.607	1169.726	1201.804
离差平方和	20.848	2.714	6.149	9.247	6.851	8.518	8.498	9.305
样本数	376.000	376.000	376.000	376.000	376.000	376.000	376.000	376.000

资料来源：Wind 资讯库。

3.2　波动率预测理论

波动率自然属性分析方法主要包含如下几种类型：一是历史波动

率模型（Historical Volatility，HV）；二是从 Black – Scholes（1973）[①]基础上发展而来的隐含标准差模型（Implied Standard Deviation，ISD）；三是 Merton（1980）[②]提出的实际波动率（Realized Volatility）。在波动率模型外测能力的判别方面，主要有两种方法，一是运用 Mincer 和 Zarnowitz（1969）[③]发展的回归检测方法（Mincer – Zarnowitzreg ression，M – Z）。二是利用损失函数，分别称为平均误差平方（Mean Squared Error，MSE）和平均绝对误差（Mean Absolute Error，MAE），它们是此类判断中最常用的 2 类损失函数形式。Diebold 和 Mariano（1995）[④]提出了一种 Diebold – Mariamo 检验法（DM）。

3.2.1　历史波动率理论

Sadorsky（2006）[⑤]和 Agnolucci（2009）[⑥]对金融市场的研究认为广义自回归条件异方差性（Generalised Autoreg Ressive Conditional Heteroskedasticity，GARCH）类模型为主体的历史波动率的样本外预测能力优于隐含波动率。而 Bollerslev（1992）[⑦]，Figlewsky（1997）[⑧]以及

① Black. F. , Scholes. M. . The Pricing of Options and Corporate Liabilities［J］. *Journal of Political Economy*, 1973, 81（3）：637 –654.

② Merton. On Estimating the Expected Return on the Market：An Exploratory Investigation［J］. *Journal of Financial Economics*, 1980, 8（4）：323 –361.

③ Mincer. J. A, Zarnowitz. V. . The evaluation of economic forecasts［J］. *Nber Chapters*, 1969, 60（3）：148 –184.

④ Diebold . F. X, Mariano. R. S. . Comparing Predictive Ability［J］. *Journal of Business & Economic Statistics*, 1995：253 –262.

⑤ Sadorsky. P. Modeling and forecasting petroleum futures volatility［J］. *Energy Economics*, 2006, 28（4）：467 –488.

⑥ Agnolucci. P. Volatility in crude oil futures：A comparison of the predictive ability of GARCH and implied volatility models［J］. *Energy Economics*, 2009, 31（2）：316 –321.

⑦ Bollerslev T, Chou R Y, Kroner K F. ARCH modeling in finance：A review of the theory and empirical evidence［J］. *Journal of econometrics*, 1992, 52（1 –2）：5 –59.

⑧ Figlewsky S. Forecasting Volatility, Financial Markets, Institutions and Instruments［J］. *New York University Salomon Center*, 1997, 6（1）：1 –88.

Poon 和 Granger（2003）[①]认为 GARCH 类模型的样本外预测能力表现不佳。郑振龙和黄薏舟（2010）[②]认为 GARCH 模型在条件预测方面优于隐含波动率。刘铁鹰和田波平（2009）[③]运用 GARCH 类模型对证券收益率进行预测，认为 GARCH 类模型预测效果较好。但是在实际使用过程中，GARCH 模型也存在不足，首先对于"杠杆效应"的解释方面，GARCH 模型表现乏力，因为其对于样本分布具有一定的要求，导致其对于高频数据的尾部的解释能力较低。为了克服上述不足，Nelson 在1990 年提出了指数 GARCH 模型（EGARCH），随后理论界在 GARCH 模型的基础上又提出了 IGARCH、PGARCH 等一系列模型，从而有效解决了 GARCH 模型运用不足的问题，进一步丰富了 GARCH 族模型，形成了一整套内容丰富的波动率检测体系。

3.2.2 隐含波动率理论

隐含波动率计算公式可以有多种形式，但是在波动率相对恒定的情形下，在 Black – Scholes 的期权定价模型中波动率模型表达公式可以表示为如下形式：

$$d_1 = \frac{\ln(P_s/E) + (R + 0.5\sigma^2)T}{\sigma\sqrt{T}} \tag{3.1}$$

其中，P_s 为标的资产的当前价格；E 为执行价格；R 为无风险连续年复利；T 为离期满日的时间；σ 为标的资产风险（标准差），N 为标准正态分布的累计分布函数。自此，期权定价模型的基本形式已经确立，接下来可以进一步推导出隐含波动率模型的表达式。如果将 σ 视作未知

---

① Poon. S. H, Granger C. Forecasting Volatility in Financial Markets：A Review ［J］. *Journal of Economic Literature*, 2003，41（2）：478 – 539.

② 郑振龙，黄薏舟. 波动率预测：GARCH 模型与隐含波动率 ［J］. 数量经济技术经济研究，2010（1）：13 – 22.

③ 刘铁鹰，田波平. GARCH 类模型和状态空间模型波动率预测评价 ［J］. 统计与决策，2009（16）：118 – 120.

量，再用 V 代替 V_s，那么就可以推导出波动率：$\hat{\sigma} = f(V, P_s, E, R, T)$ 。

虽然隐含波动率可以用来对数据波动性进行预测，但是由于其对于研究假设具有一定的要求，特别是需要满足波动率恒定的假设条件，因此限制了其使用范围。而通过对于其波动性进行近似估计，对于数据要求较高，并且计算复杂，现实中的应用价值值得进一步商榷。

3.2.3　实际波动率理论

Merton（1980）[①]首次提出用实际波动率分析自然波动率的思路。Corsi（2009）[②]实证研究表明，基于实际波动率的 ARIMA 模型的样本外测能力较强。魏宇（2007）[③] 的研究表明，相对于其他波动率预测模型，包含实际波动率的高频数据模型具备较优秀的预测能力，能够广泛运用于经济研究的各个领域。当然，隐含波动率也存在自身难以克服的不足之处，例如，随着样本量的不断扩充，市场噪声有可能增加序列相关性，从而影响了预测的偏差程度，导致原有的模型的预测能力显著下降，甚至导致模型失效，上述过程如果持续下去，将给进口预测带来极为不利的影响。另外，如果样本量过少，又会导致信息失真，使波动率预测同样失去经济意义。解决的思路在于科学确立模型的最优频率，从而充分利用该频率对实际波动率进行科学预测，减小影响波动率的不利因素。而另一种解决方案在于过滤市场微观结构的噪声影响的同时，使用最高交易数据，就可以在兼顾样本容量的要求下，提高预测准确性。

实际波动率的表达式通常如下：

---

① Merton. R. C. Onestimating the Expected Return on the Market：an Exploratory Investigation ［J］. *Journal of Financial Economics*，1980，8（4）：323 –361.

② Corsi. F. A Simple Approximate Long Memory Model of Realized Volatility ［J］. *Journal of Financial Economicrics*，2009，7（2）：174 –196.

③ 魏宇，余怒涛. 中国股票市场的最优波动率预测及其 SPA 监测 ［J］. 金融研究，2007，28（7）：138 –150.

$$e(T,\Delta t) = \left\{ \sum_{j=1}^{n} \left[r(\Delta t,t_j) \right]^2 \right\}^{\frac{1}{2}} \tag{3.2}$$

其中，$r(\Delta t,t_j) = \ln[p(t_j)] - \ln[p(t_j - \Delta t)]$；其中 T 表示样本的计算周期，也就是预测的时间间隔，且 $T = n\Delta t$；其中 n 表示在计算周期内的样本数量；t_j 是样本的计算周期内的时间点。特别的，当高频收益率的时间序列不相关时，可通过变差得出表达式：

$$p \lim_{n \to \infty} \left\{ \sum_{j=1}^{n} \left[r(\Delta t,t_j) \right]^2 \right\} = \int_{0}^{t_0 h \Delta t} e^2(s) \, ds \tag{3.3}$$

当样本容量及频率达到一定量时，已实现波动率方差足够小，估计误差也足够小。估计的准确性较为可信。

3.3 SHIBOR 的波动率预测的实证分析

在本书的论述中，我们将采用 GARCH 族模型对 SHIBOR 的波动状况进行分析与预测，为了进一步评估上述预测的实际精确度，我们将采用 DM 模型对预测结果进行评价。

3.3.1 数据来源与变量说明

（1）描述性统计

本书采用 1 天（隔夜）、7 天、8～14 天、15～30 天四种短期 SHIBOR 利率，样本区间为 2007 年 1 月—2016 年 6 月，且每一种利率都有 2371 个样本，总共有 9484 个样本。为了让数据尽量保持方差恒定，即波动相对稳定，我们借鉴方立兵（2010）[①]、李文华（2012）[②]和周先平

① 方立兵，郭炳伸，曾勇. GARCH 族模型的预测能力比较：一种半参数方法［J］. 数量经济技术经济研究，2010，(4)：148 - 161.
② 李文华. 基于极值理论的商业银行同业拆借利率风险度量［J］. 统计与决策，2012，8(5)：150 - 153.

（2014）①等的做法，选取了 SHIBOR 的对数收益率序列，分别记为 SHIBOR_1d、SHIBOR_1w、SHIBOR_2w、SHIBOR_1m。本研究使用数据来自上海银行间同业拆放利率数据库与 Wind 资讯库，表 3.5 为描述性统计。

表 3.5　　　　　　　　　　　短期 SHIBOR 收益率描述性统计

变量	均值	中值	标准差	偏度	峰度	JB 统计量	P 值
SHIBOR_0d	0.042	0.059	0.431	−0.157	3.318	19.881 ***	0.0004
SHIBOR_1w	1.000	1.067	0.435	−0.427	3.309	81.727 **	0.0008
SHIBOR_2w	1.097	1.148	0.451	−0.628	3.415	172.89 ***	0.0000
SHIBOR_1m	1.193	1.242	0.445	−0.765	3.472	253.33 ***	0.0000

注："＊"、"＊＊"和"＊＊＊"表示在 10%、5% 和 1% 的显著水平下通过假设检验。

由表 3.5 可知，四种短期 SHIBOR 收益率有着比较相似的走势，其中均值为 0.042～1.193，标准差为 0.431～0.445，偏度为 −0.157～−0.765，小于 0，说明序列分布有长的左拖尾。峰度为 3.318～3.472，高于于正态分布的峰度值 3，说明 SHIBOR 波动性表现出典型的"尖峰厚尾"的特征。Jarque – Bera 统计量为 19.881～253.33，且均在 1% 显著水平上显著。

（2）平稳性检验

由表 3.6 可知，根据 AIC 准则，我们选取了相应的滞后期数，并且当经过一阶差分后，相应的序列在 1% 的显著水平下，得出的 ADF 的值都小于置信区间的临界值，即拒绝单位根的原假设，说明全部为平稳序列。

---

① 周先平，李标，邹万鹏. 境内外银行间人民币同业拆借利率的联动关系研究［J］. 国际金融研究，2014（8）：69 – 77.

表3.6 短期 SHIBOR 收益率平稳性检验

变量	检验类型 (C. T. K)	ADF 检验值	临界值			AIC	结论
			1%	5%	10%		
SHIBOR _1d	(C. 0. 3)	-27.9622 ***	-3.4329	-2.8626	-2.5674	-1.9969	平稳
	(0. T. 3)	-25.0155 ***	-3.9619	-3.4117	-3.1277	-1.9959	
	(0. 0. 3)	-25.0249 ***	-2.5659	-1.9409	-1.6166	-1.9976	
SHIBOR _1w	(C. 0. 1)	-33.1244 ***	-3.4329	-2.8626	-2.5674	-1.8230	平稳
	(0. T. 1)	-33.1189 ***	-3.9619	-3.4117	-3.1277	-1.8222	
	(0. 0. 1)	-33.1312 ***	-2.5659	-1.9409	-1.6166	-1.8239	
SHIBOR _2w	(C. 0. 2)	-25.5269 ***	-3.4329	-2.8626	-2.5674	-2.0970	平稳
	(0. T. 2)	-31.1933 ***	-3.9619	-3.4117	-3.1277	-2.0962	
	(0. 0. 2)	-25.5321 ***	-2.5659	-1.9409	-1.6166	-2.0978	
SHIBOR _1m	(C. 0. 0)	-35.6881 ***	-3.4329	-2.8626	-2.5674	-3.4517	平稳
	(0. T. 0)	-35.6817 ***	-3.9619	-3.4117	-3.1277	-3.4509	
	(0. 0. 0)	-35.6956 ***	-2.5659	-1.9409	-1.6166	-3.4516	

注:" * * * "表示在1%的显著水平下通过假设检验。

（3）自相关检验

各序列的自相关与偏自相关的检验结果表明序列在滞后期为1期以后，系数均在估计标准差之内不为0，并且 Q 统计量是显著的，表明序列存在自相关与偏自相关。表3.7给出了自相关检验结果，其他指标结果省略。

表3.7 短期 SHIBOR 收益率的自相关检验

滞后期	SHIBOR _1d		SHIBOR _1w		SHIBOR _2w		SHIBOR _1m	
	PAC	Q	PAC	Q	PAC	Q	PAC	Q
1	0.978	2272	0.975	2255	0.982	2290	0.995	2349
2	-0.108	4427	-0.107	4373	-0.117	4480	-0.299	4661
3	0.030	6473	-0.005	6359	-0.052	6565	-0.097	6926
4	-0.012	8416	0.101	8242	-0.041	8542	0.008	9143
5	0.020	10262	0.010	10034	0.030	10417	0.008	11312
6	0.047	12027	0.055	11751	0.071	12207	0.073	13435

续表

滞后期	SHIBOR＿1d		SHIBOR＿1w		SHIBOR＿2w		SHIBOR＿1m	
	PAC	Q	PAC	Q	PAC	Q	PAC	Q
7	0.025	13720	0.051	13406	0.037	13923	0.043	15517
8	0.008	15345	−0.025	15000	0.023	15574	0.083	17565
9	0.073	16918	0.071	16543	0.103	17178	−0.006	19582
10	0.048	18450	0.054	18048	0.066	18749	0.058	21574

3.3.2 模型设计、检验及传导效应的理论设计

（1）波动率自然属性的 GARCH 族模型预测

根据 Bollerslev 分别于 1986[①]、1992[②]、1996[③] 年提出的理论模型，对于一个对数收益率序列 r_t，令 $\alpha_t = r_t - \mu_t$ 为 t 时刻的信息。我们就称 α_t 服从 GARCH 模型，若 α_t 满足 $\alpha_t = \sigma_t \varepsilon_t$，令 $\eta_t = \alpha_t^2 - \sigma_t^2$，那么 GARCH 模型为

$$\alpha_t^2 = \alpha_0 + \sum_{i=1}^{\max(m,s)} (\alpha_i + \beta_i)\alpha_{t-1}^2 + \eta_t - \sum_{j=1}^{s} \beta_j \eta_{t-j} \tag{3.4}$$

虽然 GARCH 模型在变量预测方面具备比较优秀的表现，但是也不可避免地存在不足之处，1991 年 Nelson 提出了指数 GARCH 模型，该模型考虑加权信息：$g(\varepsilon_t) = \theta\varepsilon_t + \gamma[|\varepsilon_t| - E|\varepsilon_t|]$，其中 θ 和 γ 是实常数，

$$\ln(\sigma^2) = \alpha_0 + \frac{1 + \sum_{i=1}^{s-1} (1 + \beta_i B^i)}{1 - \sum_{i=1}^{m} (1 - \beta_i B^m)} g(\varepsilon_{t-1}) \tag{3.5}$$

① Bollerslev Tim. Generalized Autoregressive Conditional Het－eroskedasticity ［J］. *Journal of Econometrics*, 1986, 31（3）：307－327.

② Bollerslev. T, Chou. R. Y, Kroner. K. F. ARCH Modeling in Finance：A Review of Theory and Empirical Evidence ［J］. *Journal of E－conometrics*, 1992, 5（2）：112－131.

③ Bollerslev . T, Engle. R. F, Nelson. D. B. ARCH Models in：Handbook of Econometrics（Engle RF, McFadden D eds.）4 North－Holland, Amsterdam, 1994.

ε_t 和 $|\varepsilon_t| - E|\varepsilon_t|$ 属于连续的同分布，并且序列均值显著为零。因此 $E[g(\varepsilon_t)] = 0$ 重新改写 $g(\varepsilon_t)$ 为下式，从中容易看出其非对称性：

对于高斯随机变量 ε_t，满足 $E|\varepsilon_t| = \sqrt{2/\pi}$，对于标准化的学生氏 t 分布，则有 $E|\varepsilon_t| = \{2\sqrt{v-2}\Gamma[(v+1)/2]\}/(v-1)\Gamma(v/2)\sqrt{\pi}$，EGARCH 模型可以改写为

$$g(\varepsilon_t) = \begin{cases} (\theta + \gamma)\varepsilon_t - \gamma E|\varepsilon_t| & \varepsilon_t \geqslant 0 \\ (\theta + \gamma)\varepsilon_t - \gamma E|\varepsilon_t| & \varepsilon_t < 0 \end{cases} \tag{3.6}$$

APARCH 模型属于 Ding (1995)[①]等提出的非对称幂自回归条件异方差模型（Asymmetric Power Autoreg Ressive Conditional Heteroscedastic，APARCH）类，一般的 APARCH (m, s) 模型可以写为 $r_t = \mu_t + \alpha_t$，$\alpha_t = \sigma_t\varepsilon_t$，$\varepsilon_t \sim D(0,1)$

$$\sigma_t^\delta = \omega + \sum_{i=1}^{m} \alpha_i(|\alpha_{t-1}| + \gamma_i\alpha_{t-i})^\delta + \sum_{j=1}^{s} \beta_j\sigma_{t-j}^\delta \tag{3.7}$$

其中，μ_t 是条件均值；$D(0,1)$ 表示均值为 0、方差为 1 的某个分布；δ 为正实数，且系数 ω、α_i、γ_r 和 β_j 满足波动率为正的有关条件。

（2）波动率拟合属性检测

① 损失函数检验

通过采用五种 GARCH 模型进行样本内测定，得出了上述假定条件下的波动率 $\hat{\sigma}^2$ 各 2371 个，为了对上述波动率估计结果进行判别，现采用损失函数进行波动率检测。Hansen (2006)[②]指出损失函数应该尽可能多，以保证拟合结果判断的准确性。因此我们采用 6 种损失函数，分别为：平均误差平方 MSE（Mean Squared Error）、平均绝对误差 MAE（Mean Absolute Error）、经异方差调整（Heteroskedastic Adjusted）的

① Zhuanxin Ding, Clive W. J. Granger, Robert F. Engle A Long Memory Property of Stock Market Returns and a New Model [J]. *Journal of Empirical Finance*, 1995, 2 (1): 98.

② Hansen P. R.. Lunde A Consisient Ranking of Volatility Models [J]. *Journal of Econometrics*, 2006, 131: 97 – 121.

MSE 和 MAE、高斯极大似然损失函数误差 QLIKE 以及对数损失函数误差 $R^2 LOG$，各变量表达式如下：

$$MSE = W^{-1} \sum_{N-H+1}^{H+W} (RV_W - \hat{\sigma}_W^2) \qquad (3.8)$$

$$MAE = W^{-1} \sum_{N-H+1}^{H+W} |RV_W - \hat{\sigma}_W^2| \qquad (3.9)$$

$$HMSE = W^{-1} \sum_{N-H+1}^{H+W} (1 - RV_W/\hat{\sigma}_W^2) \qquad (3.10)$$

$$QLIKE = W^{-1} \sum_{N-H+1}^{H+W} |\ln\hat{\sigma}_W^2 + RV_W/\hat{\sigma}_W^2| \qquad (3.11)$$

$$HMAE = W^{-1} \sum_{N-H+1}^{H+W} |1 - RV_W/\hat{\sigma}_W^2| \qquad (3.12)$$

$$R^2 LOG = W^{-1} \sum_{N-H+1}^{H+W} [\ln(RV_W/\hat{\sigma}_W^2)]^2 \qquad (3.13)$$

② Mincer – Zarnowitz 回归检验

为了直观检验模型的预测效果，可采用 M – Z 回归对 GARCH 族模型的预测情况进行初步判定，其回归方程的基本表达式为

$$\sigma_t^2 = \alpha + \beta \hat{\sigma}_t^2 + \mu_t \qquad (3.14)$$

其中，σ_t^2 为事后波动率，我们用实际波动率（RV）来衡量，也有的研究改变了上述做法，转而采取可观测到的波动率代理变量（Volatility Proxy）去代替波动率（RV），$\hat{\sigma}_t^2$ 为模型预测波动率，如果模型设定正确，则 $E(\hat{\sigma}_t^2) = \hat{\sigma}_t^2$，那么此时 $\alpha = 1$ 以及 $\beta = 1$，因此拟合优度通常可用来初步评价 GARCH 族模型的预测效果。

③ Diebold – Mariano 检验

为了更精确地确定波动率属性，我们采用 Diebold 和 Mariano 提出的 D – M 检验法进行分析，即假设 e_{1t}、e_{2t} 为两个对比模型的拟合误差，$g(e_{1t})$ 和 $g(e_{2t})$ 分别是与之相关的损失函数，令损失差分为 $d_t = g(e_{1t}) - g(e_{2t})$，则可用下面的分布进行描述：

$$\sqrt{n}(\bar{d} - \mu) \sim N(0, f) \qquad (3.15)$$

其中，$\bar{d} = \frac{1}{n}\sum d_t$，$f = \sum_{t \to \infty}^{n} E[(d_t - \mu)(d_{t-1} - \mu)]$，且 $\mu = E(d_t)$，那么，在 $\mu = 0$ 的假设下，标准化的对比模型损失差分服从标准正态分布，检验统计量

$$B = \frac{\bar{d}}{\sqrt{\hat{f}/n}} \qquad (3.16)$$

其中，$\hat{f}$ 表示 f 的常值估计量。该检验的原假设 H0：两个模型的拟合能力没有差别，记 $\mu = E(d_t) = 0$；备择假设 H1：两个模型拟合能力存在差异，记 $\mu = E(d_t) > 0$ 或 $\mu = E(d_t) < 0$。当模型接受原假设时，说明模型拟合精度相同；如果拒绝原假设，则证明模型有优劣之分。

3.3.3　GARCH 族模型的波动率拟合与属性检测

我们借鉴严定琪（2011）①、高薇（2015）②和何晓光（2016）③等所提出的研究路径，采用 GARCH 族模型对短期同业拆借利率波动率自然属性进行预测。

（1）波动率的自然属性预测

① ARCH 效应检验

通过使用拉格朗日乘数检验法检验不同时期短期 SHIBOR 序列的条件异方差性，即对序列的残差进行 ARCH - LM 检验，若在给定的显著性水平 α 和自由度 α 下 $r = 0$，则认为存在异方差；通过逐一实验法，初步选取 AR（1）、AR（2）、AR（3）、ARMA（1，1）、ARMA（1，2）、ARMA（2，1）、ARMA（2，2）等模型。根据 AIC 准则，ARMA（2，2）

---

① 严定琪. 基于条件异方差模型和在险价值的我国银行间同业拆借利率风险度量［J］. 甘肃金融，2011（8）：19 - 22.
② 高薇. 基于 GARCH 族模型的我国 SHIBOR 金融市场波动率统计研究［J］. 统计与决策，2015（10）：30 - 33.
③ 何晓光. 基于 ARMA - GARCH 模型的同业拆借利率 VAR 度量［J］. 产业经济，2016（2）：85 - 87.

各时期序列的 AIC 的值为最小，序列 AIC 值分别为：-1.208182、-1.036850、-1.308246 和 -2.479215。因此选取 ARMA（2，2）作为均值方程。下面进行 ARCH－LM 检验，检验结果如下：

表3.8   基于 GARCH 模型的 ARCH－LM 检验结果

	F－statistic	Prob.（1，2368）	Obs＊R－squared	Prob. Chi－Square（1）
SHIBOR＿1d	10.62763	0.0001	10.58908	0.0000
SHIBOR＿1w	11.36510	0.0008	11.32037	0.0008
SHIBOR＿2w	68.95534	0.0000	67.06080	0.0000
SHIBOR＿1m	85.88072	0.0000	82.94507	0.0000

由表3.8 可知，SHIBOR＿1d、SHIBOR＿1w、SHIBOR＿2w 和 SHIBOR＿1m 序列的伴随概率小于 0.05，即序列存在条件异方差效应。综合表3.5、表3.6 和表3.7 的分析可知，SHIBOR 序列为平稳序列，其分布不符合正态分布的特征。由于存在 ARCH 效应，故可采用 GARCH 族模型进行拟合。

② GARCH 族模型预测结果

各模型对短期 SHIBOR 的波动率预测结果如图3.3 所示，其中离散小方块表示实际波动率（RV）估计。图3.3（a）表示的是隔夜拆借利率 SHIBOR＿1d GARCH 族模型与实际波动率的波动率拟合结果。图3.3（b、c、d）以此类推。

从图3.3 对比可以发现，GARCH、EGARCH 和 APARCH 具有较为接近实际波动率的估什；而 IGARCH 和 TGARCH 模型则有高估波动率的倾向。为了精确对比各类模型的拟合精度，需要借助更加精确的检验方法。

（2）波动率自然属性检验

① 损失函数与 Mincer－Zarnowitz 回归检验

根据 Mincer－Zarnowitz 回归的基本原理，我们采用拟合波动率与实际波动率之间的回归系数为参考判断模型精度。此外，由于单纯的 R

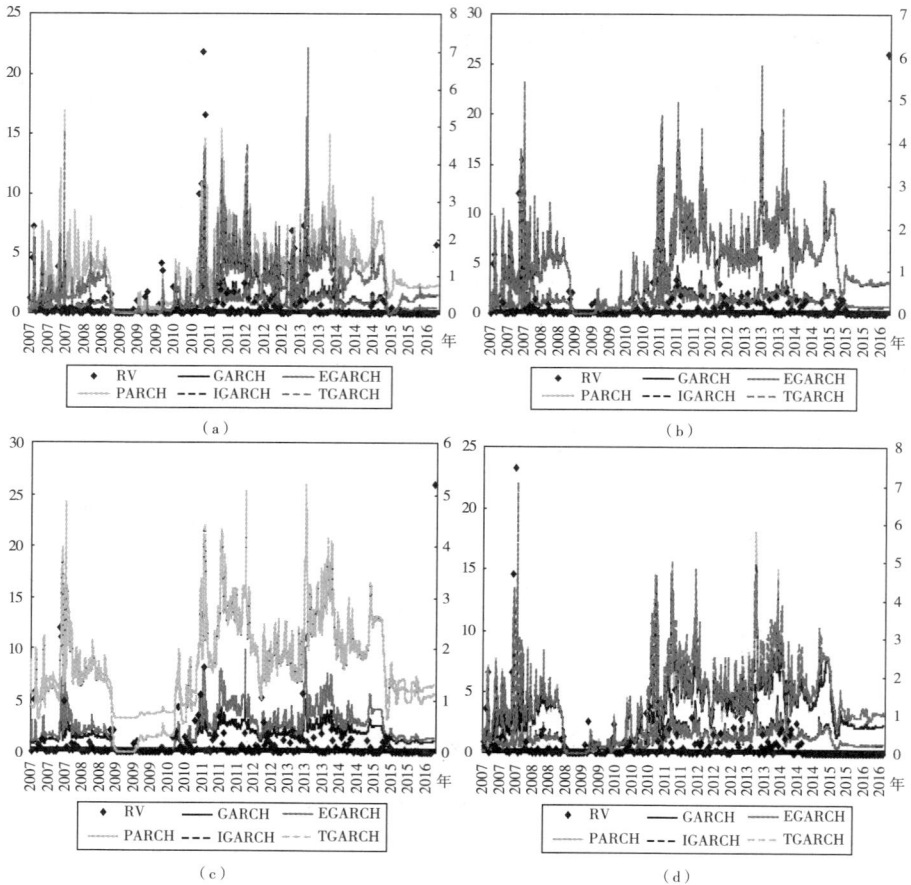

图 3.3　GARCH 族模型对于短期 SHIBOR 的波动率拟合曲线

平方判断难以达到足够满意的效果，为了寻找到最佳的拟合方程，我们还采取了损失函数作为评价模型拟合精度的重要工具，我们采纳 Christodoulakis 和 Satchell（2007）①所提出的原则，即所选择的模型包含的信息量最大或误差最小。

---

① Christodoulakis, G. A., Satchell., S. E., Hashing GARCH : A Reassessment of Volatility Fore-casting Performance ［J］. *Forecasting Volatility in the Financial Markets*, 2007（5）: 227 - 247.

表 3.9　　波动率损失函数与 Mincer – Zarnowitz 回归检验估计结果

变量	GARCH	EGARCH	APARCH	IGARCH	TGARCH	GARCH	EGARCH	APARCH	IGARCH	TGARCH
	SHIBOR _1d					SHIBOR _1w				
α	0.1003	0.2758	0.7716	0.0512	0.9516	0.5331	0.5893	0.5296	0.5292	0.5299
β	0.0902	0.0323	0.0305	0.1465	0.2093	0.3462	0.3117	0.3473	0.3474	0.3477
R	0.4115	0.4016	0.3824	0.3967	0.3945	0.2306	0.2272	0.2378	0.2318	0.2350
MSE	0.9462	0.7216	0.4939	0.9078	0.1228	3.3029	8.567	3.3874	3.2786	2.0033
MAE	0.7385	0.6727	0.6928	0.7206	0.1937	1.5710	2.4113	1.6957	1.5658	1.1625
HMSE	3.7472	1.3966	0.8673	3.1749	1236.19	20.1402	159.8774	0.9315	22.2592	2.4982
HMAE	1.1183	0.9887	0.9185	1.0926	6.0325	1.2294	1.7955	0.9636	1.2443	1.0277
QLIKE	– 5.8234	– 5.8038	– 5.2846	– 5.8394	– 7.7173	– 4.9506	– 4.6372	– 4.4967	– 4.9564	– 5.2754
R^2LOG	27.5525	27.4119	32.5267	27.4453	17.1419	33.5038	37.0427	38.3289	33.4585	30.2009
变量	SHIBOR _2w					SHIBOR _1m				
α	0.5333	0.5892	0.5296	0.5296	0.5293	0.0422	0.0256	0.0512	0.0422	0.0425
β	0.3463	0.3119	0.3478	0.3474	0.3474	0.0213	0.0293	0.08646	0.0221	0.0210
R	0.4305	0.3277	0.4355	0.4363	0.3302	0.3274	0.3301	0.3233	0.3211	0.3276
MSE	3.3023	8.5674	3.3873	3.2784	2.0032	3.3025	8.5676	3.3871	3.2785	2.0036
MAE	1.5716	2.4115	1.6954	1.5655	1.1626	1.5715	2.4113	1.6958	1.5657	1.1623
HMSE	20.1407	159.8770	0.9327	22.2596	2.4983	20.1403	159.8777	0.9324	22.2592	2.4981
HMAE	1.2308	1.7958	0.9632	1.2447	1.0271	1.2297	1.79523	0.9632	1.2446	1.0272
QLIKE	– 4.9509	– 4.6373	– 4.4961	– 4.9566	– 5.2757	– 4.9502	– 4.637	– 4.4965	– 4.9567	– 5.2753
R^2LOG	33.5032	37.0424	38.3289	33.4586	30.2008	33.5031	37.0427	38.3286	33.4584	30.2000

　　从检验结果看，Mincer – Zarnowitz 回归的拟合优度接近 30%，说明 GARCH 类模型的样本外预测效果较好。依据图 3.3 中所示的 GARCH 族模型，直观上波动状态并无显著差异，但是依据波动率属性检验之后，发现四种短期同业拆借利率具有各自不同的波动率属性。（1）SHIBOR _1d 的 EGARCH、APARCH 和 IGARCH 的损失函数值相对较低，SHIBOR _1w 的 GARCH、PGARCH 和 TGARCH 的损失函数值相对较低，SHIBOR _2w 的 GARCH、PGARCH 和 TGARCH 的损失函数值相对较低，SHIBOR _1m 的 APARCH、IGARCH 和 TGARCH 的损失函数值相对较低。（2）从 M – Z 回归结果看，SHIBOR _1d 的 GARCH、

EGARCH 和 IGARCH 的模型拟合效果较好，SHIBOR _ 1w 的 APARCH、IGARCH 和 TGARCH 的模型拟合效果较好，SHIBOR _ 2w 的 GARCH、APARCH 和 IGARCH 的模型拟合效果较好，SHIBOR _ 1m 的 GARCH、EGARCH 和 TGARCH 的模型拟合效果较好。（3）损失函数与 Mincer - Zarnowitz 回归两类模型检测结果存在差异，没有任何一个模型的估计表现出绝对的优势，都无法确定哪种 GARCH 族模型具备较好的拟合性，因此需要借助 DM 检验最终确定波动率的具体属性。

② Diebold - Mariano 检验

我们选取了六种损失函数，针对已经在前文中分析的四类波动率预测结果进一步开展 Diebold - Mariano 检验。结果如表 3. 10 所示，不同预测模型表现出来的预测精度存在显著差异。

表 3. 10　　　　　　　波动率 Diebold - Mariano 检验估计结果

模型	MSE	MAE	HMSE	HMAE	QLIKE	R^2LOG
SHIBOR _ 1d						
GARCH	− 0. 02946 ***	− 0. 08661 **	− 0. 12072 ***	− 0. 05623 **	− 0. 20912	− 0. 14876 ***
EGARCH	− 0. 20872 **	− 0. 78732 ***	− 0. 56291 ***	− 0. 98629 ***	− 0. 56761 *	− 0. 47629 **
APARCH	− 0. 41245	− 0. 49884 **	− 0. 23789 **	− 0. 56432	− 0. 07343 ***	− 0. 10234
IGARCH	− 0. 01883 *	− 0. 07465 ***	− 0. 11543 **	− 0. 08765 ***	− 0. 13430 *	− 0. 12134 ***
TGARCH	− 0. 48562 **	− 0. 10113 ***	− 0. 13590 *	− 0. 02384 ***	− 0. 06398 **	− 0. 09870 ***
SHIBOR _ 1w						
GARCH	− 0. 00235 ***	− 0. 01061 *	− 0. 02077 ***	− 0. 00986 ***	− 0. 01087	− 0. 03450
EGARCH	− 0. 01979 **	− 0. 08558 ***	− 0. 08688	− 0. 03976 **	− 0. 11076 **	− 0. 07643
APARCH	− 0. 08271 *	− 0. 06212 ***	− 0. 05875 **	− 0. 01263 **	− 0. 38721 *	− 0. 32386 ***
IGARCH	− 0. 00682 ***	− 0. 07646 ***	− 0. 07513	− 0. 03691 ***	− 0. 05492 ***	− 0. 06530 ***
TGARCH	− 0. 00565	− 0. 00397 ***	− 0. 00996 *	− 0. 00107 ***	− 0. 00213 ***	− 0. 00542 ***
SHIBOR _ 2w						
GARCH	− 0. 00235	− 0. 01061 ***	− 0. 02245 ***	− 0. 00752	− 0. 00863 ***	− 0. 00238 *
EGARCH	− 0. 01979 **	− 0. 08558 ***	− 0. 08685	− 0. 00987 **	− 0. 09386 ***	− 0. 88788 ***
APARCH	− 0. 02092 *	− 0. 07673 *	− 0. 07527 *	− 0. 03786 ***	− 0. 11877 **	− 0. 13897 ***
IGARCH	− 0. 12573 ***	− 0. 23021	− 0. 27700 ***	− 0. 06635	− 0. 21976	− 0. 19980 ***
TGARCH	− 0. 28766 ***	− 0. 12987	− 0. 12706 ***	− 0. 06807	− 0. 10987 *	− 0. 08890

续表

模型	MSE	MAE	HMSE	HMAE	QLIKE	R^2LOG
SHIBOR _1m						
GARCH	− 0.00023	− 0.00712	− 0.00439 ***	− 0.00087 ***	− 0.01298 ***	− 0.01089 ***
EGARCH	− 1.32311 ***	− 0.84072 *	− 0.64374 ***	− 0.18957 ***	− 0.09872	− 0.12987 ***
APARCH	− 0.06297 ***	− 0.18272 *	− 3.89813	− 0.01862 ***	− 1.28972 ***	− 0.96542
IGARCH	− 0.08919	− 0.19828 ***	− 0.76886 ***	− 0.01897 ***	− 0.57686 ***	− 0.65414 ***
TGARCH	− 0.00039 **	− 0.00525 ***	− 0.00546 ***	− 0.00089 ***	− 0.00776 **	− 0.01289 ***

注："＊"、"＊＊"和"＊＊＊"表示在10%、5%和1%的显著水平下通过假设检验。

综合来看，正面冲击与负面冲击对 SHIBOR 的影响不一样，主要因为银行融资大部分不是通过 SHIBOR，而负面冲击却会产生较大影响，从而产生显著的羊群避险效应，SHIBOR 的价格指示效应进一步增强，这一点与任兆璋与彭化非（2005）[①] 的研究结论类似。根据上述分析，由于 SHIBOR 具有显著的杠杆性与非对称性，这一点与其走势相互印证，从 SHIBOR 的四个阶段看，每当经济出现衰退时，SHIBOR 波动率都会出现较大波动，而经济形势较好时 SHIBOR 并没有相应的不稳定，而是保持平稳。通过对短期 SHIBOR 进行分析，结果表明我国短期 SHIBOR 利率统计特性呈现出显著的"尖峰厚尾"的特征，短期同业拆借利率存在明显的 ARCH 效应，结果表明序列回归方程残差出现波动的成群现象，说明短期同业拆借市场具有很强的波动集聚性和持续性，GARCH 族模型适合于拟合波动序列。损失函数与 Mincer – Zarnowitz 回归两类模型检测结果存在差异，没有任何一个模型的估计表现出绝对的优势。通过 Diebold – Mariano 检验，证明了 SHIBOR _1d 具有较强的 EGARCH 模型拟合属性；SHIBOR _1w 在 APARCH 模型上具有较强的拟合性，EGARCH 拟合效果最差；SHIBOR _2w 则在 APARCH 模型上具有较强的拟合性；SHIBOR _1m 在 TGARCH 模型上具有较强的拟合

---

① 任兆璋，彭化非. 我国同业拆借利率期限结构研究［J］. 金融研究，2005（3）：28 – 37.

性。通过波动率属性的检验，可知隔夜拆借利率对于流动性风险具有较好的指示效应，危机的"传染"效应在隔夜拆借市场上表现明显。分析认为，短期同业拆借利率中 SHIBOR＿1w 与 SHIBOR＿2w 受 APARCH 模型拟合效果较优，通过进一步分析，我们发现 APARCH 系数大于 0，说明表示预期利空信息引起的波动大于同幅度的利好信息引起的波动的上升，即 SHIBOR＿1w 与 SHIBOR＿2w 波动具有非对称性，或者说杠杆效应比较明显。可知当市场受到负冲击时，会导致波动率将增强，当受到正冲击时，波动率会下降，可见不利的信息将加大隔夜拆借利率的波动。SHIBOR＿1m 的 TGARCH 模型拟合较优，说明利好信息和利空信息的冲击影响程度存在差异。

3.4 本章小结

本章对 SHIBOR 波动率进行了预测并检验，经过实证分析，研究认为 SHIBOR 的可测性较强，利用波动率模型可以较好地对其进行拟合与预测，但是不同期限 SHIBOR 的波动特征存在差异。SHIBOR 对于类似"流动性紧缺""钱荒"等不利信息对冲击的敏感性较高，其波动性在市场负面信息影响下呈现显著的加大趋势，而面临稳定流动性的正面信息时，却不能对 SHIBOR 波动性立即发挥稳定的效果。

4 可控性：货币政策工具对于 SHIBOR 调控的有效性

"可控性"是货币政策操作目标承担货币政策传导的前提。"可控性"通常可以理解为：中央银行通过各种货币政策工具，能够准确、及时地对货币政策操作目标变量进行控制和调节，以有效贯彻其货币政策意图。本章中，我们将分析不同货币政策工具对于 SHIBOR 的影响状况，并借助 State – space 模型对 SHIBOR 的可控性进行测定，并分析不同类型货币政策工具的效力差异。

4.1 货币政策工具的组成及体系

按照经典的货币银行理论，货币政策工具的直接载体就是货币政策操作目标，因此操作目标对于货币政策工具的承接效果将直接影响货币政策传导，"可控性"是除"可测性"之外的，评价货币政策操作目标效力的第二个重要评价指标。实际上，《中国人民银行法》以国家法律的形式规定了中国人民银行可以使用存款准备金、基准利率、再贴现、金融债券等货币政策工具对国家宏观经济进行主动调节①。鉴于此，我们将详细分析货币政策操作目标对于上述货币政策工具的情况。

---

① 李宏瑾，项卫星. 中央银行基准利率、公开市场操作与间接货币调控——对央票操作及其基准利率作用的实证分析 [J]. 财贸经济，2010（4）：13 – 19.

本章我们将探讨除操作目标自身波动之外的效力评价，从而正式探讨操作目标的货币政策传导状况。我国货币政策工具组成（如图 4.1 所示），种类丰富并且具有比较灵活的搭配效力。政策工具在央行政策调控体系中占有重要一席，各类利率、汇率在各自的金融市场发挥着传递央行货币政策意图，实现最终经济目标的重任，分析上述工具对于操作目标的影响，对于评价操作目标效力具有极其重要的理论与实际意义。

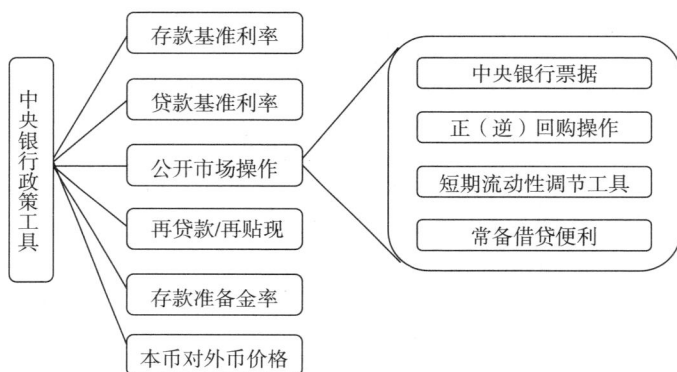

图 4.1　中国人民银行货币政策各项工具的基本构成

4.2　货币政策工具对于 SHIBOR 影响效应的传导

上海银行间同业拆放利率（SHIBOR）在国内的金融市场上具有不可替代的地位。SHIBOR 从 2007 年 1 月运行以来，相当规模的经济交易行为都以其作为资金的市场价格。SHIBOR 从成立之初就由中国人民银行管理与运作，中国央行对指定商业银行的拆放资金市场价格进行整理汇总，最后利用规范的报价系统，在每天 11 时 30 分对外统一公布出银行拆借资金利率水平。SHIBOR 自运行之初就遵循规范的运作流程，科学的报价机制。综合来看，SHIBOR 报价水平主要包括无风险收益率、对手方信用风险系数和风险溢价等因素。在实际计算中，拆借利率＝（应付利息/拆借金额）×（360/实际占款天数）。

在上述四种因素中，第一项主要由参与拆借的金融机构依据拆借资金实际需求自行决定，第二项主要由拆借方信用状况决定，也与资金拆入方经营状况有关，第三项主要由市场交易情况所决定。上述三项都属于不可控因素，基本与资金拆借参与机构状况有关。因此只有第四项，即拆借资金供求状况某种程度上可由央行"决定"，现就相关情况展开分析。

由于同业拆借的对象通常为银行准备金（或超额准备金），通常某家商业银行在缺乏准备金的情形下，一般有四种途径：一是在同业拆借市场上向其他银行借款；二是向央行借款；三是出售证券；四是回收和出售贷款。通常而言后两种手段成本过高，且依赖于成熟的资本市场。因此通常银行以前两种手段为主。我们借助准备金供求曲线及简化的资金供求曲线，分析货币政策工具调整对 SHIBOR 的传导效应。

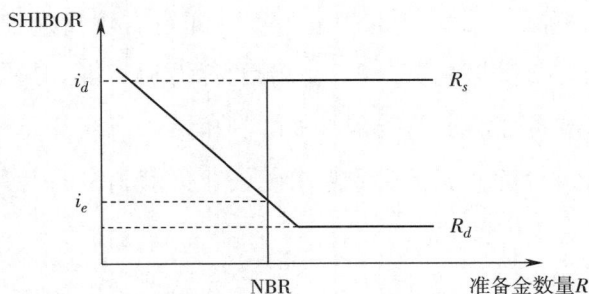

图 4.2　供给曲线与需求曲线共同构成对 SHIBOR 的决定

如图 4.2 所示，通常而言，准备金供给主要来源于两部分：一部分是从存款中按照一定比例提取，称作自有准备金（NBR），另一部分来源于央行再贴现借入，称为再贴现借入准备金（BR）。如果某家银行存在流动性需求，就可以从同业拆借市场或者央行借入准备金。如果同业拆借利率上升超过再贴现率，银行就不会在拆借市场借入，转而向央行借入再贴现贷款，由此导致同业拆借市场需求下降，同业拆借利率（例如 SHIBOR）出现下降，这种下降的趋势将一直持续至再贴现率水平。因此再贴现率就是同业拆借利率的上限。只要同业拆借利率高于再贴现率，那么再贴现借入准备金（BR）为零，市场上总准备金水平就等于非借入准备金（NBR）。即非借入准备金（NBR）不受同业拆借利率影响，因此在低于再贴现率的区间内，准备金供给曲线 R_s 就是垂直的。而当同业拆借利率高于再贴现率，那么银行将向央行借入再贴现贷款，以在同业拆借市场转手赚取利润，此时，商业银行将向央行无限借入准备金，准备金供给曲线弹性无限大，并始终保持水平。此外，当银行持有一部分有待贷出的资金头寸时，他将对这笔头寸做如下处理：一是可以应中央银行要求，作为准备金持有，以防止存款风险，也避免由于准备金不足导致的被处罚的损失。二是按照市场资金价格拆借给同业。我们将分析上述两种持有方式的不同，当银行持有准备金时，它将获得来自央行的对准备金支付的利息收入。但是，如果拆借利率下跌到准备金利率以下时，市场可贷资金为零，即没有银行愿意贷出可贷资金。此时市场资金供给减少，受此影响的拆借利率将上升直至准备金利率水平。此时准备金需求曲线是水平的。相反，当准备金利率低于同业拆借资金时，银行持有准备金的需求随同业拆借利率的上升而减少，此时需求曲线向右下方倾斜。

4.2.1　法定存款准备金率变动对于 SHIBOR 的传导

如图 4.3 所示，当央行促使法定准备金率上升时，对于任意的同业拆借水平，准备金需求量都将上升，由此导致准备金需求曲线右移，那么形成的新的 SHIBOR 曲线将达到 i_d；相反，当央行促使法定准备金下降时，同业拆借资金需求量会下降。由此可见，央行对于准备金的调整将使 SHIBOR 与之同向变化。

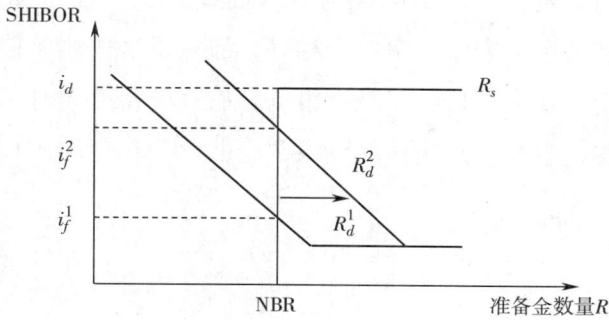

图 4.3　法定存款准备金率对 SHIBOR 的影响

4.2.2　公开市场操作行为对于 SHIBOR 的传导

理论上而言，准备金供求曲线的交点的所在位置会对公开市场操作与 SHIBOR 的关系造成一定的影响。如图 4.4 所示，当供求曲线的交点位于需求曲线和坐标轴倾斜的部分时，如果中央银行开展买入式公开市场操作，将导致非借入准备金以及准备金供给规模扩大，供给曲线右移，进而导致 SHIBOR 下跌；相反，如果中央银行开展卖出式公开操作，将导致 SHIBOR 上升，此时的买入行为将导致 SHIBOR 下跌，而公开市场卖出通常会使 SHIBOR 上升。

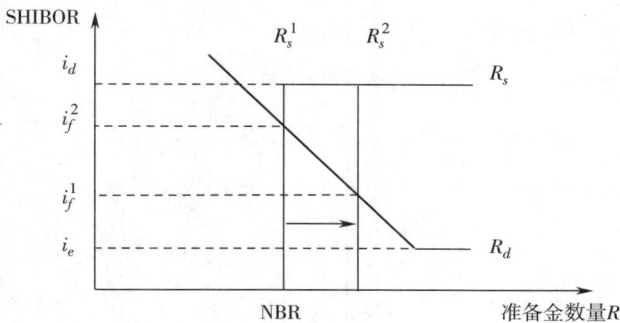

图 4.4　公开市场买入对 SHIBOR 的影响（1）

需要说明的是，当供给曲线与需求曲线相交于需求曲线水平位置时，同业拆借利率与准备金率完全相等，那么供给曲线的移动将不会随着市场供求变化发生位移。但是当市场卖出规模足够大时，将可能导致供给曲线左移，进而达到曲线的倾斜部分，由此将推高 SHIBOR 水平。

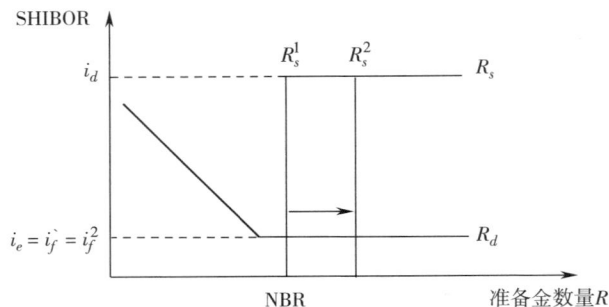

图 4.4　公开市场买入对 SHIBOR 的影响（2）

4.2.3　再贴现率变动对于 SHIBOR 的传导

再贴现率对 SHIBOR 的影响也和准备金供求曲线交点的位置有关。如图 4.5（1）所示，如果初始均衡点位于供给曲线与横轴垂直的部分，也就是说 SHIBOR 低于再贴现率，银行就不会向央行借入贷款，央行下调再贴现率，供给曲线水平折线会下移，但均衡的 SHIBOR 保持不变，如果央行上调再贴现率，结果也一样。

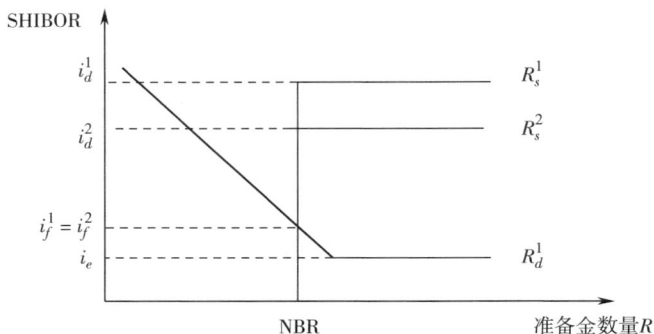

图 4.5　再贴现率对 SHIBOR 利率的影响（1）

　　然而，如果初始准备金市场的均衡点位于供给曲线水平折线部分，如图4.5（2）所示，SHIBOR 等于再贴现率，银行向央行贴现而获得借入准备金，那么贴现率就会对 SHIBOR 产生影响。此时美联储下调再贴现率将导致 SHIBOR 下跌，反之则上升。

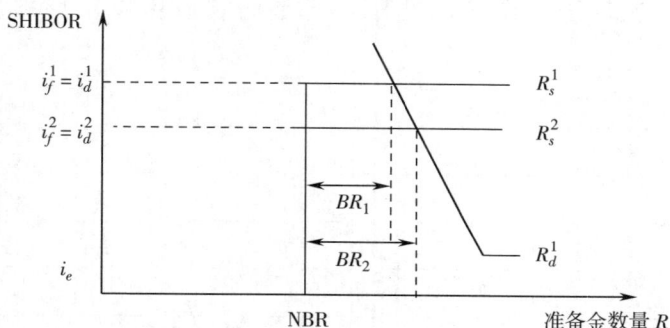

图 4.5　再贴现率对 SHIBOR 利率的影响（2）

4.3　货币政策工具对于 SHIBOR 的影响

　　本节将从数量型货币政策工具与价格型货币政策工具两个方面，分析中央银行货币政策工具对 SHIBOR 的影响效力，为针对 SHIBOR 可控性的量化分析做好前期准备。[①]

4.3.1　数量型工具对于 SHIBOR 的影响

（1）央票发行政策

2007—2011 年央行多次采用央票发行的方式对实体经济进行调节。如图4.6所示，央票发行对于调节市场流动性发挥了积极的作用。从时间分布来看，2007—2011 年，央票每年的发行规模都在 100

---

　　① 本节中相关变量均通过平稳性检验，所列举变量皆属于一阶平稳序列，可以进行 Granger 因果分析。

期左右，其中最高的年份是 2007 年，总共发行了接近 150 期央票，累计规模突破 4 万亿元，发行规模最小的年份是 2009 年，发行规模在 70 期左右，累计规模几乎与 2007 年持平。央票发行属于央行公开市场操作行为，虽然调控手段不及存款基准利率以及准备金率那么强烈，却能发挥适度微调的作用，在某些领域可以发挥更优的调节作用。

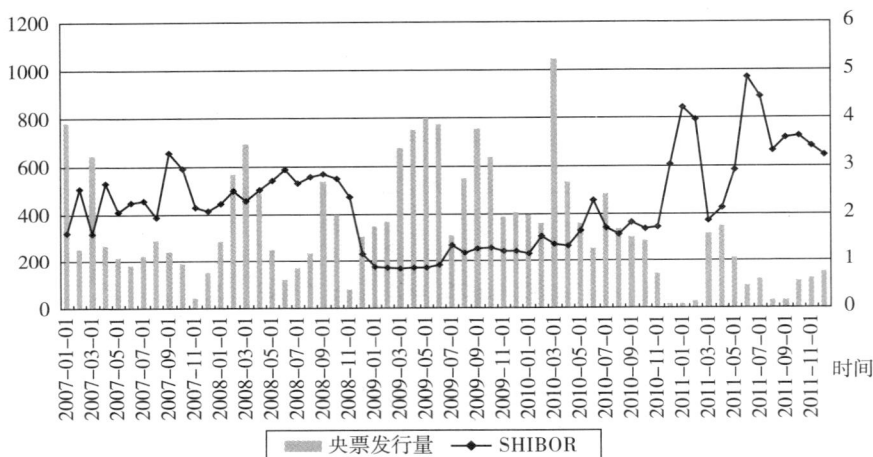

图 4.6   2007—2011 年央行央票年度发行与 SHIBOR 变动情况

从央票发行量与 SHIBOR 的关系来看，如表 4.1 所示，两者呈现一定的对应关系，即央票发行量较大的时段对应 SHIBOR 较低的时段，这似乎与 SHIBOR 理论变化规律有所不符，即作为市场流动性的价格表现，央行发行央票的行为是收回流动性的行为，理论上将导致市场资金价格上升，而 SHIBOR 却不升反降。究其原因，在于这一时段，SHIBOR 主要执行货币政策职能，对于市场反应程度较弱，因此受到央行政策影响较大，SHIBOR 变化基本与央行货币政策操作保持了一致。Granger 因果检验也证明了央票发行对于 SHIBOR 的变动造成了影响。

表 4.1　　　　　　**SHIBOR 与央行央票发行量的 Granger 因果检验**

原假设	观测值	F 统计量	P 值	结论
CE does not Granger Cause SHIBOR	58	0.89609	0.4143	接受原假设
SHIBOR does not Granger Cause CE		4.74731	0.0127	拒绝原假设

（2）MLF/SLF 操作

常备借贷便利（Standing Lending Facility，SLF）作为央行一项新的货币政策工具，诞生于 2013 年的"钱荒"爆发时期。如图 4.7 所示，2016 年是 SLF 诞生的第一年，该年中国央行累计发放 SLF 达到 2.3 万亿元，以 SLF 为上限的利率走廊调控模式随着 SLF 的使用也逐渐浮出水面。次年 1 月末，中国央行选择京、鲁、粤、晋、浙、豫、深等 10个省市开展 SLF 试点，由此主要针对中小型金融机构开展政策性金融资金支持。在此期间，SHIBOR 主要呈现不断上升的趋势，而 SLF 的余额也始终处于 5000 亿元至 3 万亿元的波动之中。到了 2016 年，央行开展 SLF 操作规模鉴于实际经济发展的需要有所调整，保持在 7000 亿元左右，2017 年初，央行顺应形势，对隔夜、7 天、1 个月 SLF 利率进行调整，调整后 SLF 利率变为 3.10%、3.35%、3.70%。SLF 的使用有效缓解了"钱荒"对于经济发展的不利影响，创新了央行政策调控的手段。如图 4.8 所示，中期借贷便利（Medium – term Lending Facility，MLF）的应用时间更早，波动频率也更大。

通过进行 Granger 因果关系检验，我们发现自 2014 年以来，如表4.2 所示，MLF 与 SHIBOR 之间并不存在比较显著的 Granger 因果关系，说明目前我国开展"利率走廊"的时机尚不够成熟，这一点与一些学者的观点不谋而合[①]。而从 SLF 与 SHIBOR 的关系看，2016 年，SLF 并不是 SHIBOR 变化的 Granger 原因，但是 SHIBOR 是造成 SLF 变化的原

---

① 李扬. 中国暂不宜实施利率走廊调控机制［EB/OL］. http://finance.ifeng.com/a/20161110/14998946_0.shtml, 2016 – 11 – 10.

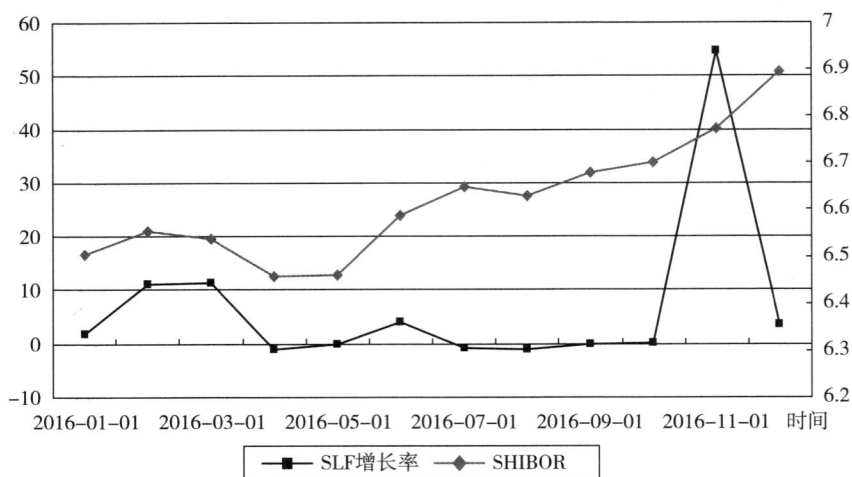

图 4.7　2016 年以来 SLF 余额变动情况

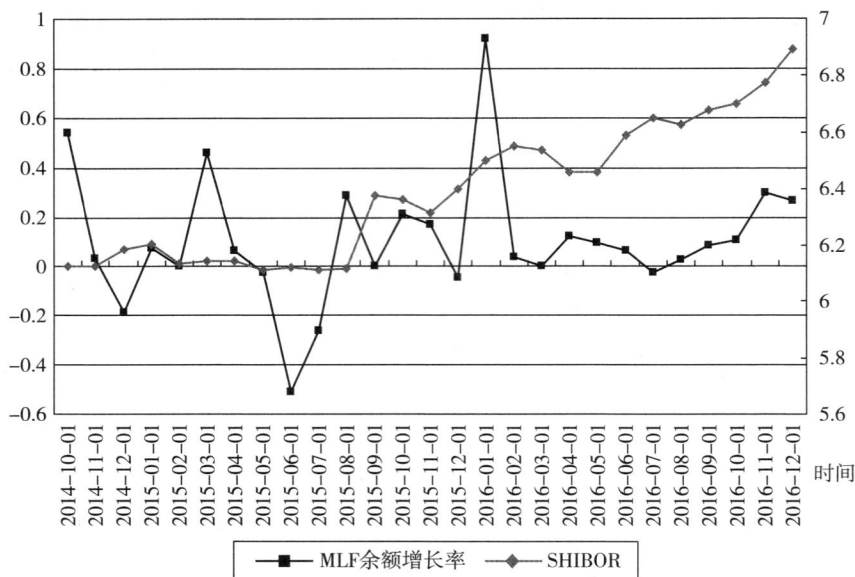

图 4.8　2014 年以来 MLF 余额变动情况

因，考虑到样本量较低，所以上述结论是否符合实际情况，还有待进一步验证。

表 4.2　　　　　　　　**SHIBOR 与存款准备金率的 Granger 因果检验**

原假设	观测值	F 统计量	P 值	结论
MLF does not Granger Cause SHIBOR	25	0.1554	0.8571	接受原假设
SHIBOR does not Granger Cause MLF		0.1148	0.8922	接受原假设
SLF does not Granger Cause SHIBOR	10	0.7373	0.5241	接受原假设
SHIBOR does not Granger Cause SLF		10.3119	0.0168	拒绝原假设

4.3.2　价格型工具对于 SHIBOR 的影响

（1）法定存款准备金政策

存款准备金制度在我国诞生于 1984 年，至今已有 30 余年的历史。通常而言，法定存款准备金政策效力比较强烈，直接会对货币乘数发挥效力。例如，在没有预期的情况下，央行提高存款准备金率将在短期内改变银行经营策略，对于银行信贷、债券等资产发挥收缩效力，理论上，市场利率也会随之上调，并对经济增长和物价总体水平产生负向作用。但在我国，存款准备金政策作为一项对冲政策，对于市场流动性产生显著调节作用。

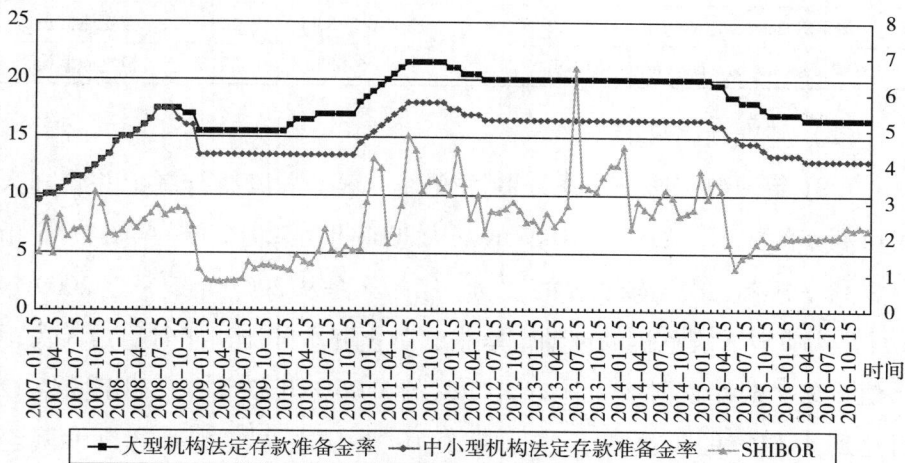

图 4.9　大型与中小型金融机构法定存款准备金率与 SHIBOR

　　如图 4.9 所示，SHIBOR 与法定存款准备金之间存在一定相关性。2007—2016 年，我国有三个时段对准备金进行了显著调节：（1）2007—2008 年中旬，表现为上调法定存款准备金率，此时对 SHIBOR 产生了显著的效力，SHIBOR 在振荡中上浮；（2）2010—2011 年中旬，法定存款准备金率再次上调，SHIBOR 同样在振荡中上浮，但从此之后，法定存款准备金率与 SHIBOR 的关系并不清晰；（3）2015 年初—2016 年初，法定存款准备金率下调，受市场预期影响，SHIBOR 快速下降，但随后法定存款准备金率下调并未随预期持续下调，而是平稳下调，因此带动 SHIBOR 回调。上述变动说明法定存款准备金率对 SHIBOR 具有一定的影响效力，但在 2011 年后影响效力有所减弱。从 Granger 因果检验看，如表 4.3 所示，法定存款准备金是造成 SHIBOR 变动的 Granger 原因。

表 4.3　　　　　　　**SHIBOR 与存款准备金率的 Granger 因果检验**

原假设	观测值	F 统计量	P 值	结论
SHIBOR does not Granger Cause RE1	118	0.5276	0.5915	接受原假设
RE1 does not Granger Cause SHIBOR		7.6367	0.0008	拒绝原假设
SHIBOR does not Granger Cause RE2	118	0.738576	0.4801	接受原假设
RE2 does not Granger Cause SHIBOR		6.8276	0.0016	拒绝原假设

（2）基准利率政策

　　1981 年国务院通过一系列制度安排，赋予人民银行制定并管理人民币利率的权力。如图 4.10 所示，从 2007 年至 2016 年一年期人民币存款利率共有三次比较明显的波动：第一次是从 2007 年 5 月至 2009 年 1 月，为应对次贷危机的流动性紧张，防止资本外流，同时稳定人民币币值，该时期存款利率从 2007 年 5 月的 3.06% 开始上升，截至同年 12 月达到 4.14% 的最高点，并保持了 10 个月之久，随后迅速下降至 2.25%；第二次是从 2010 年 9 月的 2.25% 一直上升至 2011 年 7 月的 3.5%，1 年后小幅下降至 3%，保持了长达 28 个月的平稳；第三次是在 2014 年 11 月受国际量化宽松货币政策环境的影响，人民币存款利率进一步下降。到 2015 年 10 月达到 1.5% 的低点。

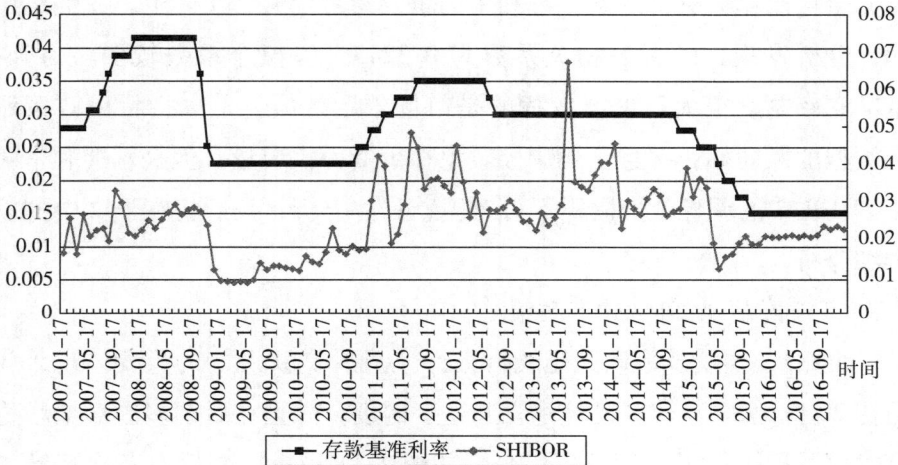

图 4.10   2007—2016 年 1 年期存款利率与 SHIBOR 的波动情况

作为市场的基准利率，1 年期存款利率将对市场资金价格发挥显著的价格调节效应，从存款利率与 SHIBOR 变动的关系看，如表 4.4 所示，两者存在比较显著的相关关系，只是前者相对平缓，后者波动性比较显著。通过 Granger 因果关系检验证明，存款利率是 SHIBOR 的 Granger 原因，而 SHIBOR 却不能对存款利率发挥效力。

表 4.4   SHIBOR 与存款基准利率的 Granger 因果检验

原假设	观测值	F 统计量	P 值	结论
DR does not Granger Cause SHIBOR	118	0.34060	0.7121	接受原假设
SHIBOR does not Granger Cause DR		2.40007	0.0953	拒绝原假设

上述结论似乎与我们的预想有所不同，一般认为市场基准利率是由央行决定的货币价格，央行通过调节市场基准利率实现对货币供应量的调节。但是只要仔细分析，我们就会发现，央行调节市场基准利率并非没有依据，从表 4.4 的检验结果可知，SHIBOR 至少是决定央行调

节基准利率的参考因素之一。更进一步分析，SHIBOR 是商业银行同业拆借利率的报价利率，一定程度上代表了市场货币价格的客观水平，因此完全可以作为央行制定基准利率的重要参考因素，实际上，我们运用 OLS 分析发现，两者的相关系数为 0.3245，但拟合系数较弱。另外，基准利率制度很大程度上发挥的是市场告示效应，是央行货币政策调控类型的风向标，并且主要调控对象在于货币供应量。但是基准利率对于 SHIBOR 的调控效力同样不可忽视，具体分析，我们将在下文中加以详细分析。

（3）再贴现/再贷款率政策

再贴现/再贷款率政策是履行央行"最后贷款人"的重要体现，我国在 20 世纪 80 年代就已经建立起这一制度，并且在后期多次对金融稳定发挥了积极作用。2007 年以来，如图 4.11 所示，先后有三次变动了再贴现/再贷款率，其中第一次是在 2008 年再贴现率从 3.24% 上调至 4.32%，再贷款利率从 3.87% 上调至 4.68%，上述政策与法定存款准备金率及存款基准利率共同构筑起防止资本外流的防线，对于巩固人民币币值，稳定金融形势发挥了积极的作用；第二次是在 2008 年 11 月，再贴现率从 4.32% 下调至 2.97%，再贷款利率从 4.68% 下调至

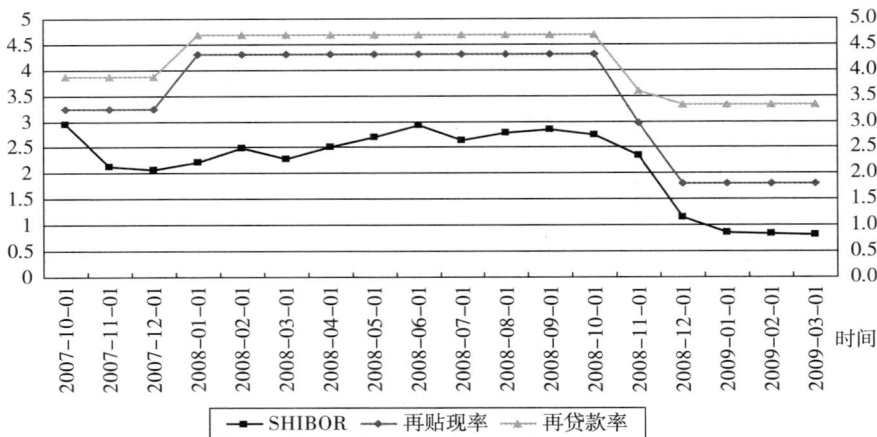

图 4.11　2007—2009 年再贴现/再贷款与 SHIBOR 的波动情况

3.6%，紧接着就进行了第三次下调，再贴现率下调至 1.8%，再贷款利率下调至 3.33%，上述政策主要是为了增加市场流动性，同时对冲美国已经推行的量化宽松货币政策。在上述政策作出调整的同时，SHIBOR 都出现了相应的调整，其中第一次调整时，SHIBOR 变动的协同性并不显著，但在第二次、第三次变动中，SHIBOR 呈现显著的同步效应，说明了 SHIBOR 调节效应的增强。

如表 4.5 所示，根据 Granger 因果分析检验结果，我们发现再贷款/再贴现政策对于 SHIBOR 存在单项的因果关系，再贷款/再贴现利率的变动可以引起 SHIBOR 的变动，可见，再贷款/再贴现政策能够对 SHIBOR 产生调节效应。实际上，再贷款/再贴现政策作为一项被动的政策，只有在银行面临流动性危机时，才能够提供紧急资金融通，因此该项利率的提高或降低会显著影响银行借款成本，进而对 SHIBOR 产生影响效应。

表 4.5　　　　　　**SHIBOR 与再贴现/再贷款的 Granger 因果检验**

原假设	观测值	F 统计量	P 值	结论
SHIBORRED does not Granger Cause RED	16	0.00423	0.9958	接受原假设
RED does not Granger Cause SHIBORRED		8.52926	0.0058	拒绝原假设
SHIBORRED does not Granger Cause REF	16	0.50910	0.6145	接受原假设
REF does not Granger Cause SHIBORRED		9.92226	0.0034	拒绝原假设

（4）汇率政策

如图 4.12 所示，2007 年以来人民币经过了多轮"汇改"，2007 年中期坟，人民币汇率日间浮动区间扩大到 ±0.5%。需要说明的是，经过著名的人民币"7·21"汇改以后，人民币并没有出现大幅升值，升值幅度小于 1%。市场人民币供求关系没有出现明显的变化。进入 2014 年，以"3·17"汇改为标志的新一轮汇改之后，人民币汇率浮动区间又扩大到 2%。并且人民币汇率并不单纯呈现升值，而是出现了短暂的贬值，因此此轮汇改以后人民币出现双向波动的趋势，由此人民币汇率市场性特征更加明显。2015 年人民币兑美元汇率报价机制更加完善，汇率手段作为央行货币政策调节的重要组成部分，其政策效力逐渐显现出来，对于货币市场的影响与日俱增，对于 SHIBOR 的影响力不容忽视。

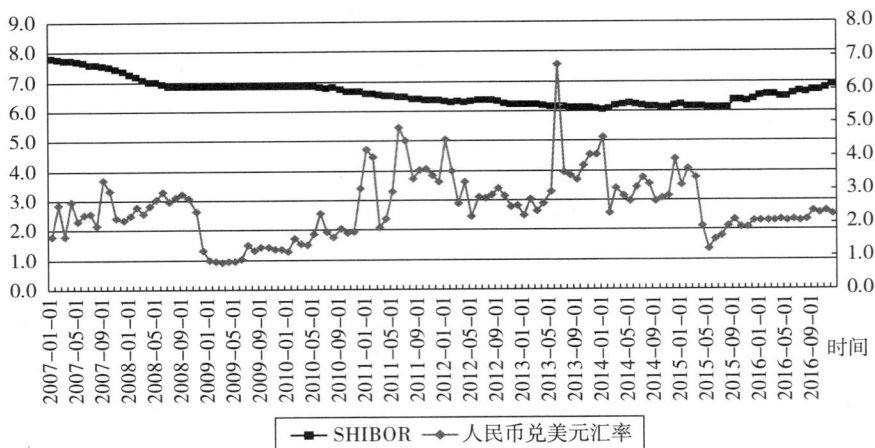

图 4.12   2007—2009 年人民币兑美元汇率与 SHIBOR 的波动情况

根据 Granger 因果关系检验结果显示（见表 4.6），人民币汇率对 SHIBOR 并不存在显著的 Granger 因果关系，而 SHIBOR 对于汇率变化却存在因果关系，说明 SHIBOR 对于汇率的变化存在一定的影响效力。但是后续研究发现，当滞后期达到 4 期以后时，两者的 Granger 因果关系变得不再显著，说明两者之间的因果关系并不稳定。

表 4.6   SHIBOR 与存款基准利率的 Granger 因果检验

原假设	观测值	F 统计量	P 值	结论
EX does not Granger Cause SHIBOR	118	1.89508	0.1551	接受原假设
SHIBOR does not Granger Cause EX		2.67614	0.0732	拒绝原假设

4.4   基于 State – space 模型的实证分析

状态空间模型（State – space Model），是动态系统理论模型的重要组成部分①。其基本原理在于通过可观测的序列信息对不可观测信息进行有效估计。对此，我们将该模型运用于货币政策工具对于 SHIBOR 影响的动态估计。

4.4.1　变量选择

为了分析货币政策工具对于 SHIBOR 的影响，我们对数据进行平稳度检验，确保研究对象均属于平稳序列，本书主要采用 ARMA 模型（Autoregressive Moving Average Models）进行分析，以检测 2007—2016 年底的各指标变动平稳度，当出现不平稳时间序列时就采取差分的方式对其进行数据处理，确保用于 State – space 模型的数据均为平稳序列。进一步采用协整检验，证明货币政策工具变量与 SHIBOR 之间具备协整性，以剔除影响现金供应的非影响因素，当通过协整性检验之后，再次应用 Granger 因果关系检验，就货币政策工具对现金供应的影响做更进一步的验证；再对存在协整关系的货币政策工具与 SHIBOR 之间进行 State – space 建模。

（1）指标选取与数据来源

为了就货币政策工具对现金供应展开具体分析，我们以货币政策工具通过利率渠道进行传导的相关理论为分析的理论依据，选取 2007 年 1 月至 2016 年 12 月的公开市场操作、准备金、市场利率、再贴现（再贷款）、汇率等方面的共计 10 项数据进行分析，具体数值如表 4.7 所示。

表 4.7　　　　　　　　影响 SHIBOR 波动的有关货币政策工具因素

指标名称	表达形式	备注
SHIBOR	sh	以交易量为权数，计算出月度加权平均
大型机构准备金	rel	本书采用大型金融机构法定存款准备金率

---

① 陈学华. 状态空间模型理论与算法及其在金融计量中的应用 [D]. 广州：暨南大学，2007.

续表

指标名称	表达形式	备注
中小型机构准备金	rem	本书采用中小型金融机构法定存款准备金率
1 年期存款基准利率	dr	
1 年期贷款基准利率	lr	
常备接待便利	sl	采用 2016 年 1 月至 2016 年 12 月数据
中期接待便利	ml	采用 2014 年 10 月至 2016 年 12 月数据
央行回购交易量	op	
再贷款率	red	采用 2007 年 9 月至 2009 年 3 月数据
再贴现率	ref	采用 2007 年 9 月至 2009 年 3 月数据
央票发行量	ce	采用 2007 年 1 月至 2011 年 12 月数据
汇率	ex	采用人民币兑美元月度汇率

我们使用 2006 年 1 月至 2016 年 12 月大型金融机构准备金（rel）、公开市场操作（op）、汇率（ex）、存款基准利率（dr）等变量。使用的数据来源于 Wind 咨询数据库、CSMAR 国泰安数据服务中心、中国人民银行网站数据。本书所使用的 SHIBOR 数据是以上海全国银行间同业拆借中心公布的银行自主报出的人民币同业拆出日利率为基础，并以报价门类的交易额作为权重，得出每月的 SHIBOR 加权平均利率。在综合考虑变量数据的可得性及有效性的基础上（如前所述），选取有关货币政策工具的月度数据，探讨货币政策工具对 SHIBOR 在一定时限内的动态影响过程。具体选取的变量如下：

大型金融机构准备金（rel）。差别准备金制度是中国央行从 2004 年开始采取的一项重要货币政策，彼时，中国人民银行依据各家金融机构的不同情况，对大型与小型金融机构设置了不同标准的存款准备金缴存比例，从而增强政策调控的有效性。数据显示，2008 年 9 月开始存款准备金率出现大型与中小型金融机构的分化。

公开市场操作（op）。本书整理了 2007 年 1 月至 2016 年 12 月历次央行开展的回购与逆回购操作，在实际操作中央行回购是回收流动性的行为，而逆回购是投放流动性的行为。因此在数据处理过程中逆回购额标注为正值而回购额标注为负值，再进行坐标轴平移，消除所有负值后，得出所需要的央行公开市场操作规模。

存款基准利率（dr）。存款基准利率是人民银行公布的商业银行存款的指导性利率，基准利率是金融市场上具有普遍参照作用的利率，它在整个金融市场和利率体系中处于关键地位，它的变化决定了其他各种利率的变化。

存款基准利率（dr）。存款基准利率是由中国央行依据市场实际情况制定的，是央行进行货币政策调控的重要工具，其每一次使用都发挥了市场告示的重要作用。

汇率（ex）。本书应用人民币兑美元直接标价法所得汇率。

（2）平稳度检验

为了确保状态空间模型结论的科学性，我们需要对样本先进行平稳性检验，对样本进行 ADF 检验，根据 ADF 检验的基本原理，首先假设研究样本存在单位根过程，检验结果如表 4.8 所示。

表 4.8　　　　　　　各货币政策工具变量的 ADF 检验结果

变量	检验形式	ADF 统计量	1% 临界值	5% 临界值	10% 临界值	基本结论
sh	一阶差分	-9.469808	-3.48755	-2.886509	-2.580163	序列平稳
	二阶差分	-10.64679	-3.489659	-2.887425	-2.580651	序列平稳
rel	一阶差分	-3.973523	-3.487046	-2.88629	-2.580046	序列平稳
	二阶差分	-10.62796	-3.491345	-2.888157	-2.581041	序列平稳
rem	一阶差分	-4.437011	-3.487046	-2.88629	-2.580046	序列平稳
	二阶差分	-13.06624	-3.48755	-2.886509	-2.580163	序列平稳
dr	一阶差分	-6.883016	-3.486551	-2.886074	-2.579931	序列平稳
	二阶差分	-9.667417	-3.488063	-2.886732	-2.580281	序列平稳
lr	一阶差分	-6.218811	-3.486551	-2.886074	-2.579931	序列平稳
	二阶差分	-15.42186	-3.487046	-2.88629	-2.580046	序列平稳
sl	一阶差分	-3.313234	-4.200056	-3.175352	-2.728985	序列平稳
	二阶差分	-5.245529	-4.297073	-3.212696	-2.747676	序列平稳

续表

变量	检验形式	ADF 统计量	1% 临界值	5% 临界值	10% 临界值	基本结论
ml	一阶差分	− 5.051799	− 3.711457	− 2.981038	− 2.629906	序列平稳
	二阶差分	− 7.71939	− 3.72407	− 2.986225	− 2.632604	序列平稳
op	一阶差分	− 2.692442	− 3.488063	− 2.886732	− 2.580281	序列非平稳
	二阶差分	− 10.62722	− 3.488063	− 2.886732	− 2.580281	序列平稳
red	一阶差分	− 1.045693	− 3.92035	− 3.065585	− 2.673459	序列非平稳
	二阶差分	− 5.617291	− 3.92035	− 3.065585	− 2.673459	序列平稳
ref	一阶差分	− 2.489144	− 3.959148	− 3.081002	− 2.68133	序列非平稳
	二阶差分	− 5.760697	− 3.886751	− 3.052169	− 2.666593	序列平稳
ce	一阶差分	− 3.231204	− 3.92035	− 3.065585	− 2.673459	序列非平稳
	二阶差分	− 5.567764	− 3.959148	− 3.081002	− 2.68133	序列平稳
ex	一阶差分	− 4.109559	− 3.546099	− 2.91173	− 2.593551	序列平稳
	二阶差分	− 9.754991	− 3.548208	− 2.912631	− 2.594027	序列平稳

（3）协整检验

大部分的变量均满足一阶单整，但是 *op*、*red*、*ref* 和 *ce* 并不满足一阶单整，但在经过差分之后，也实现了平稳。接下来，我们将对样本进行更进一步的协整分析，以证明货币政策工具变量与 SHIBOR 之间具有协整关系，为 State - space 建模做好前期准备，协整分析结果如表4.9所示。

表 4.9　影响 SHIBOR 波动的货币政策工具变量协整分析结果①

政策工具	变量	假设	迹统计	5% 临界值	ME 统计量	5% 临界值	prob
公开市场操作	*op*	*r* = 0	11.9083	15.4947	7.4127	14.2646	0.0415
		r ≤ 1	4.4955	3.8414	4.4954	3.8414	0.0340
	ce	*r* = 0	35.4229	15.4947	30.4848	14.2646	0.0001
		r ≤ 1	4.93801	3.8414	4.9380	3.8414	0.0263

---

① 时期数据均使用的是 $\ln(n+1)$ 的方式予以处理，其中 n 为指标环比增长率，包括货币供应量 m_0、对政府债权 β、发行债券 e。时点数据为 $\ln(m)$，其中 m 为原指标数值，包括法定存款准备金率 c、超额存款准备金率 ρ、一年期存款利率 s、一年期贷款利率 l、同业拆借利率 t、再贴现利率 z、再贷款利率 d、汇率 h。

续表

政策工具	变量	假设	迹统计	5%临界值	ME统计量	5%临界值	prob
再贷款/再贴现	*red*	$r=0$	8.3407	15.4947	7.3660	14.2646	0.4468
		$r \leqslant 1$	0.9746	3.8414	0.9745	3.8414	0.3235
	ref	$r=0$	9.8374	15.4947	9.3000	14.2646	0.2620
		$r \leqslant 1$	0.5373	3.8414	0.5373	3.8414	0.4635

经过 ADF 平稳性检验与 J – J 协整检验之后，我们发现如下结论：
（1）在平稳性检验中，公开市场操作（*op*）、再贷款（*red*）、再贴现
（*ref*）、央票（*ce*）等时间序列存在非平稳，但经过二阶差分后得到了
平稳序列；（2）针对在 ADF 检验中存在非平稳的时间序列进行协整检
验，我们发现公开市场操作（*op*）、央票（*ce*）与 SHIBOR 之间存在协
整关系，而再贷款（*red*）、再贴现（*ref*）与 SHIBOR 之间不存在协整关
系。在剔除相关变量，并考虑样本的可得性与代表性的基础上，我们认
为大机构准备金（*rel*）、公开市场操作（*op*）、汇率（*ex*）、存款基准利
率（*dr*）等变量可用于 State – space 模型分析。

4.4.2   实证分析

（1）季节调整模型的状态空间表示

假设时间序列 $\{Y_t\}$ 由趋势（T_t）、季节调整（C_t）、季节（S_t）和
不规则因素（I_t）共同构成，为季节调整的客观需要通常将趋势（T_t）
和循环（C_t）因素合并记作 TC_t，并以此对经济的时间序列变动的加法
模型进行描述，具体模式如下：

$$\Omega_{(d+1)\times(d+1)} = \begin{bmatrix} 1 & 0 & \cdots & 0 & 0 \\ 0 & 0 & \cdots & 0 & 0 \\ \vdots & \vdots & & \vdots & \vdots \\ 0 & 0 & \cdots & 0 & 0 \\ 0 & 0 & \cdots & 0 & 1 \end{bmatrix} \quad (4.1)$$

我们采用乘法模型对原数据序列进行数据处理，并对相关变量开展因素特征分析，分析结果如下：

趋势循环因素（TC_t）特征分析。通常而言，数据趋势循环因素将对数据序列的非平稳性构成一定的影响，该因素是构成经济序列不规则波动的主要因素之一，在本书的分析中，我们将该影响因素写成状态空间形式如下：

$$\begin{cases} (1-L)^d TC_t = b_t + \omega_t \\ b_t = b_{t-1} + u_t \end{cases} \tag{4.2}$$

在上述表达式中，我们假定 b_t 为一个平稳的时间序列，u_t 与 ω_t 是方差为 ξ_t，并且均值为零的随机扰动项。

不规则因素（I）特征分析。假设不规则因素（I）为一个平稳的 ARIMA（p，q）过程，即 $(1-\phi_1 L-\phi_2 L^2-\cdots-\phi_p L^p)I_t = (1-\theta_1 L-\theta_2 L^2-\cdots-\theta_q L^q)v_t$，其中，$L^i$ 为 i 阶滞后算子，v_t 为白噪声过程的随机扰动项，其中 ϕ_i、$(i=1,2,\cdots,p)$、θ_j 和 $(j=1,2,\cdots,q)$ 为模型的部分超参数。

季节因素（S）特征分析。我们认为，季节性因素 S_t 是以年为时限的，季节性因素所影响的重要因素，其基本表达式如下：

$$\begin{cases} S_{jt} = S_{j,t-1}\cos\lambda_j + S^*_{j,t-1}\sin\lambda_j + \omega_{jt} \\ S^*_{jt} = -S_{j,t-1}\sin\lambda_j + S^*_{j,t-1}\cos\lambda_j + \omega^*_{jt}/\lambda_j = (\lambda\pi j)/s \end{cases} \tag{4.3}$$

其中，ω 是随机扰动项，其均值为零，且方差为 ξ_t。当 $\{Y_t\}$ 取季度数据和月度数据时，s 是季节的周期长度分别取值为 4 和 12。其中，符号 [ ] 表示取整数。

季节调整（C_t）状态特征分析。经过季节调整分析后，我们建立状态空间模型的基本形式如下：

$$a_t = [TC_t, TC_{t-1}, \cdots, TC_{t-d+1}, b_t, S_{1t}, S^*_{1t}, S_{2t}, S^*_{2t}, I_t, I_{t-1}, \cdots, I_{t-p+1}] \tag{4.4}$$

在上式中，b_t 是一个平稳的时间序列，其中 d 是序列的单整阶数，

p 为一个 ARIMA 模型的回归阶数。其基本形式可以表示为

$$Y_t = TC_t + S_t + I_t \tag{4.5}$$

在分析序列 $\{Y_t\}$ 中，T 称为矩阵方程的基本形式，其 R 方程可以表达为如下基本形式：

$$T = \begin{bmatrix} \varphi_{(d+1)\times(d+1)} & 0 & 0 \\ 0 & S_{4\times4} & 0 \\ 0 & 0 & \phi_{p\times p} \end{bmatrix} \tag{4.6}$$

$$R = \begin{bmatrix} \Omega_{(d+1)\times(d+1)} & 0 & 0 \\ 0 & E_{4\times4} & 0 \\ 0 & 0 & \Theta_{(q+1)\times(q+1)} \end{bmatrix} \tag{4.7}$$

在上述表达式中，φ 和 Ω 分别代表了状态空间模型中的扰动系数矩阵，其表达式如下：

$$\varphi_{(d+1)\times(d+1)} = \begin{bmatrix} C_d^1 & \cdots & (-1)^{r+1}C_d^r & \cdots & (-1)^{d+1}C_d^d & 1 \\ 1 & 0 & 0 & \cdots & 0 & 0 \\ \vdots & & \vdots & & \vdots & \vdots \\ 0 & \cdots & 0 & 1 & 0 & 0 \\ 0 & \cdots & 0 & 0 & 1 \end{bmatrix} \tag{4.8}$$

$$Z = [1,0,\cdots,0,0,1,0,1,0,1,0,\cdots,0]' \tag{4.9}$$

其中，$(-1)^{r+1}C_d^r$ 称为二项目的第 r 项类型的膨胀系数。在状态空间模型的实际运用过程中，大多数的研究时间样本都存在一个以上的单阶序列，本书中给出单阶矩阵的因子系数。

（2）状态空间分解

依据上文的计量经济理论，我们可以计算出状态空间模型各个趋势项的基本形式及其模型分解状况，如图 4.13 所示，图中 PRICE_IR、PRICE_SA、PRICE_SF、PRICE_TC 分别代表了 SHIBOR 的随机项、调整后季节项、季节项和季节调整项的趋势分解情况。

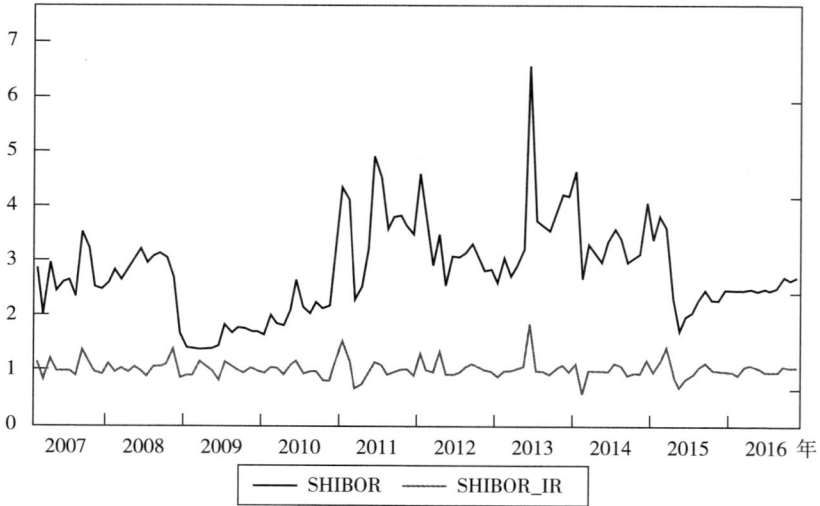

图 4. 13（1） SHIBOR 状态空间不规则因素

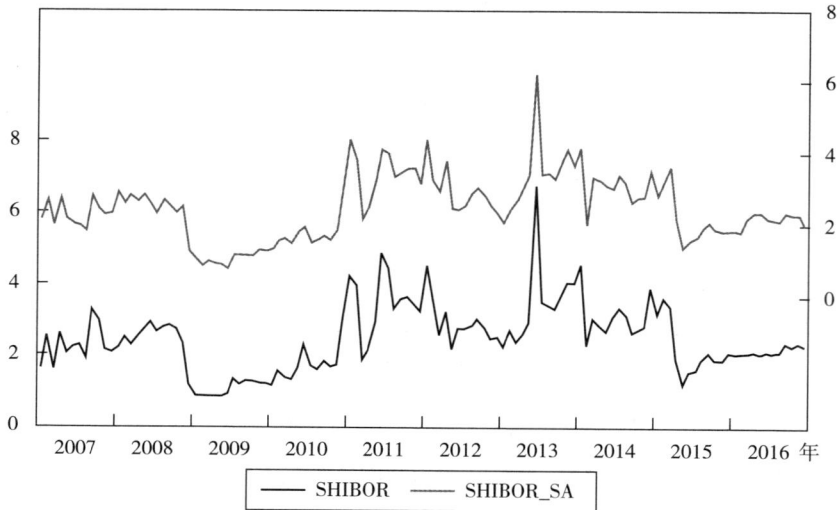

图 4. 13（2） SHIBOR 状态空间季节调整因素

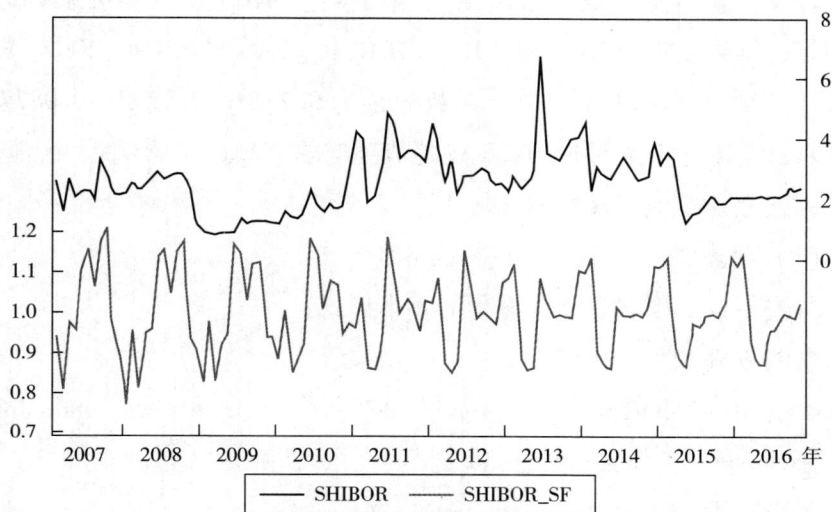

图 4.13（3）　SHIBOR 的状态空间季节因素

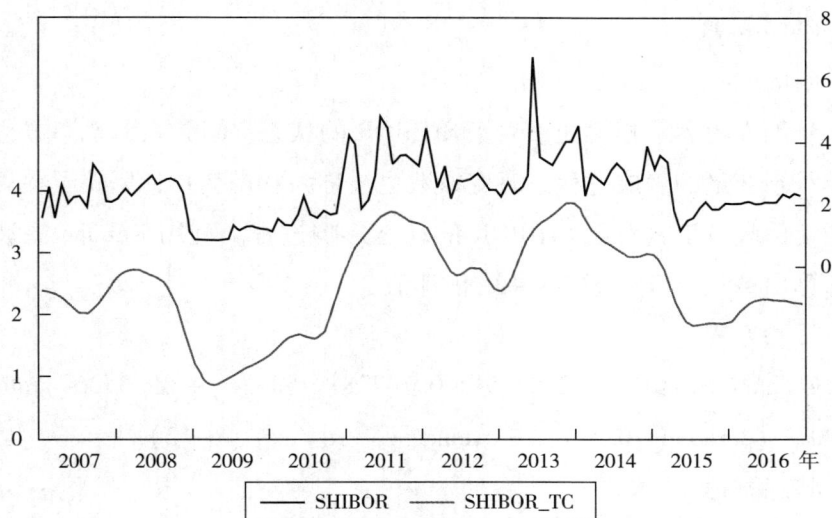

图 4.13（4）　SHIBOR 的状态空间趋势循环因素

从图 4.13 中各个趋势分解模型的状况可知，2006 年以来的 SHI-BOR 受趋势项与季节项的影响最大，而不规则因素与季节调整因素的影响较小，我们使用 OLS 模型对上述因素与 SHIBOR 的相关系数进一步测算，结果发现，SHIBOR_IR、SHIBOR_SA、SHIBOR_SF 与 SHIBOR_TC 对于 SHIBOR 的拟合系数分别为 0.2864、0.9297、0.0877 和 0.6794，上述分析说明 SHIBOR 受趋势项与季节项因素影响较大，除去上述因素之外其他因素影响比较小。

（3）状态空间模型定义与参数估计

首先估计如下状态空间方程的基本形式：

量测方程

@signal SHIBOR = c（1）+ sv1* pledge + sv2* rate + sv3* operation + sv4* exchange + {var = exp［c（2）］}

状态方程

@state sv1 = sv1（-1）

@state sv2 = sv2（-1）

@state sv3 = sv3（-1）

@state sv4 = sv4（-1）

量测方程表示相关变量对于 SHIBOR 的状态空间关系，状态方程描述了状态变量的生成过程。时变参数也被称为状态变量，反映了在不同时期货币政策工具对于 SHIBOR 的动态影响过程。利用 Kalman 滤波可以计算出 sv1、sv2、sv3、sv4 的估计值。

量测方程

@signal SHIBOR = 2.0355 + 0.147781* pledge + 89.3726* rate + 0.0002* operation - 0.5273* exchange + {var = exp［c（2）］}

状态方程

@state sv1 = 0.1478* sv1 + ε（-1）

@state sv2 = 89.3726* sv2 + γ（-1）

@state sv3 = 0.0002* sv3 + δ（-1）

@state sv4 = -0.5273* sv4 + η（-1）

4.4.3　结果讨论

经过对相关变量的状态空间模型分析，我们已经得出了量测方程与状态方程，现在就有关变量的状态空间时变参数进行分析，并将分析结论总结如下。

（1）金融机构准备金率对 SHIBOR 的空间状态时变系数

如图 4.14 显示的是时变系数曲线，即金融机构存款准备金率对 SHIBOR 变化的弹性，反映了 SHIBOR 受金融机构存款准备金率的影响。图中的核密度（Kernel Density Estimation）说明，总体上准备金率对于 SHIBOR 比较有限。该时期变化趋势大致可以分为五个阶段，第一个阶段是 2007 年金融机构存款准备金率对 SHIBOR 变化时变系数呈现负数，且先下降随后上升。说明 2008 年受国际金融危机影响，央行上调存款准备金的行为给市场流动性带来了负面效应，作为市场资金价格的 SHIBOR 呈现负的增长效应。该效应在 2007 年第一季度表现最为显著，说明在危机之初的上调准备金行为具有显著的市场告示效应，对于市场的影响较大，但随着市场机制的完善，存款准备金上调的政策效应逐渐被市场所吸收，并且由于我国并不是次贷危机的直接影响国家，并且在危机前期我国累积了较多的过剩流动性，因此在告示效应被市场吸收后，时变系数随准备金上调逆势回升。第二阶段，在存款准备金连续 22 个月度内保持上调的趋势之后出现下调，此时市场过剩；流动性也因前期准备金上调效应吸收而趋于稳定，市场反映趋于理性，准备金上调导致 SHIBOR 变动的负向效应表现出来。第三阶段，2008 年 9 月—2009 年 12 月随着央行开启降息周期，时变系数出现小幅上扬，说明央行降息政策促进了市场流动性增加。从前三季度时变系数的表现来看，央行传统的存款准备金率作为货币政策工具对于市场流动性的调节发挥了显著的作用，对于 SHIBOR 也发挥了显著的作用，时变系数在 0.7 至 −0.5。第四阶段，2009—2011 年，虽然央行通过连续加息对市场流动性进行调控，但对于 SHIBOR 的影响已经相对较弱，时变系数在 0 至 -0.2。第五阶段，2011 年以后，存款准备金对 SHIBOR 的时变系数保持在 0 附近，说明作为央行传统货币政策工具对于 SHIBOR 的影响已经较弱。

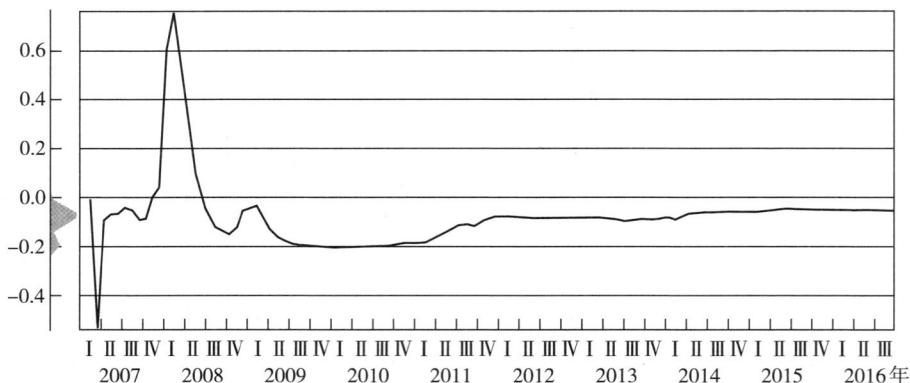

图 4.14　金融机构准备金率空间状态时变系数

（2）存款基准利率对 SHIBOR 的空间状态时变系数

图 4.15 反映的是存款基准利率对 SHIBOR 的弹性系数变化趋势，图中的核密度（Kernel Density Estimation）说明，总体上存款基准利率对于 SHIBOR 的影响较强。具体而言，可以分为如下几个阶段：第一阶段，2007 年存款基准利率持续上调，导致市场流动性出现紧缩，市场资金价格上升，SHIBOR 上升，存款基准利率对 SHIBOR 时变系数为负，且持续下降，说明存款基准利率对于 SHIBOR 产生了较强的影响效力。随后存款基准利率保持平稳，SHIBOR 受到存款基准的影响从负恢复至 0 附近，影响效力减弱。第二阶段，2008—2009 年，随着存款基准利率下降，对于市场流动性的影响比较显著，SHIBOR 因此出现显著的相关性变化，时变系数上升至 150 附近。第三阶段，2010—2014 年，虽然经历了多次存款基准利率的上升与下降，但是存款基准利率对于 SHIBOR 的时变系数一致保持至高位，说明存款基准利率对于 SHIBOR

的显著影响效力。值得说明的是，在研究对象中，只有存款基准利率属于价格型货币政策工具，因此其对于 SHIBOR 具有显著的影响效应，说明价格性货币政策工具影响效应更强，且在很长一段时间存款基准利率作为市场价格的基础，对于市场资金的调控作用较强。第四阶段，2015 年至今，存款基准利率对于 SHIBOR 的影响效力减弱，时变系数开始下降。说明基准利率对 SHIBOR 的调控效力开始下降。

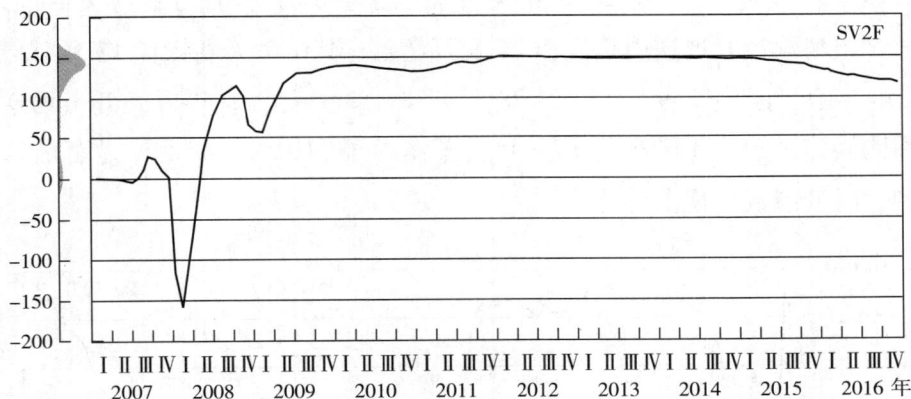

图 4. 15　存款基准利率空间状态时变系数

（3）公开市场操作对 SHIBOR 的空间状态时变系数

图 4. 16 反映了央行公开市场操作行为对于 SHIBOR 的影响效应。图中的核密度（Kernel Density Estimation）说明，总体上央行公开市场操作行为对于 SHIBOR 影响较弱，但在局部具有增强的趋势。通常而言，央行传统的货币政策调控模式是以"存款准备金＋基准利率"的操作模式为主，并以此从长期对市场利率进行调控，而公开市场操作则作为短期流动性调节手段发挥作用。可见，公开市场操作在传统的货币政策调控模式中并不能发挥较强的作用。但有几个时间点值得我们关注，一是 2009 年第二季度，保持短期正回购的适当力度，上半年累计开展正回购操作 2. 29 万亿元，截至 7 月末，28 天期正回购、91 天期正回购和 3 个月期央行票据操作利率分别较年初上升 22 个、14 个和 28 个

基点。上述措施对于 SHIBOR 发挥了正向影响效应，时变系数出现一定幅度的上升；二是 2014 年第一季度，春节期间安排 21 天期以内逆回购操作，有效应对季节性因素引起的短期流动性波动；春节后视现金回笼情况开展 14 天期和 28 天期正回购操作，促进银行体系流动性供求的适度均衡。第一季度累计开展逆回购操作 5250 亿元，开展正回购操作 8700 亿元。上述事件一定程度上影响了市场预期，某种程度上造成银行体系"钱荒"。三是 2016 年央行加强了公开市场的力度与灵活度，公开市场累计开展逆回购操作 24.8 万亿元，其中 7 天期操作 17.9 万亿元，14 天期操作 3.9 万亿元，28 天期操作 3 万亿元；年末公开市场逆回购操作余额为 13150 亿元。上述操作对于 SHIBOR 产生了显著的影响，时变系数呈现上升趋势。

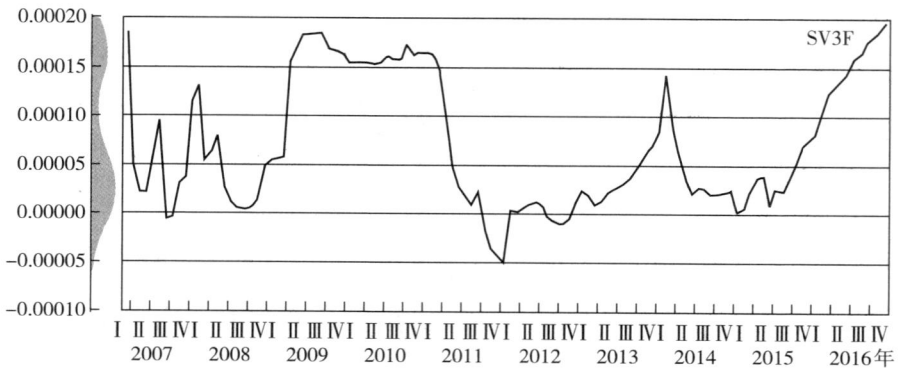

图 4.16   公开市场操作空间状态时变系数

（4）人民币汇率对 SHIBOR 的空间状态时变系数

图 4.17 反映了人民币汇率对于 SHIBOR 的影响效应。图中的核密度（Kernel Density Estimation）状况显示，公开市场操作行为对于 SHIBOR 影响较弱，且总体呈现负向影响。实际上，依据"利率平价理论"，在两国利率存在差异的情况下，资金将从低利率国流向高利率国以换取利润，两个国家利率的差额等于远期汇率及现货汇率之间的差

额。由此可见汇率与利率之间相互的影响效力。这里有几个方面值得关注，一是从 2007 年至 2008 年 3 月人民币首轮升值过程中，人民币汇率空间状态时变系数显著相关，并呈下降趋势。当 2008 年 4 月至 2010 年 3 月人民币汇率保持稳定，空间状态时变系数却并未向 0 回归，而是同样呈现停顿，一方面说明汇率政策对于 SHIOBR 的影响并不十分灵敏，存在一定时效，另一方面也说明现阶段汇率政策对于 SHIOBR 的影响还比较有限。二是从 2010 年 5 月至 2013 年底，人民币再次开启汇率走强，此轮过后，时变系数虽然也有所变动，但效力大不如前，表明人民币汇率波动对于市场的影响趋于稳定。三是 2015 年 8 月，人民币汇率出现下降，进入贬值通道，这个变化对于时变系数产生了影响，但是比较有限，说明现阶段汇率对于 SHIBOR 的影响呈现波动状态，并不稳定。

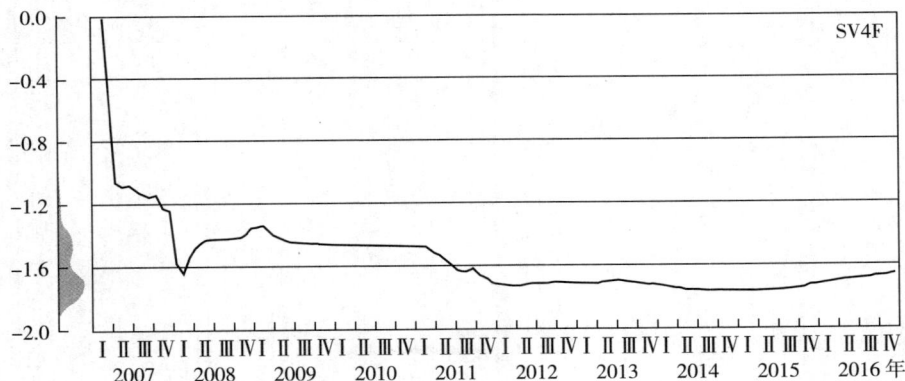

图 4.17　人民币汇率空间状态时变系数

4.5　本章小结

通过采用 State – space 模型就货币政策工具对于 SHIBOR 的调控关系进行分析。结果表明，准备金率政策工具对于 SHIBOR 的影响比较有限。存贷款基准利率对于 SHIBOR 的影响效应随着时间的不同而存在差异，随着时间的推移，其效力逐渐增强。而到了中后期基准利率作为货币政策工具的效力有所下降。央行公开市场操作对于 SHIBOR 的调节效力，在不同的经济形势下存在差异。汇率手段对于 SHIBOR 的调节作用随着人民币汇率形成机制及市场化改革的推进而逐渐下降。

5 相关性：SHIBOR 调控对于最终目标的影响路径及其效果

"相关性"是评价货币政策操作目标对于最终经济目标调节效果的关键。"相关性"通常可以理解为：货币政策操作目标对于最终目标具备可预计的影响。本章中，我们将分析 SHIBOR 对于不同经济最终目标的影响状况，并借助 SVAR 模型对 SHIBOR 的相关性进行测定，并分析 SHIBOR 对于不同类型经济最终目标的影响差异。

5.1 SHIBOR 对于最终目标调控的理论分析

（1）利率渠道

①凯恩斯主义理论

凯恩斯货币政策理论认为，货币政策可以通过影响货币供给，并对货币价格产生影响，从而对市场利率产生影响，促使社会公众进行资产配置，上述经济行为会对总产出构成相关影响，上述传导过程一般是通过 IS – LM 模型的分析框架表现出来。在价格型调控中，货币市场利率作为政策传导的中介，在货币政策作用下实现对最终经济目标的调节。其过程可以简单地表述如下：

$$\Delta M \rightarrow \Delta i_r \rightarrow \Delta I \rightarrow \Delta Y \tag{5.1}$$

其中，M 表示货币供给量；i_r 表示实际利率；I 表示投资；Y 表示总产出。

上述货币政策传导过程主要是通过投资的渠道，分析货币政策对利率的影响。而之后的研究学者对上述渠道进行了进一步扩充，他们不仅从企业投资而且从耐用消费品、固定资产投资等角度就货币政策的利率传导进行了分析。

②货币主义理论

货币主义理论的分析框架中，利率作为货币的价格，被区分为实际利率与名义利率两方面，货币政策操作目标的传导主要通过影响名义利率，并将上述影响传递至实际利率，进而影响投资支出。此外，如果假定名义利率不变，货币政策还会对公众预期产生影响，从而对实际利率发挥影响效力。其传导过程如下：

$$\Delta M \rightarrow \Delta \pi^e \rightarrow \Delta i_r \rightarrow \Delta I \rightarrow \Delta Y \qquad (5.2)$$

其中，π^e 表示公众对通货膨胀的预期。

综合考察凯恩斯主义与货币主义理论的货币政策传导理论主张，其主要区别在于，货币主义者认为，即使在名义利率接近零的情况下，货币政策仍然有效，而凯恩斯主义者则认为这一情形下的货币政策是无效的，前者的理由在于货币政策可以影响公众的预期进而对政策调节发挥效力。

（2）资产价格渠道

在凯恩斯货币政策理论中，货币政策仅仅通过债券利率这一种资产价格对经济目标进行调节，从而操作目标也通过这一渠道影响最终目标。但是货币主义者却认为不仅是债券利率，包括外汇和股票等渠道，也会使货币政策发生对最终目标的传导。

①汇率传导渠道

货币政策的汇率传导渠道是通过汇率、利差、进出口、存款收益等变量之间的传导关系实现货币政策及其操作目标对最终目标的传导。在此过程中，当一国货币政策发生变动，将首先对国内外利差产生影

响，进而影响存款在国家之间的趋利性流动，这种流动带来了本外币的
交易，进一步加剧汇率变动，从而对商品进出口产生影响，由此影响了
国民收入的构成，也就实现了货币政策对最终目标的影响。上述传导过
程可以表述如下：

$$\Delta M \to \Delta i_r \to \Delta E \to \Delta NX \to \Delta Y \qquad (5.3)$$

其中，E 表示汇率；NX 表示净出口。

值得说明的是，汇率传导渠道不仅仅是通过货币的价格发生变动，
而且可以通过影响进出口企业经营状况来影响国民经济，上述效应也
被称作资产负债表效应，受汇率影响的进出口企业经营状况会直接影
响其直接关联的银行经营状况，乃至债券收益情况，进而对国民经济产
生影响。上述过程表述如下：

$$\Delta M \to \Delta E \to \Delta NW \to \Delta L \to \Delta I \to \Delta Y \qquad (5.4)$$

其中，NW 表示企业或银行的资产净值；L 表示银行的可贷资金。

②资本市场价格传导渠道

通常而言，股票传导渠道包括两重含义，一是货币政策变动影响
股票价格，从而对企业融资产生影响，也就对企业经营状况产生了影
响，进而影响了托宾 q 的变化，仍然是影响投资，进而影响国民经
济；二是货币政策通过操作目标的变化影响股票市价，从而对公众消
费支出产生影响（所谓的财富效应），对产出构成影响。其表达形式
如下：

$$\Delta M \to \Delta P_s \to \Delta q \to \Delta I \to \Delta Y \qquad (5.5)$$

其中，P_s 表示股票价格。

财富效应主要认为，在货币政策影响下，股票价格发生变动，财富
持有者的财富出现波动（W），由此出现收入波动，在上述效应的影响
下，财富持有者消费支出（C）出现变动，进而对国民收入产生影响。
上述效应可以表述如下：

$$\Delta W \to \Delta C \to \Delta L \to \Delta I \to \Delta Y \qquad (5.6)$$

（3）信贷渠道

①银行贷款行为渠道

经典的金融学理论认为，银行可以有效解决道德风险与逆向选择，因此大部分的经济体，以商业银行经营为基础构建的间接融资体系，是最主要的融资方式，因此中央银行货币政策，特别是以同业拆借利率为货币政策操作性目标的倾向下，更能对商业银行资金来源构成影响，进而影响可贷资金，对投资乃至国民经济构成显著影响。其表达方式如下：

$$\Delta M \to \Delta P_s \to (\Delta q, \Delta W) \to (\Delta I, \Delta C) \to \Delta Y \qquad (5.7)$$

②企业资产负债表渠道

如果将银行信贷行为做进一步延伸，就可以推导出企业资产负债表渠道，因为企业资产负债状况会直接影响银行信贷行为，从而规避道德风险与逆向选择，那么央行的货币政策也会对这一传导关系，借助名义利率（i）渠道，影响企业现金流（CF），从而对企业经营行为构成影响，然后通过投资渠道，对总产出构成影响，上述传导过程可以表述如下：

$$\Delta M \to (\Delta P_s, \Delta i) \to (\Delta NW, \Delta CF) \to behavior \to \Delta L \to \Delta I \to \Delta Y$$

$$(5.8)$$

5.2 SHIBOR 影响最终目标的主要路径

本节将从经济增长、物价稳定和充分就业等六个方面，分析 SHIBOR 对最终经济目标的影响效力，为分析 SHIBOR 的相关性做好前期准备。

5.2.1 经济增长

众所周知，经济增长可以按照产业结构的划分分别进行分析，其中

三大产业增加值就构成了经济总量的增长，并且三大产业具有各自不
同的特点，SHIBOR 作为商业银行体系的同业报价体系，我们将主要从
信贷支持的角度展开分析，但考虑到 SHIBOR 本身已经不仅仅是一种信
贷价格，而是"辐射"至央行信贷政策、债券产品定价、票据业务定
价等领域，因此，我们的分析也会涉及相关领域。

（1）第一产业增加值与 SHIBOR 变动

农业作为长期以来推动我国经济发展的重要产业，对于促进经济
发展发挥了积极的作用。对此，我国金融业对于农业的支持力度始终较
强，近年来我国涉农贷款规模达到 30 万亿元（2016 年），对于农业产
业化、农村小微企业、新农村建设等方面的支持力度逐渐加大，对于促
进农业发展发挥了积极的作用。

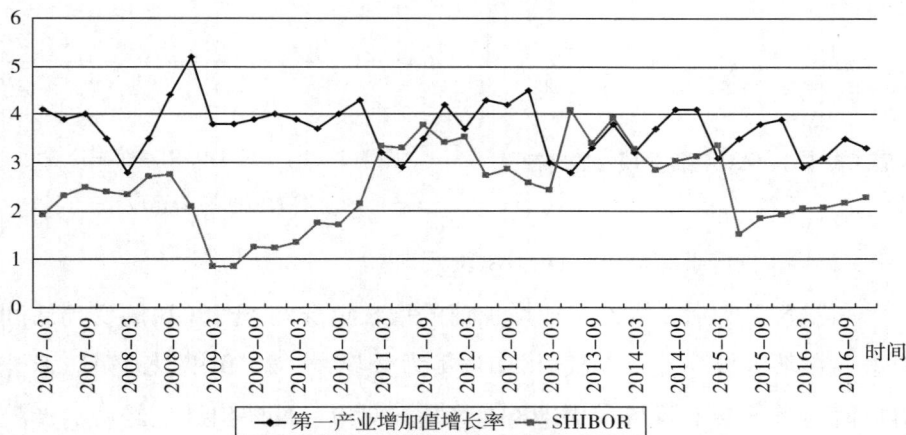

图 5.1　SHIBOR 与第一产业增加值增长率变动情况

值得说明的是，2016 年涉农贷款余额占全国银行系统贷款余额比
例为 26.41%，可见第一产业并不是金融机构贷款的主要投向，因此受
到信贷价格及银行经营行为影响较大。从第一产业增加值与 SHIBOR 的
变化趋势看，两者呈现反向变化关系，即 SHIBOR 增长对应着第一产业
增加值的下降，通常 SHIBOR 上升对应着银行"银根"收紧，由此导

致支农贷款减少，从而影响了第一产业增加值的增长速率。通过构建 VAR 模型，如图 5.2 所示，SHIBOR 对第一产业增加值之间存在显著负向影响，在给予 SHIBOR 一个冲击后，会对第一产业增加值带来负向的冲击效应。最大冲击出现第 2 期至第 3 期，随后逐渐恢复平稳，这说明 SHIBOR 对第一产业具有负向作用。

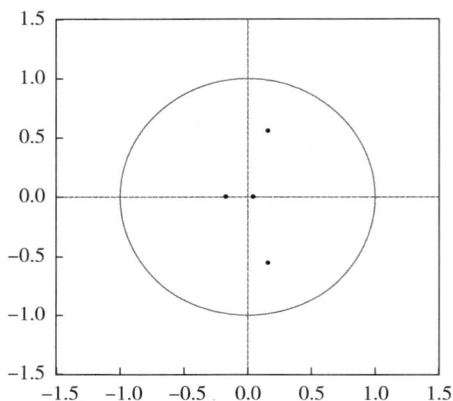

图 5.2（a） AR 特征多项式的特征根

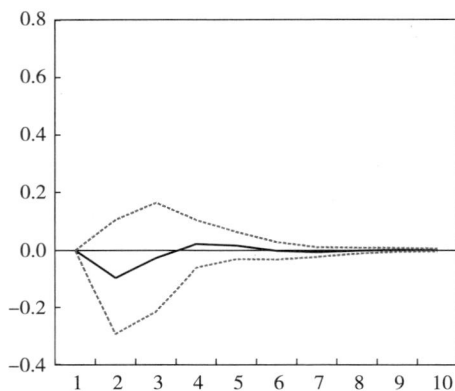

图 5.2（b） SHIBOR 对第一产业增加值的冲击响应

（2）第二产业增加值与 SHIBOR 变动

如图 5.3 所示，第二产业增加值的增长情况与 SHIBOR 的变动之间似乎存在某种规律性。大致以 2010 年为分界线，2010 年以前第二产业增加值的增长与下降与 SHIBOR 走势基本对应，反映出计划经济的调控对于产业发展发挥着影响作用，而且会对 SHIBOR 产生显著影响。但是到了 2010 年以后，上述变化就不再清晰了，虽然在此期间 SHIBOR 有过几次波动，但是第二产业增加值却呈现逐渐下降的趋势。

从第二产业增加值变化与 SHIBOR 变化情况看，如图 5.4 所示，2010 年以前，SHIBOR 与第二产业增加值存在比较一致的变化趋势，但是第二产业增加值变动略先于 SHIBOR 的变化趋势，两者之间存在一定的继起关系。为了说明其中的原因，我们引入消费物价指数（CPI）进

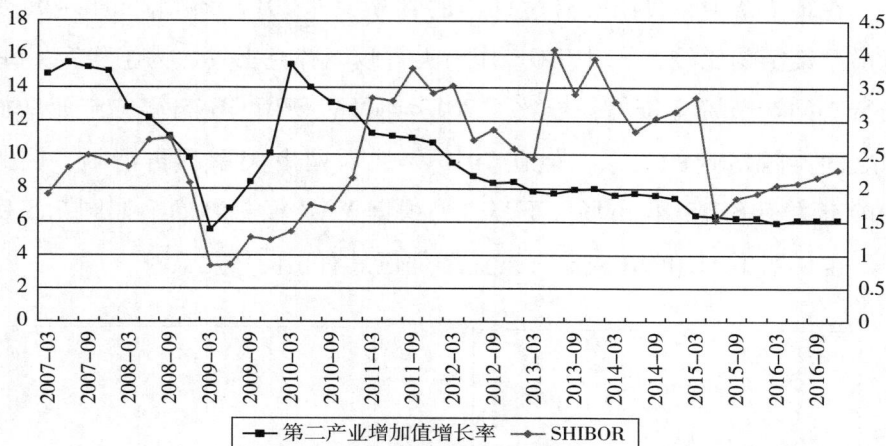

图 5.3 SHIBOR 与第二产业增加值增长率变动情况

行分析。将第二产业增加值增长率与 CPI 看似无关的变量放在一起观察后，我们发现两者走势几乎是一致的，只是第二产业增加值增长率变化略先于 CPI，这也就在一定程度上解释了第二产业增加值变化与 SHI-BOR 的变化原因。

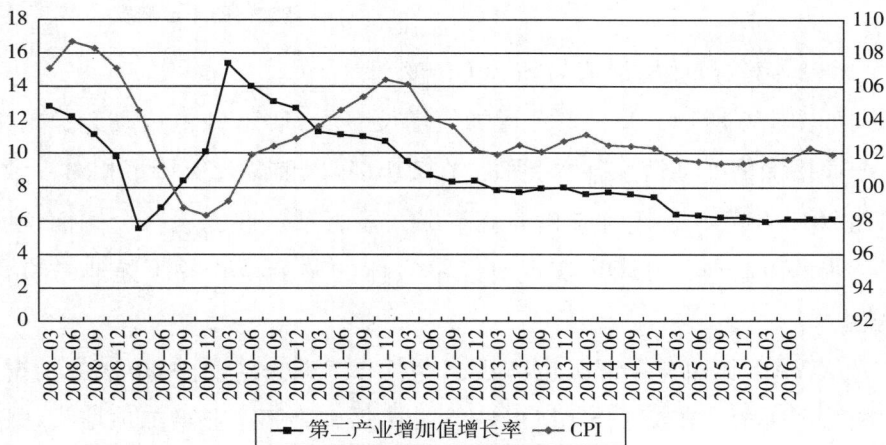

图 5.4 CPI 与第二产业增加值增长率变动情况

在第 4 章中，我们曾有过这样的判断，即 2010 年以前 SHIBOR 受货币政策影响比较大，SHIBOR 作为央行政策补充工具。为了稳定 CPI，央行必须调节资金价格，导致了 2010 年以前 SHIBOR 与第二产业增加值之间比较清晰的关系，但在 2010 年之后两者关系不再清晰，因此 2010 年之后 SHIBOR 市场性更强。另根据 VAR 模型判断，如图 5.5 所示，也说明了 SHIBOR 对第二产业增加值具有正向作用。

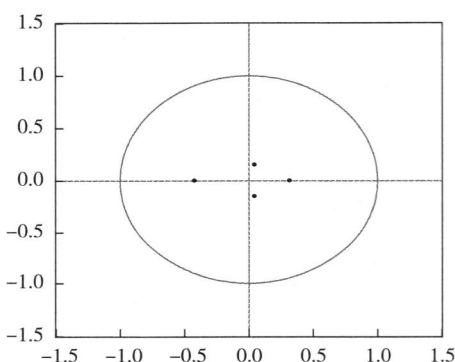

图 5.5（a）　　AR 特征多项式的特征根

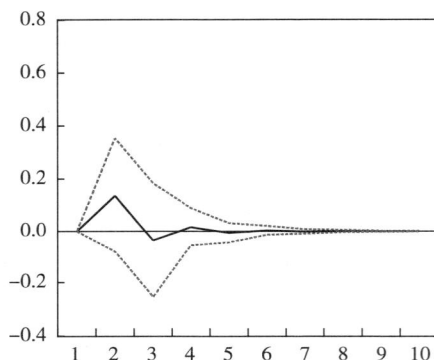

图 5.5（b）　　SHIBOR 对第二产业增加值的冲击响应

（3）第三产业增加值与 SHIBOR 变动

如图 5.6 所示，第三产业增加值增长率及 SHIBOR 的变动趋势与第二产业增加值变动情况基本类似，在 2010 年以前两者保持了相对一致，但在 2010 年后，上述对应趋势就不那么显著了。这也从一个侧面说明了传统的以调节 SHIBOR 实现对经济实体的调节模式并不是非常有代表性。

从 VAR 脉冲响应情况也体现出与第二产业增加值相类似的情况，如图 5.7 所示，在给予 SHIBOR 一个冲击后，第三产业增加值增长率逐渐在第 2 阶段达到峰值，之后又逐渐下降并向 0 收敛，说明了 SHIBOR 变动对第三产业增加值有正向的影响作用。

从上述 SHIBOR 对三大产业的影响渠道来看，总体而言，SHIBOR

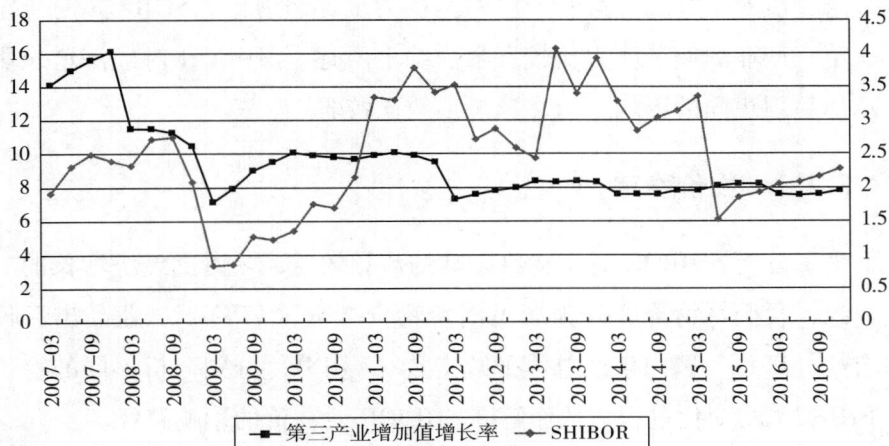

图 5.6　SHIBOR 与第三产业增加值增长率变动情况

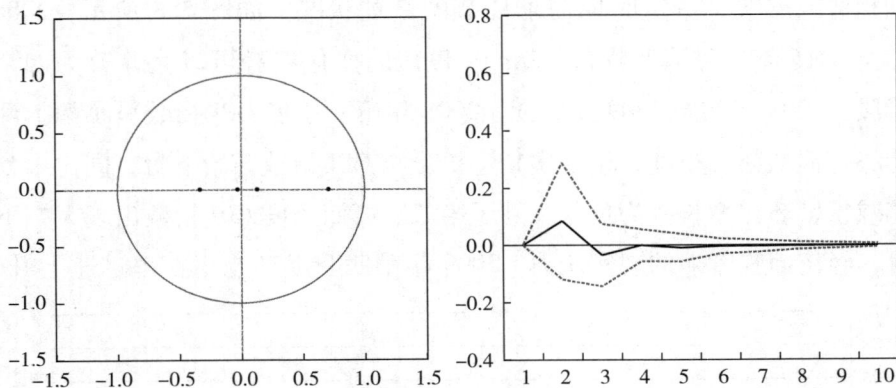

图 5.7（a）　AR 特征多项式的特征根　　图 5.7（b）　SHIBOR 对第三产业
增加值的冲击响应

对于第三产业增加值的影响呈比较显著的负向效应，说明农业作为
"弱质"产业，受资金影响比较大，市场流动性的供求状况将直接影响
农业产业增加值，同时说明通过金融手段促进农业发展还存在较大
"潜力"，即第一产业对资金具有较强的敏感性，加强金融支持农业发
展仍存在较大空间。第二、第三产业与资金相关性正在减弱，可见单纯

的金融手段对于第二、第三产业的调控力度比较有限，SHIBOR 对于第二、第三产业的调节能力比较有限。综上所述，SHIBOR 对经济增长影响总体呈现正向的影响，但是影响系数比较弱。

5.2.2　物价稳定

　　为了分析 SHIBOR 对于物价影响的传导效益，与考虑经济增长的方式一致，我们将物价区分为居民消费物价指数（CPI）、工业品出厂价格指数（PPI），国内生产总值平减指数（GDPD）分别分析不同的物价应 SHIBOR 的变化过程，从而解释 SHIBOR 对物价的影响路径。

　　（1）居民消费物价指数（CPI）与 SHIBOR 变动

　　居民消费物价指数反映的是从居民消费需求的角度分析物价的变动趋势，反映了一定时期需求环节的基本状况。如图 5.8 所示，2008 年至 2016 年居民消费物价指数（CPI）的变化趋势可以大体分为四个阶段，2008 年初至 2009 年中期，2008 年第一季度 CPI 指数呈小幅上涨趋势，但从第二季度开始受次贷危机影响 CPI 指数开始下滑，同比增长率减小，环比增长率为负数。到了第三、第四季度 CPI 指数出现大幅下滑，经济面临紧缩的现实压力。2009 年第四季度环比增长率迅速上升。

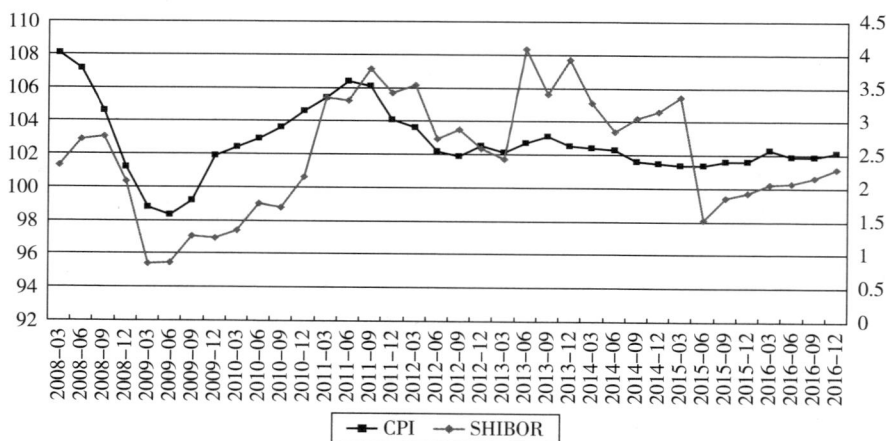

图 5.8　SHIBOR 与居民消费物价指数变动情况

2010 年至 2011 年 CPI 逐渐上升，CPI 基本保持在 4% 的水平，但从 2011 年下半年至 2012 年开始 CPI 涨幅呈现小幅下降的趋势，平均涨幅从 2011 年的 5% 下降至 2% 左右。2012 年以后 CPI 相对保持平稳，物价上涨平均在 2% 左右。

从 SHIBOR 与 CPI 的走势关系来看，在 2013 年以前，SHIBOR 基本是随着 CPI 的变动而变动，SHIBOR 基本与 CPI 亦步亦趋，但是随着时间的推移，SHIBOR 对 CPI 的"滞后"的差距越拉越大，从最初的大约 1 个月到 2013 年的 3 个月左右。这种差距的背后隐藏着资金链逐渐趋紧，直到 2013 年银行体系发生了历史上最严重的"钱荒"，2013 以后 SHIBOR 与 CPI 的联系就不再那么紧密了。

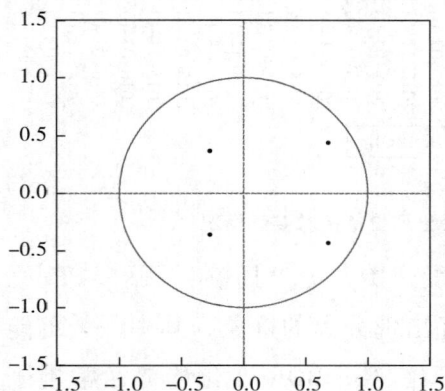

图 5.9(a)　AR 特征多项式的特征根	图 5.9(b)　SHIBOR 对 CPI 的冲击响应

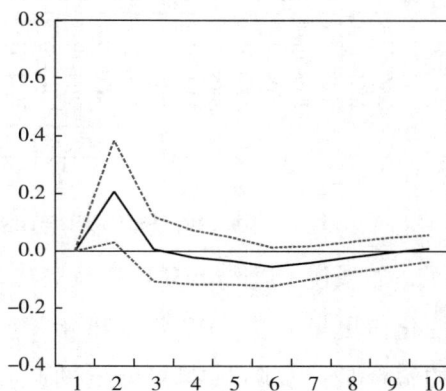

从 VAR 脉冲响应可以看出，在给予 SHIBOR 一个冲击后，CPI 逐渐上升至第 2 阶段达到峰值，之后又逐渐下降并逐渐向 0 收敛，说明了 SHIBOR 变动对第三产业增加值有正向的影响作用，但这种模型系统并不稳定。

（2）工业品出厂价格指数（PPI）与 SHIBOR 变动

工业品出厂价格指数反映了供给方面的价格波动情况。PPI 的走势与 CPI 之间有较多的相似之处，首先 2007 年至 2008 年逐渐上升，季度

平均增长在 6% 左右，但从 2008 年下半年增速开始下滑，平均值在
0.06% 左右，而 2009 年下半年开始上升，到 2010 年保持平稳，恢复至
5% 左右，而从 2011 年再度下滑至负值附近，并持续至 2015 年，2015
年随着供给结构性侧改革的推进，PPI 开始稳步上升。

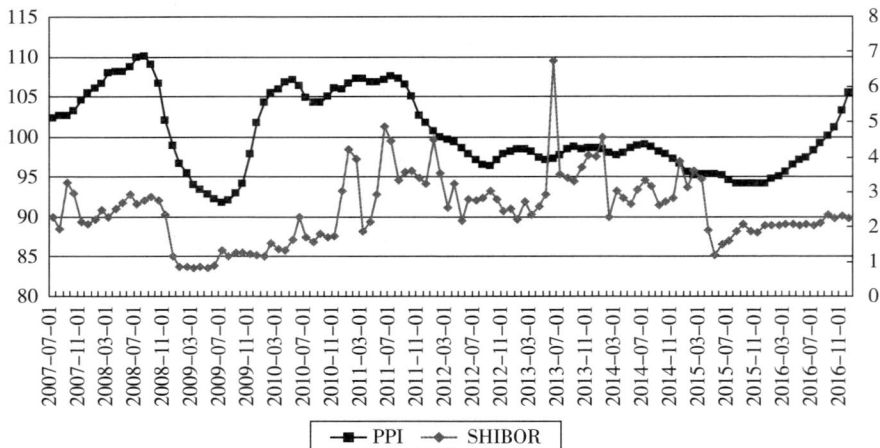

图 5.10　SHIBOR 与工业品出厂价格指数变动情况

　　如果说 CPI 与 SHIBOR 从第二季度开始"分道扬镳"，那么 PPI 则
变化得更早，从 2012 年下半年就已经出现分离的迹象，其中一个可能
的解释是：实际从本文分析的起点开始，SHIBOR 变化趋势通常慢于
PPI，SHIBOR 的跟踪速率逐渐减慢，以至于最后跟不上 PPI 的速率。这
种现象反映在现实中说明，在传统的经济调控模式下，政府具有资源配
置的优先权利，企业基本是在政府的资金支持下进行生产，经济周期也
与政府的调控手段亦步亦趋。企业就在政府主导下对银行采取"借新
债还旧债"的过程中维持着。

　　但是，随着经济出现新特点，例如，消费领域出现新的导向与需
求，供给跟不上需求的变化导致企业资金链断裂，当然企业可以继续借
新还旧，但这时的财务周期变得更长，风险也更大，此外大量非公有制
经济体依靠自筹资金（非政府配置），具有更灵活的市场适应机制，加

速了传统资金供给模式的颓势；影子银行的出现成为压垮传统政府
（银行）配置资金模式的最后一根稻草，从此国民经济增长的"供给时
代"结束了，SHIBOR 对于物价的影响也就在上述趋势下走到了尽头。

　　然而这却是资金价格的理性回归，SHIBOR 的市场化变革路径也逐
渐清晰起来，因为根据传统理论，SHIBOR 对于物价本来就没有直接的
作用，而是在一个特定时期，在政府发挥资金资源配置主体作用的时
期，即"政府—银行—企业—消费"的传导途径下，SHIBOR 对物价调
控发挥作用，一旦"银行"无法影响"企业"经营，上述传导链条被
中断，SHIBOR 就回归资金价格的"正位"，而退出对实体经济的直接
影响。

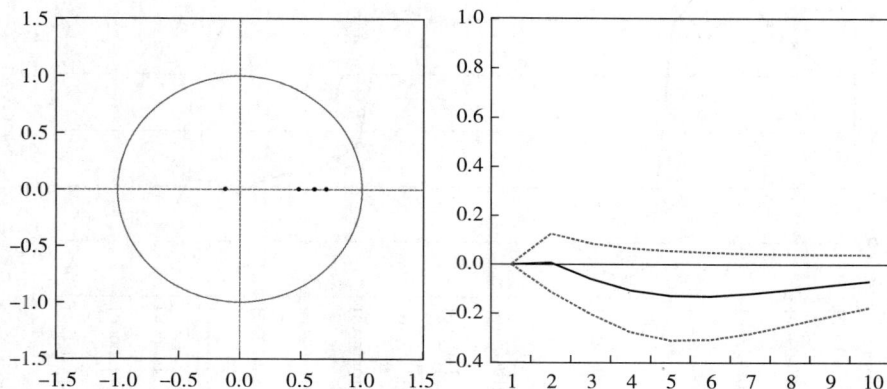

图 5.11（a）　AR 特征多项式的特征根　图 5.11（b）　SHIBOR 对 PPI 的冲击响应

　　从 VAR 脉冲响应可以看出，如图 5.11 所示，在给予 SHIBOR 一个
冲击后，PPI 以极其微小的幅度逐渐下降，并一直以非常缓慢的趋势向
0 收敛，直至终期恢复至 0 附近，上述趋势说明 SHIBOR 的冲击对于
PPI 产生了轻微的负向的冲击，但总体上影响比较有限，且模型系统并
不稳定。

　　（3）国内生产总值平减指数（GDPD）与 SHIBOR 变动

　　国内生产总值平减指数（GDPD）反映了经济发展总体情况的物价

波动状况。如图 5.12 所示，国内生产总值平减指数（GDPD）对 SHI-BOR 的变化趋势也呈现出与 CPI 与 PPI 类似的变化趋势，即 2013 年之前 GDPD 保持了与 SHIBOR 变化趋势的一致性，但从 2013 年之后 SHIBOR 与 GDPD 的变化趋势出现背离。值得注意的是，我们在第 3 章分析 SHIBOR 的波动率时曾经分析了"非对称性"，在此有了显著的体现，即当不利于 SHIBOR 的冲击出现时，SHIBOR 迅速下降，如 2008 年至 2009 年 GDPD 快速下降，而当有利形势出现时，如 2009 年至 2010 年 GDPD 快速上升，SHIBOR 上升却比较缓慢，这一特性在 CPI 与 PPI 均有体现，但是 GDPD 表现得比较显著。

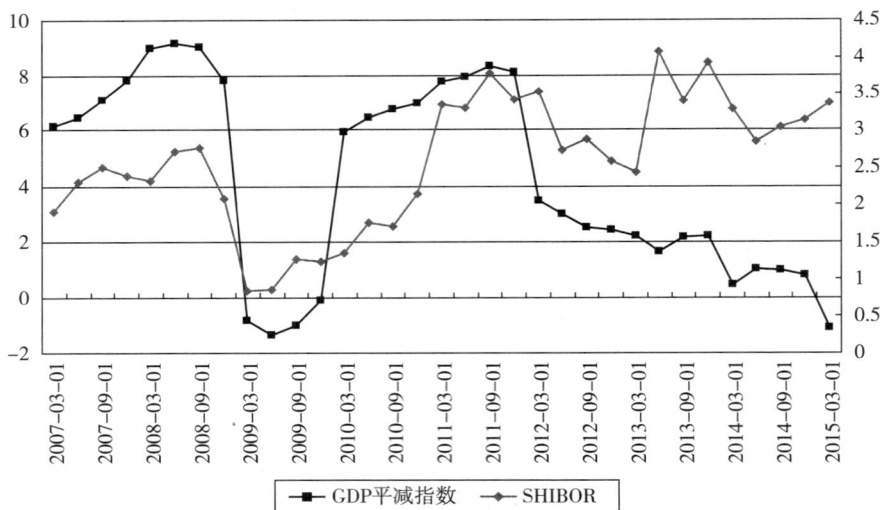

图 5.12　SHIBOR 与 GDP 平减指数变动情况

SHIBOR 与 GDPD 之间的变动趋势也说明，传统的基于货币供应的货币政策对于实体经济的调节能力趋于弱化，本书中看似 SHIBOR 调控与 GDPD 渐行渐远，但实际上依据经济原理，SHIBOR 本来就不应该对实体经济有直接的影响，而是通过作为操作目标的 SHIBOR 影响中间目标"利率"，再对实体经济产生影响，这种渐行渐远就是为了满足"利率"目标而作出的暂时性"背离"，相信随着利率调控渠道的完善，SHIBOR 对于实体经济的影响力会再次增强，而彼时的相关性本质上与此时的实际效应是完全不同的。

如图 5.13 所示，从 VAR 脉冲响应可以看出，在给予 SHIBOR 一个冲击后，GDPD 以极其微小的幅度逐渐下降，并一直以非常缓慢的趋势向 0 收敛，直至终期恢复至 0 附近，上述趋势说明 SHIBOR 对于 PPI 产生了轻微的负向冲击，但总体上影响比较有限。

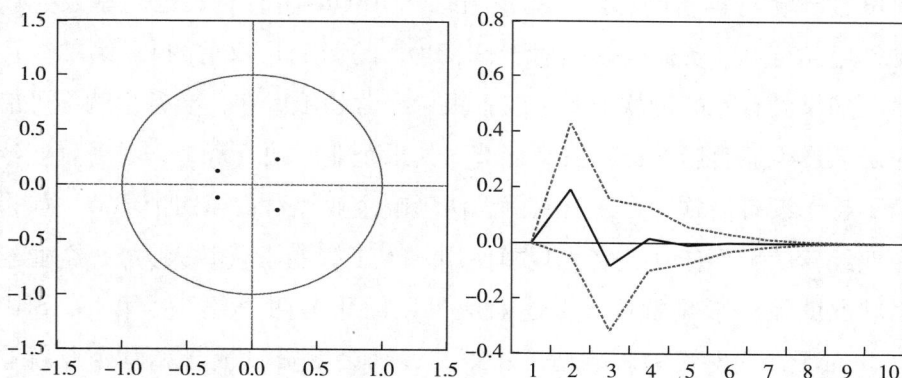

图 5.13（a） AR 特征多项式的特征根　图 5.13（b） SHIBOR 对 GDPD 的冲击响应

5.2.3　充分就业

根据前文的理论分析，SHIBOR 并不能对就业产生直接的影响，也没有理论支撑 SHIBOR 对就业的直接影响。但是 SHIBOR 与就业之间确实存在一定的现实联系。其基本逻辑在于：现阶段我国第二、第三产业吸纳就业最大的部门是私营企业，而私营企业同样需要资金支持，按照目前主流的观点，企业资金来源主要包括自有资金、发行股票、借款和银行借贷，在大部分情况下，银行借贷是企业筹资的最主要来源，那么银行放贷需要受制于存款准备金限制，SHIBOR 就是满足银行存款准备金的手段，这样就建立起了 SHIBOR 对于就业的影响路径，具体表现在

"SHIBOR—银行准备金—贷款—企业经营—就业"，其中至少需要经历四个环节，当然每个环节又会受到其他影响，从而影响向下一阶段的传导，就是效应的"漏损"。

第一个环节，如果银行准备金充足，就不需要从同业市场开展借贷，SHIBOR 的影响就比较弱，当然，通常这也说明市场不景气（前文的分析说明 SHIBOR 具有"非对称性"，也就是负面的经济影响对于 SHIBOR 有更大的负面影响，那么造成上述原因的因素是一方面 SHIBOR 受到银行拆借的影响，另一方面 SHIBOR 还会与其他利率发生联动效应，可见，负面的影响对于 SHIBOR 的影响是双重的）；第二个环节，如果没有好的贷款来源，或者银行经营趋于保守，准备金就不可能对贷款产生显著影响；第三个环节，如果企业不缺乏资金，或者企业经营不善，没有借款动力，贷款就无法影响企业经营；第四个环节，如果企业经营状况不佳（或者大规模使用"人工智能"代替人力），企业经营状况就无法影响就业。上述效应可以简化为两个条件：第一，SHIBOR 对于社会融资的影响情况；第二，社会融资总量与私营企业就业的影响情况。

（1）SHIBOR 与社会融资总量的关系

从社会融资总量与 SHIBOR 的变动关系来看，如图 5.14 所示，两者存在一定相关关系，但是显著程度并不明显。从经济学的基本原理看，SHIBOR 一定程度上代表着企业的融资成本，因此，SHIBOR 上升应该对应社会融资的下降，这一点在 2014 年以前表现得相对明显。SHIBOR 与社会融资总量基本呈现此消彼长的关系，特别是在 2013 年这种对应关系体现得比较显著。但是在 2014 年以后，上述关系就比较模糊了。这一定程度上说明了融资渠道的多元化发展以及直接融资趋势的增强，使得越来越多的企业不再单纯以银行贷款作为资金的来源，导致 SHIBOR 对于社会融资的相关程度有所下降。

从 VAR 脉冲响应可以看出，如图 5.15 所示，在给予 SHIBOR 一个

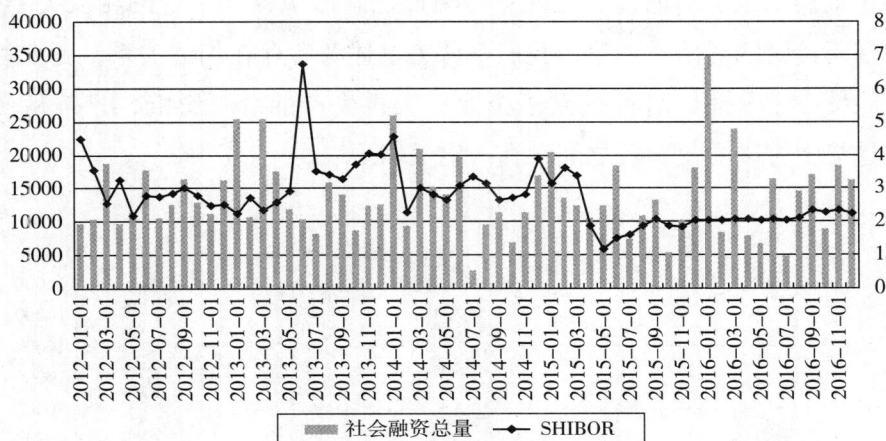

图 5.14　SHIBOR 与社会融资总量月度波动情况

冲击后，社会融资总量迅速上升，随后又向 0 收敛，直至终期恢复至 0 附近，上述趋势说明 SHIBOR 的冲击对于社会融资总量产生了轻微的正向冲击。

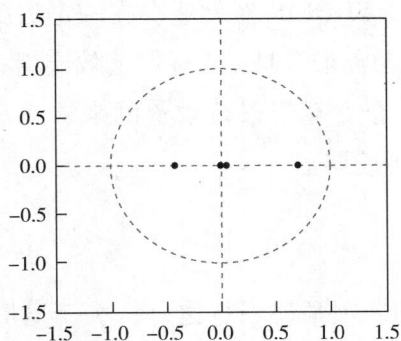

图 5.15　（a）　AR 特征多项式的特征根

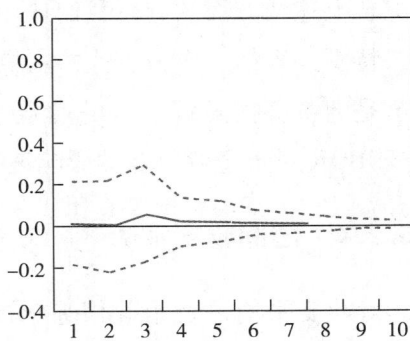

**图 5.15　（b）　SHIBOR 对社会融资
总量的冲击响应**

（2）社会融资量与私营企业就业的关系

从图 5.16 可以看出，社会融资总量与私营企业就业之间存在一定的相关关系，通常而言，企业融资增加意味着生产规模有所扩大，相应的用工需求也会增加，因此就业与融资之间似乎存在一定的相关关系。但基于传统的经济学理论，我们不认为上述两者存在相关关系，更大的可能性在于上述两者都受到了企业扩大再生产的统一影响，只是从变动趋势上可以看出两者之间存在一定关联。

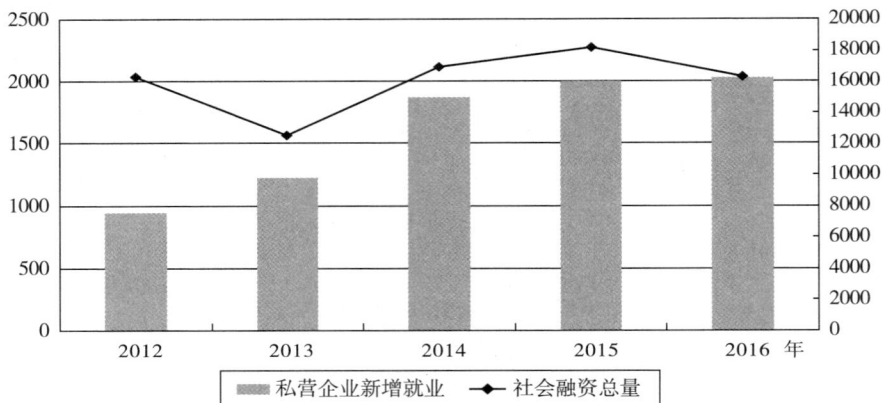

图 5.16　私营企业新增就业与社会融资总量年度变动情况

综合上述两方面的分析我们认为，SHIBOR 对就业存在一定的影响作用，特别是当信贷作为企业的主要融资来源时，上述影响效应相对较大。但是随着直接融资趋势的增强，企业对于银行融资的来源逐渐弱化，SHIBOR 对于企业就业的影响逐渐趋弱。

5.2.4　国际收支平衡

国际收支平衡是货币政策追求的四项最终目标之一，关于国际收支平衡没有一个公认的定义，基本原则在于促进本国参与国际贸易与合作，进而促进本国经济增长。通常认为国际收支平衡是指这样一种状态，即净资本流出与净出口相减等于零。

从图 5.17 可以看出，从 2007 年至 2016 年央行经常账户余额始终为正，说明我国一直属于贸易顺差国，只是最近几年，随着经济结构调整，贸易顺差幅度有所收窄。而资本与金融账户一直处于赤字，近几年

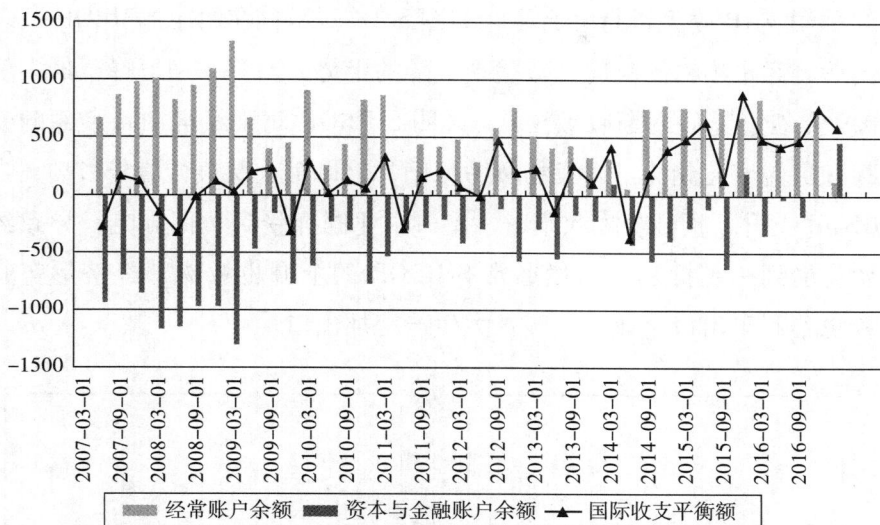

图5.17 经常账户余额以及资本与金融账户余额变化情况

随着对外投资的增长，资本与金融账户余额由负转正。我们从经常账户及资本与金融账户两方面揭示 SHIBOR 对国际收支平衡的影响，在经常账户方面，首先经过计量分析，我们发现两者并不存在 Granger 因果关系，但两者存在 2 个协整关系。

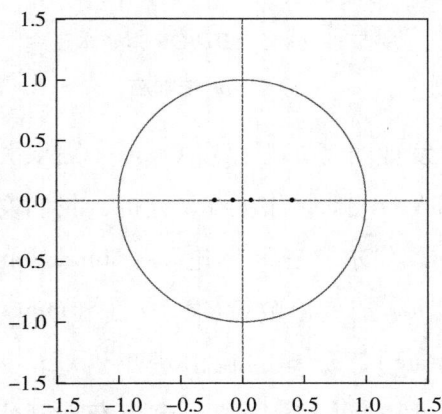

图5.18（a） AR 特征多项式的特征根

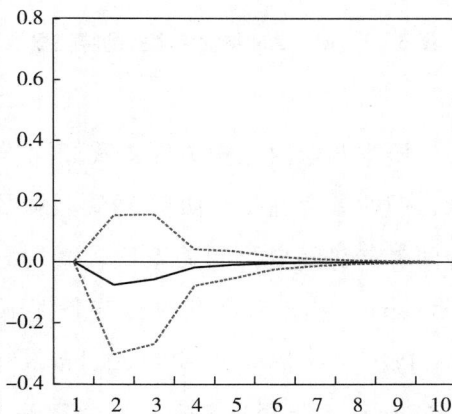

图5.18（b） SHIBOR 对经常账户
余额的冲击响应

采用 VAR 模型进行分析后，如图 5.18 所示，在给予 SHIBOR 一个冲击后，经常项目的响应函数呈现下降的走势，至第 2 期下降至最大值 −0.9 左右，随后逐渐收敛至 0，说明 SHIBOR 对于经常项目余额的变动存在负向变化趋势。以货物贸易为例，出口企业受银行信贷影响，当 SHIBOR 上升，资金规模收窄时，出口企业同样受到负面影响，导致经常贸易受到一定抑制，当然通常 SHIBOR 的上升也意味着经济形势趋紧，也不利于出口企业进一步扩大生产增加出口。

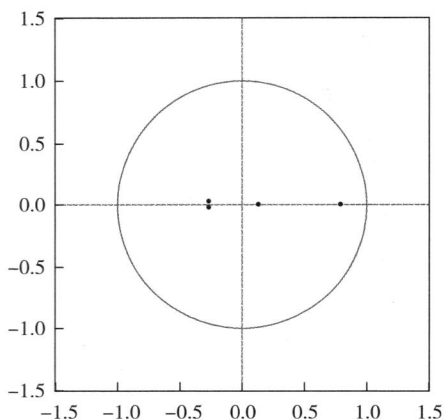

图 5.19（a）　AR 特征多项式的特征根　　图 5.19（b）　SHIBOR 对资本账户余额的冲击响应

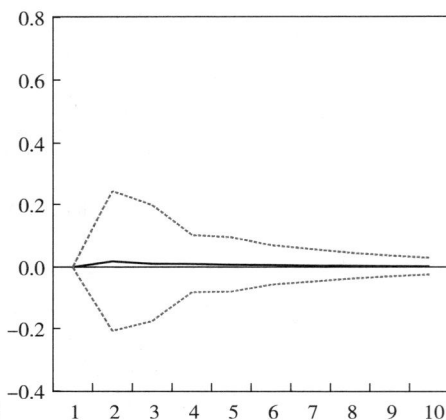

资本与金融账户方面，我们同样发现两者并不存在 Granger 因果关系，但两者存在 1 个协整关系。根据 VAR 脉冲响应函数分析，我们发现两者趋势间变化的关系比较微弱。蒙代尔"三元悖论"（Mundellian Trilemma）指出：在开放经济条件下，本国货币政策的独立性（Monetary Policy）、固定汇率（Exchange Rate）、资本的自由进出（Capital Mobility）不能同时实现，过去很长一段时间，中国货币政策奉行盯住前两个目标，即一方面继续坚持了货币政策的自主调控，另一方面对于资本流动加以控制。而随着人民币资本项目的开放，汇率稳定逐渐放

松，随着利率市场化的推进，汇率与利率的关系更趋协调（如第 4 章中的分析）。因此，SHIBOR 的高低对于国际资本套利将产生越来越大的影响，随着资本流动门槛的降低，国内外资金价格也会有趋于统一的趋势。

5.2.5 结构调整

2011 年，"稳中求进"第一次正式在中央经济工作会议上提出，并将"稳增长、控物价、调结构"作为经济工作的主要目标。"调结构"其中一项重要目标就是将经济结构由过分倚重外需向侧重内需转变，具体而言需要校正投资与消费之间失调的关系，提高消费在促进国民经济增长中的作用，实际上早在 2001 年中央经济工作会议就将"扩内需"作为重要目标，并且在历年的工作会议上都有所提及。本书也将结构调整、扩大内需作为考察 SHIBOR 对于经济目标的影响之一。而长期以来，我国依靠出口与投资拉动经济增长的结构弊端逐渐显现出来，加强内需（消费）拉动经济增长的作用刻不容缓，因此本书将分析 SHIBOR 对于消费的促进作用。

（1）SHIBOR 对社会消费品零售总额的影响

根据经典的经济学原理，利率上涨对于民众会产生两种效应：利率上升表示现期消费相对于下期消费来说，其代价或成本上升了。考虑到上述效应，民众为了避免利率上升的损失而将现期消费移至下一期，因此现期储蓄会增加，这就是"替代效应"。相反，如果公众预期利率上升会导致利息收入增加，从而增加消费，而减少储蓄，这就是"收入效应 H"。综合分析 SHIBOR 对于消费的影响有两条路径，一是替代效应："SHIBOR—利率—当期储蓄—下期消费"；二是收入效应："SHIBOR—利率—当期储蓄—当期消费"。

在 VAR 模型中我们发现，在给予 SHIBOR 一个冲击后，社会消费总量开始呈现上升趋势，并于第 2 期达到最高，随后下降至 -0.1 于第

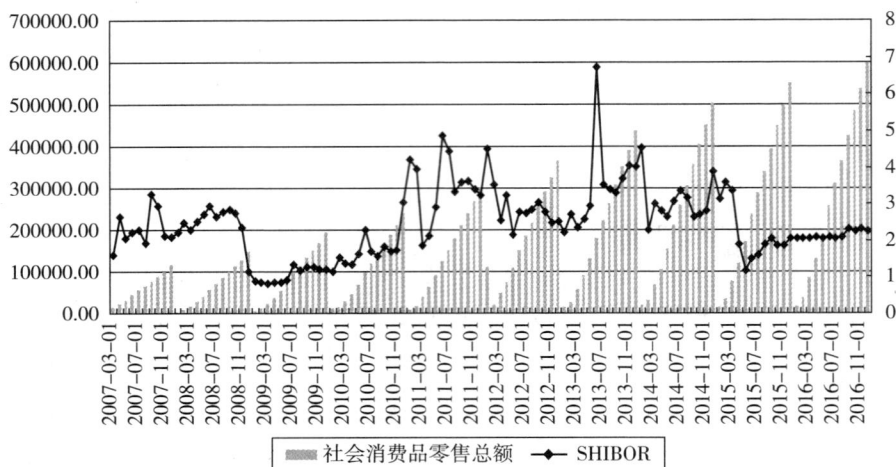

图 5.20 社会消费品零售总额与 SHIBOR 变化情况

3 期达到最低，然后逐渐收敛至 0，说明 SHIBOR 对于民众消费兼具两种效应，短期内收入效应明显，消费上升，随后 SHIBOR 的收入效应被替代效应所吸收，导致消费减少，这也说明使用利率手段对消费进行调节的政策效应具有时限性。

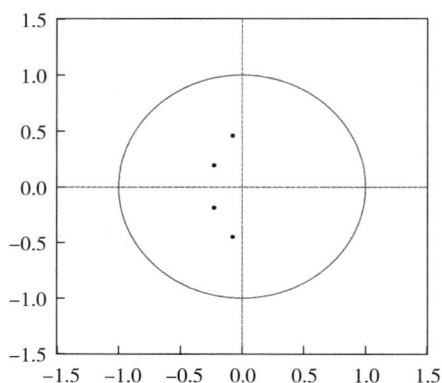

图 5.21（a） AR 特征式项式的特征根　　**图 5.21（b） SHIBOR 对社会消费品零售总额冲击响应**

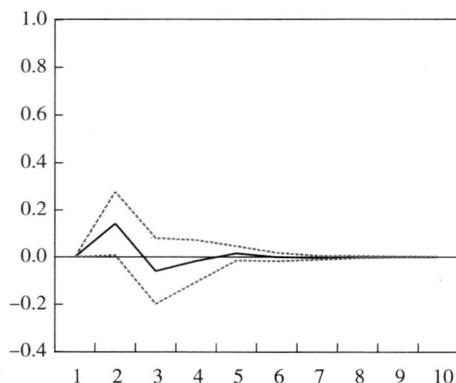

（2）SHIBOR 对贸易净出口总量的影响

由于贸易净出口包括进口与出口两个方面，在不考虑汇率、贸易壁垒等"贸易摩擦"因素的情形下，假定"一价定律"始终成立，那么贸易进口本质上与前文分析的国内消费情况是基本一致的，此处不再赘述。现在重点分析 SHIBOR 对于贸易出口的影响，同样前文已经有所论述，企业主要以银行信贷为资金来源的情况下，银行的流动性状况将直接影响出口企业的生产状况，进而影响贸易出口状况，理论上 SHIBOR 的上升不利于企业出口，但是在我国，存在对于部分出口企业的信贷利率支持政策。例如，1986 年中国人民银行就颁布文件规定对机电产品出口卖方信贷贷款优惠利率为：5 年以下年息 5.4%，5 年以上至 10 年为 6.12%，10 年以上至 15 年为 6.84%。因此 SHIBOR 对于出口企业的影响因利率的优惠政策比较有限。

在 VAR 模型中我们发现，在给予 SHIBOR 一个冲击后，如图 5.22 所示，进出口总量开始呈现显著上升，并于第 2 至 3 期之间达到最高，随后下降至 −0.05 达到最低，然后逐渐收敛至 0，说明 SHIBOR 对于净出口总体呈现正向效应。

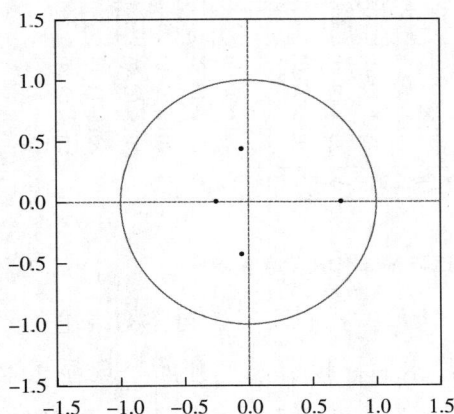

图 5.22（a） AR 特征多项式的特征根

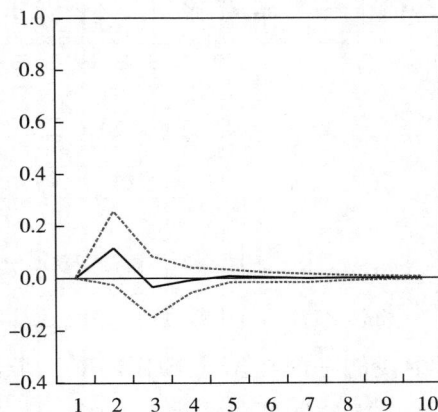

图 5.22（b） SHIBOR 对净出口的
冲击响应

（3）SHIBOR 对投资总量的影响

理论上，投资与利率成反比，因此控制投资的手段通常是提高利率水平以遏制投资增长。通常在高利率的环境下，借贷成本高企，再开展投资显然不合常理。一个特殊现象是，在我国通过利率手段实现对投资的抑制作用似乎并不明显。其原因在于长期的利率管制，并且相当规模的投资同样是国家宏观政策安排的结果，因此利率与投资之间的影响渠道并不显著。高额的投资收益使得成本手段限制投资的措施并不奏效。信贷的行政管理方式，也造成了利率对于投资调节作用的乏力。事实上，如图 5.23 所示，从 2008 年至 2016 年城镇固定资产投资额一直稳定在 3% 左右，而 SHIBOR 波动显然更高，投资额则保持了相对稳定的增长。

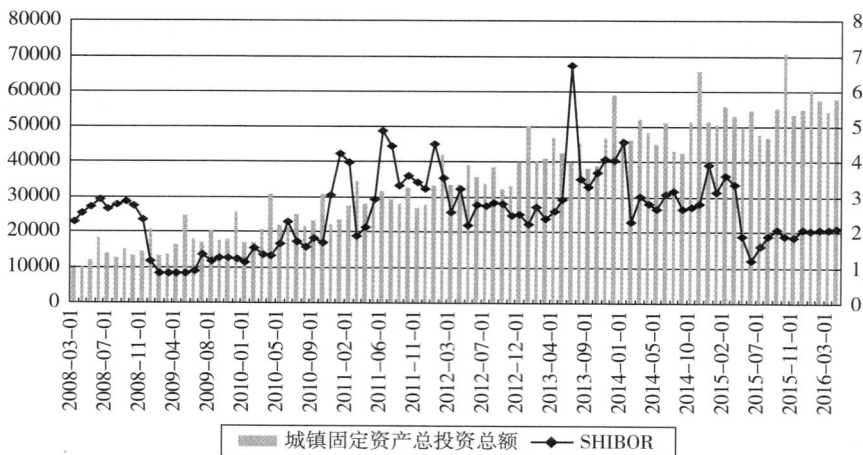

图 5.23　国际贸易净出口与 SHIBOR 变化情况

通过构建 VAR 模型，如图 5.24 所示，我们发现了同样的结论，分析中我们发现在给予 SHIBOR 一个冲击后，投资总量开始呈现显著上升，并于第 2 期达到最高，随后逐渐下降，但并不收敛。说明 SHIBOR 对于投资总体的影响系统并不显著，并不能准确判断 SHIBOR 与投资之间的稳定关系。

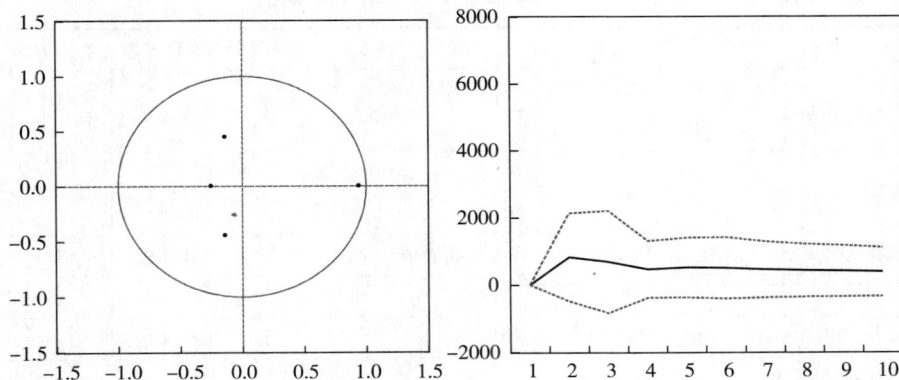

图 5.24（a）　AR 特征多项式的特征根　　图 5.24（b）　SHIBOR 对投资总量的
冲击响应

5.2.6　金融稳定

"守住不发生系统性区域性金融风险的底线"在中央十八届三中全会上明确提出，并在随后的重要性金融会议上被高层多次提及，2017年7月14日国务院宣布设立"金融稳定发展委员会"，由此，金融稳定成为继"调结构"之后的又一项重要经济目标。本书遂将"金融稳定"也纳入经济目标，考量 SHIBOR 对于金融稳定的影响。

目前，全国尚未构建公认的金融稳定指数，对于金融稳定状况的衡量缺乏统一的标准。本书中我们主要借鉴徐国祥、郭建娜、陈燃萍[1]等构建的中国金融稳定 CFSI 指数。如表 5.1 所示，该指数主要由存贷款利率差、证券化率、国内信贷/GDP、商业银行不良贷款率、存贷款比率、股票市盈率等 11 项指标组成的综合性评价体系构成。

---

① 徐国祥，郭建娜，陈燃萍. 中国金融稳定指数的构建及其领先能力分析［J］. 统计与信息论坛，2017，32（4）：27－33.

表 5.1　　　　　　　　金融稳定总体评价各项指标汇总

指标	计算公式	使用的指标	频率	季度化处理	影响方向
存贷款利率差	贷款利率 – 存款利率	贷款利率：1 年（含 1 年）	月	取季末值	负
		存款利率：活期储蓄存款	月		
证券化率	股票市值/GDP	股票市价总值	月	取季末值	负
		GDP	季		负
国内信贷/GDP	国内信贷/GDP	国内信贷	月	取季末值	负
商业银行不良贷款率			季		负
存贷款比例	人民币贷款/人民币存款	各项人民币贷款	月	取季末值	负
		各项人民币存款	月		
股票市盈率			日	取季末值	负
实际有效汇率指数			月	取均值	负
通胀指数	（同比 CPI – 100）%		月	取均值	负
商品房销售价格			月	取均值	负
财政赤字/GDP	财政赤字/GDP	财政赤字	月	取均值	负
M2/GDP	M2/GDP	M2	季		正

正向、逆向指标分别用式（5.9）、式（5.10）进行数据标准化：

$$I_{it}^n = \frac{I_{it} - Min(I_i)}{Max(I_i) - Min(I_i)} \qquad (5.9)$$

$$I_{it}^n = \frac{Max(I_i) - I_{it}}{Max(I_i) - Min(I_i)} \qquad (5.10)$$

其中，I_{it}^n 是指标 i 的标准化数值；I_{it} 是指标 i 在第 t 期的数值，$Min(I_i)$ 和 $Max(I_i)$ 分别是指标 i 的最小值和最大值。那么金融稳定指数的合成式为：

$$\omega_i = \frac{|p_i|}{\sum_{i=1}^{11} |p_i|} \qquad (5.11)$$

其中，x_i 为第 i 个指标；ω_i 为第 i 个权重。通过采用结构向量自回归模型的结构分解脉冲响应计算权重，其步骤为：首先，对不平稳序列进行差分转化为平稳序列，构建 AB 型模型。其次，向量自回归模型的滞后期为 2。采用 AR 根表法，诊断根的模量小于 1，可用于结构分解和脉冲响应。最后，基于广义脉冲响应结构确定权重。

$$CFSI = \sum_{i=1}^{11} \omega_i x_i \qquad (5.12)$$

其中，p_i 为指标对变量 i 的单位新信息冲击在 N 期内的累积脉冲响应值。根据上述数据处理后，就得出了金融稳定 CFSI 指数，该指数以 0 为分界点，大于 0 表示金融体系处于稳定状态，数值越高，表示越稳定；小于 0 表示不稳定，数值越小，越不稳定。

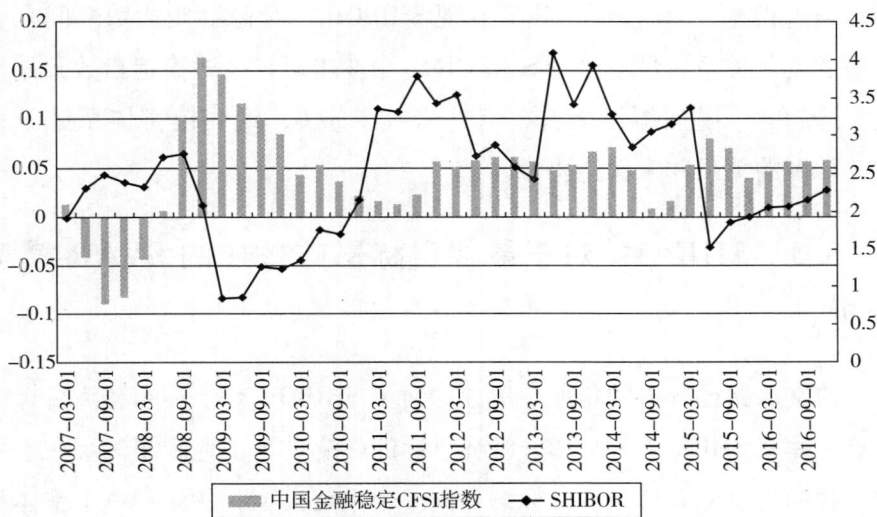

图 5.25　中国金融稳定 CFSI 指数与 SHIBOR 变化情况

从图 5.25 可以看出，从 2007 年第二季度至 2008 年，该指数一直处于 0 以下，说明金融体系总体上呈现不稳定状态。直到 2008 年第三季度，指数才回到 0 以上，值得注意的是，在 2013 年"钱荒"时期该指数也处于较低水平。

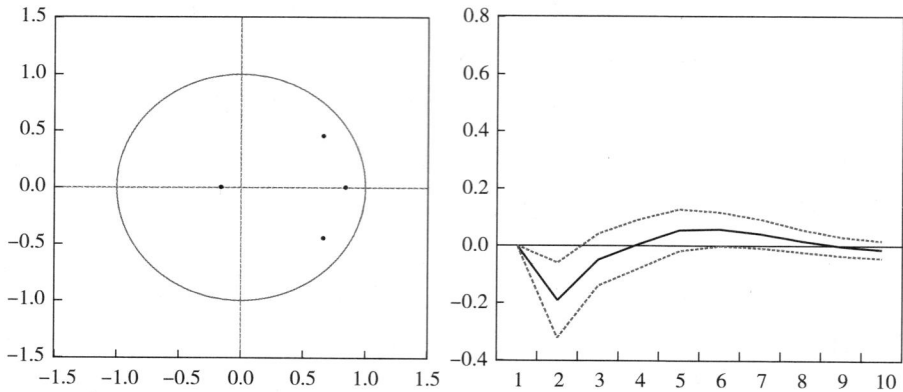

图 5. 26 （a） AR 特征多项式的特征根   图 5. 26 （b） SHIBOR 对金融稳定的
冲击响应

通过构建 VAR 模型，我们发现 SHIBOR 与金融稳定指数之间存在显著的变化关系，虽然给予 SHIBOR 一个冲击后，金融稳定指数开始呈现下降趋势，随后缓慢上升，但并未收敛于 0，说明模型体系并不稳定，两者的关系并未保持协调。

5.3　SHIBOR 对于最终目标影响效应的 SVAR 模型分析

前文从路径分析的角度，单独探讨了 SHIBOR 对于不同经济目标的影响，并就 SHIBOR 对于部分经济目标的影响进行了直接探讨。在下文中，我们将全部五项经济目标纳入同一个系统模型，从而在一个整体系统中分析 SHIBOR 对于其影响效果。

5.3.1　指标选取与数据来源

为了测算 SHIBOR 对于宏观经济目标的影响效应，我们选取了国内生产总值（GDP）、消费物价指数（CPI）、新增劳动力（JOB）、国际收支平衡总额（BALAN）、消费品零售总额（COMSU）、金融稳定指数

（STAB）等变量的季度数据作为研究对象。考察 SHIBOR 对上述变量的
影响效应。数据来源包括 Wind 咨询、国泰安数据库、中国人民银行网
站、国家外汇管理局网站等。在时间选取中，依据指标可得性与可靠性
选取 2008 年第三季度至 2016 年第四季度的数据为研究样本。

5.3.2　模型设定与模型检验

本书以结构向量自回归（Structural Vector AutoRegression，SVAR）
模型为研究方法。VAR 模型最早由 Sims 引入经济分析。然而，VAR 模
型没有给出变量之间相关性的确切形式，因为这些关系隐藏在错误项
的相关结构中，并且无法解释。因此需要借助 SVAR 模型用以分析模型
中包含变量之间的当期关系。

（1）SVAR 基本模型设定

为了明确变量间的当期影响效应，我们首先对模型进行设定。假定
存在 k 个变量的情形（本书中为 6 个变量），p 阶结构向量自回归模型
$SVAR(p)$ 为

$$C_0 = \Gamma_1 y_{t-1} + \Gamma_2 y_{t-2} + \cdots + \Gamma_p y_{t-p} + u_t \tag{5.13}$$

式中：

$$C_0 = \begin{bmatrix} 1 & -c_{12} & \cdots & -c_{1k} \\ -c_{21} & 1 & \cdots & -c_{2k} \\ \vdots & \vdots & \ddots & \vdots \\ -c_{k1} & -c_{k2} & \cdots & 1 \end{bmatrix}, \Gamma_i = \begin{bmatrix} \gamma_{11}^{(i)} & \gamma_{12}^{(i)} & \cdots & \gamma_{1k}^{(i)} \\ \gamma_{21}^{(i)} & \gamma_{22}^{(i)} & \cdots & \gamma_{2k}^{(i)} \\ \vdots & \vdots & \ddots & \vdots \\ \gamma_{k1}^{(i)} & \gamma_{k2}^{(i)} & \cdots & \gamma_{kk}^{(i)} \end{bmatrix}$$

$$i = 1, 2, \cdots, p$$

式中，$C(L) = C_0 - \Gamma_1 L - \Gamma_2 L^2 - \cdots - \Gamma_p L^p$，其中 $C(L)$ 被称作迟滞算子
L 的 $k \times k$ 参数矩阵，$C_0 \neq I_k$。在本书中，C_0 矩阵是主对角线元素为 1
的矩阵。

（2）平稳性检验

我们采用 ADF 检验对原序列进行平稳度检验。如表 5.2 所示，由

SHIBOR 与各宏观经济目标变量的平稳性检验结果可知，SHIBOR、GDP、CPI、JOB 与 COMSU 都是非平稳序列，BALAN 与 STAB 原始序列与一阶差分序列均是平稳序列。因此，在进行 SVAR 分析时我们将依据各变量的时间序列平稳性状况，采用各变量的原始序列与一阶差分序列作为分析序列。

表 5. 2　　　　　　　　SHIBOR 与各宏观经济目标变量的平稳性检验

变量	检验类型	ADF 统计量	1% 临界值	5% 临界值	10% 临界值	P 值	结论
SHIBOR	(c, t, 4)	-2.0638	-3.6463	-2.9540	-2.6158	0.2598	非平稳
GDP	(c, t, 5)	-1.9165	-3.6463	-2.9540	-2.6158	0.3210	非平稳
CPI	(c, t, 6)	-4.5732	-3.6537	-2.9571	-2.6174	0.0009	平稳
JOB	(c, t, 7)	-0.6521	-3.6702	-2.9640	-2.6210	0.8439	非平稳
BALAN	(c, t, 8)	-5.2673	-3.6463	-2.9540	-2.6158	0.0001	平稳
COMSU	(c, t, 9)	-1.2003	-3.6702	-2.9640	-2.6210	0.6610	非平稳
STAB	(c, t, 10)	-4.0447	-3.7241	-2.9862	-2.6326	0.0047	平稳
ΔSHIBOR	(0, 0, 3)	-6.4208	-3.6537	-2.9571	-2.6174	0.0000	平稳
ΔGDP	(0, 0, 3)	-4.6000	-3.6537	-2.9571	-2.6174	0.0009	平稳
ΔCPI	(0, 0, 3)	-2.7023	-3.6537	-2.9571	-2.6174	0.0847	平稳
ΔJOB	(0, 0, 3)	-14.1576	-3.6702	-2.9640	-2.6210	0.0000	平稳
ΔBALAN	(0, 0, 3)	-10.7886	-3.6542	-2.9562	-2.6215	0.0000	平稳
ΔCOMSU	(0, 0, 3)	-13.8175	-3.6702	-2.9640	-2.6210	0.0000	平稳
ΔSTAB	(0, 0, 3)	-9.4582	-3.7336	-2.9984	-2.6586	0.0001	平稳

（3）各变量协整检验

通过协整检验，如表5.3所示，可以判断，原变量存在四个协整关系，并且最大的特征统计量具有三个协整关系。

表 5. 3　　　　　　　　各变量的协整检验结果

零假设	特征值	统计迹计量	5% 临界值	P 值
None *	0.9483	227.6546	125.6154	0.0000
At most 1 *	0.7804	135.8068	95.7537	0.0000
At most 2 *	0.6961	88.8168	69.8189	0.0007

零假设	特征值	统计迹计量	5%临界值	P 值
At most 3 *	0.5408	51.8908	47.8561	0.0199
At most 4	0.3787	27.7658	29.7971	0.0843
At most 5	0.2620	13.0113	15.4947	0.1144
At most 6	0.1094	3.5922	3.8415	0.0580

注：* 代表在 1% 的显著性水平下显著。

5.3.3 实证分析与结果

（1）SVAR 滞后阶数的确定与稳定性检验

SVAR 模型的滞后阶数是由 VAR 模型滞后阶数决定的，表 5.4 给出 0 至 4 阶 VAR 模型的 LR、FPE、AIC、SC 和 HQ 的有关数值，可以看到，大部分准则选出来的最佳阶数为 4 阶，因此我们构建 SVAR（4）模型。

表 5.4　　　　　　　　　　SVAR 模型最佳滞后阶数判断结果

Lag	LogL	LR	FPE	AIC	SC	HQ
0	−344.7452	NA	80.9102	24.2583	24.5883	24.3617
1	−278.3244	96.1956	26.9617	23.0569	25.6972	23.8838
2	−198.8677	76.7168	6.4611	20.9564	25.9070	22.5069
3	−24.7749	84.04484 *	0.014191 *	12.3293	19.5901	14.6033
4	6163.0730	0.0000	NA	−411.0395 *	−401.4684 *	−408.0419 *

注：LR 是似然比，FPE 是最终预测误差，AIC 是赤池信息准则，SC 是施瓦茨准则，HQ 是信息准则，* 是据准则确定的阶数。

图 5.27 表明以黑点所示的 AR 特征多项式根的倒数都落在单位圆之内，表明依据 VAR（4）模型具有良好的稳定性，从而确保下一步研究的有效性。

（2）SVAR 模型的条件约束与参数估计

在前文中我们已经检验了 VAR 模型存在协整关系，而 Sims、Stock

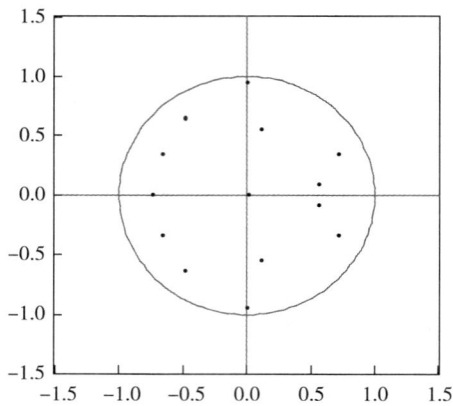

图 5.27 （1）   滞后 3 期 AR 特征根分布

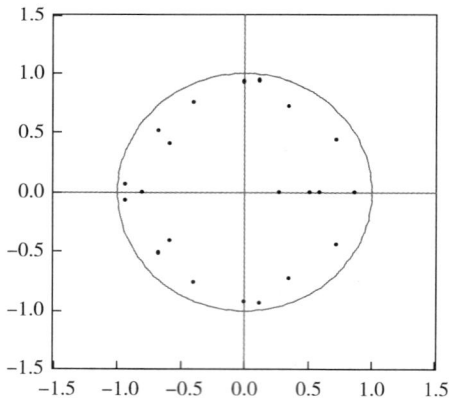

图 5.27 （2）   滞后 4 期 AR 特征根分布

和 Watson （1990）[①]的研究表明存在协整关系的 VAR 模型是可以识别的。而且通过对 VAR 模型进行检验后发现，模型不具有单位根，说明模型是稳定的。根据 SVAR 约束条件的设置规则，对于 K 元 P 阶 SVAR 模型，能正确地对模型进行识别的条件是对模型施加 $n(n-1)/2$ 个约

---

① Sims. C. A. , Stock. J. H. , Watson. M. W. . Inference in Linear Time Series Models with some Unit Roots ［J］. *Econometrica*, 1990, 58 （1）: 113 – 144.

束，这些条件可以是同期也可以是长期。我们一共有 7 个经济变量，因此需要引入 21 个约束条件，以 5.2 节的路径分析为依据，我们分为七大类进行分析：

①本章节为了考察 SHIBOR 与经济变量的相关性，因此，我们先设定 SHIBOR 对其他经济最终目标存在影响，即 a_{11} 至 a_{17} 不等于 0；

②经济增长（GDP）对于就业产生影响作用，因此 a_{24} 不等于 0；

③消费物价（CPI）对 SHIBOR、BALAN、COMSUM 产生影响，因此 a_{31}、a_{35}、a_{36} 不等于 0；

④新增就业（JOB）不会对经济变量发生直接影响，即 a_{41} 至 a_{47} 均等于 0；

⑤国际收支（BALAN）对 SHIBOR 产生影响，因此 a_{51} 不等于 0；

⑥国内消费总量（COMSUM）会对 SHIBOR 与 CPI 产生影响，因此 a_{61} 至 a_{63} 不等于 0；

⑦金融稳定（STAB）对其他变量无影响，因此即 a_{71} 至 a_{77} 等于 0。

作出上述约束假定，主要基于以下理由：经济增长通常作为被解释变量，受到多种因素影响，但是良好的经济形势通常能够提供良好的就业环境；物价增长一方面容易受到货币供应的影响，另一方面会对国内外消费造成一定影响；就业通常是外生变量；国际收支通过影响货币流动造成对货币价格的影响；国内消费通过消费与信贷渠道影响货币价格；金融稳定对于上述变量的影响较小。综合上述分析得出如下约束矩阵。

$$
A_0 = \begin{vmatrix}
1 & C(4) & C(5) & C(7) & C(9) & C(11) & C(13) \\
0 & 1 & 0 & C(8) & 0 & 0 & 0 \\
C(1) & 0 & 1 & 0 & C(10) & C(12) & 0 \\
0 & 0 & 0 & 1 & 0 & 0 & 0 \\
C(2) & 0 & 0 & 0 & 1 & 0 & 0 \\
C(3) & 0 & C(6) & 0 & 0 & 1 & 0 \\
0 & 0 & 0 & 0 & 0 & 0 & 1
\end{vmatrix} \quad (5.14)
$$

在对模型的约束条件进行设定后，我们使用完全信息极大似然方法（FIML），可以对 SVAR 模型的未知参数进行估计，SVAR 模型估计出来的各个参数值为：$a_{31} = 1.945931$，$a_{51} = -3.146726$，$a_{61} = 95.8027$，$a_{12} = -0.005329$，$a_{13} = 0.7876$，$a_{63} = 110.1605$，$a_{14} = -1.0534$，$a_{24} = 1.1410$，$a_{15} = 1.1242$，$a_{35} = 0.6068$，$a_{16} = -0.4383$，$a_{36} = -0.9050$，$a_{71} = 0.3450$，具体参数估计结果见表 5.5。

表 5.5　　　　　　　　　　　SVAR 模型参数估计结果

	Coefficient	Std. Error	Z – Statistic	Prob
C（1）	1.945931	0.217731	8.937334	0.0000
C（2）	-3.146726	0.418266	-7.523266	0.0000
C（3）	95.80266	19.83509	4.82996	0.0000
C（4）	-0.005329	0.086925	-0.061306	0.9511
C（5）	0.787627	0.14147	5.567441	0.0000
C（6）	110.1605	13.82849	7.966201	0.0000
C（7）	-1.053422	0.08693	-12.11805	0.0000
C（8）	1.140981	0.171499	6.653004	0.0000
C（9）	1.124235	0.511861	2.196368	0.0281
C（10）	0.606777	0.977447	0.620777	0.5347
C（11）	-0.438284	1.25614	-0.348914	0.7272
C（12）	-0.904996	0.979041	-0.92437	0.3553
C（13）	0.345017	0.086925	3.969124	0.0001

从表 5.5 中可以发现，SHIBOR 对于消费物价（CPI）产生影响，且符号为正，可见货币价格对于货币购买力构成影响，且两者变动一致；对新增就业（JOB）产生影响，且影响效应为负数，说明 SHIBOR 的高低对于企业经营成本，进而对于企业的经营状况产生影响，从而间接影响就业水平；对国际收支（BALAN）产成影响，说明随着资本市场的开放，国内外货币价格正趋于均衡；对于金融稳定（STAB）产生影响，说明 SHIBOR 对于金融生态也会产生影响；SHIBOR 对经济增长（GDP）影响不显著；对于国内消费（COMSU）影响也不显著。

（3）SVAR 模型的脉冲响应

SVAR 模型可以反映当一个误差项发生变化，或者说模型受到某项冲击的时候，各个变量对该结构性冲击的动态响应，也就是原模型受到约束性条件时的动态响应。

根据图 5.23 所示，当给予 SHIBOR 一个冲击的时候，GDP 受此影响逐渐上升。在第 2 期（0.0325）冲击效应达到第一个高峰，随后缓慢下降，至第 3 期（-0.1654）时到达最低水平，随后缓慢上升，在第 4 期（0.0954）达到最高值，随后逐渐下降，以后基本消失。可见，SHIBOR 对于 GDP 冲击影响总体比较有限，即 SHIBOR 的变动多属于在虚拟经济领域，对于实体经济的影响不显著。

当消费物价水平（CPI）受到 SHIBOR 冲击后，迅速上升，在第 2 期（0.2547）达到峰值，随后缓慢下降，直到第 7 期（-0.0754）时达到最低值，随后缓慢恢复，直到第 8 期（-0.0138）才基本消失。从上述变化可以看出，SHIBOR 对于 CPI 具有显著的影响效应，通常 SHIBOR 上升增加了企业贷款成本，且 SHIBOR 作为央行货币政策的风向标，具有一定的预期效应，上述资金价格的变动迅速反映在企业的生产成本方面，推高了物价水平。

当新增就业（JOB）受到 SHIBOR 冲击后，缓慢上升到第 3 期（0.0954）达到最大值，随后缓慢下降至第 5 期（-0.0742），随后第 6 期（-0.0146）至第 9 期（-0.03776）均保持在负值的区间运行，说明 SHIBOR 对于 JOB 产生负向影响。其原因在于 SHIBOR 的显著影响企业经营成本，SHIBOR 波动影响企业经营，从而不利于就业的稳定。

对国际收支（BALAN）受到 SHIBOR 冲击后，先呈现下降趋势，至第 2 期（-0.0965），并一直在附近区间直至第 4 期（-0.0718），随后缓慢上升，至第 5 期（0.0651）达到最大值，此后保持在 0 附近震荡。可见 SHIBOR 冲击对于 BALAN 的影响并不稳定，随着人民币国际化，国内资本更多地参与海外投资，国内外货币价格正趋于一致。

　　受到 SHIBOR 冲击影响，国内消费总量（COMSUM），首先下降至第 2 期（ -0.0644），随后缓慢上升至第 6 期（0.0421），但始终在 0 附近运行。可见 SHIBOR 冲击对于 COMSUM 的影响较弱。SHIBOR 的影响更多地显示在货币市场与资本市场，对于居民消费的影响并不大。

　　在 SHIBOR 冲击影响下，金融稳定（STAB）首先呈现下降趋势至第 2 期（ -0.1745），随后在震荡中上升至第 5 期（0.0654），并一直延续至长期，总体而言，SHIBOR 对于金融稳定影响较弱。

　　虽然我们只分析了 SHIBOR 对于有关经济目标的影响效力，但是相关经济指标的波动也会对 SHIBOR 造成显著影响，除了金融稳定 STAB 对于 SHIBOR 影响较弱，其他变量对于 SHIBOR 的影响都较强。可见 SHIBOR 对于调节经济目标以及受到经济形势的影响都较强。

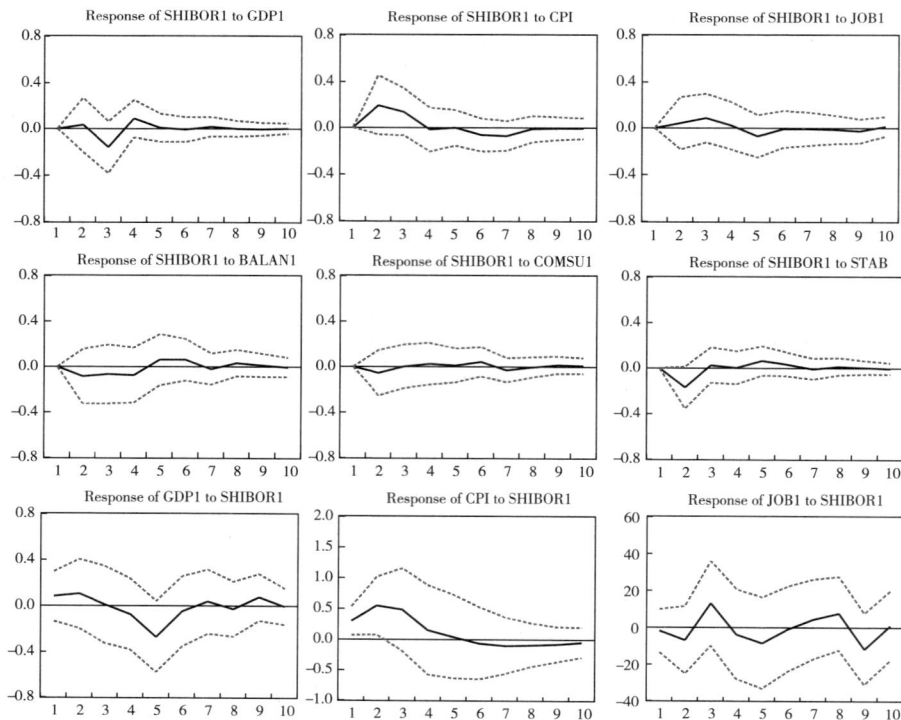

图 5.28　SHIBOR 与最终目标各变量之间的 SVAR 脉冲响应

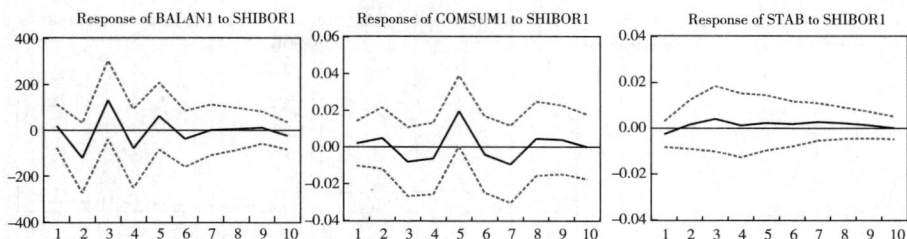

图 5.28　SHIBOR 与最终目标各变量之间的 SVAR 脉冲响应（续）

（4）方差分解

如图 5.29 所示，方差分解可以更加直观地观察到变量受到不同结构性冲击之后的变量波动情况，并且可以得出不同期限内各变量方差在总体方差中的占比情况，从而更加详细地表现出序列内部变量的内部影响。

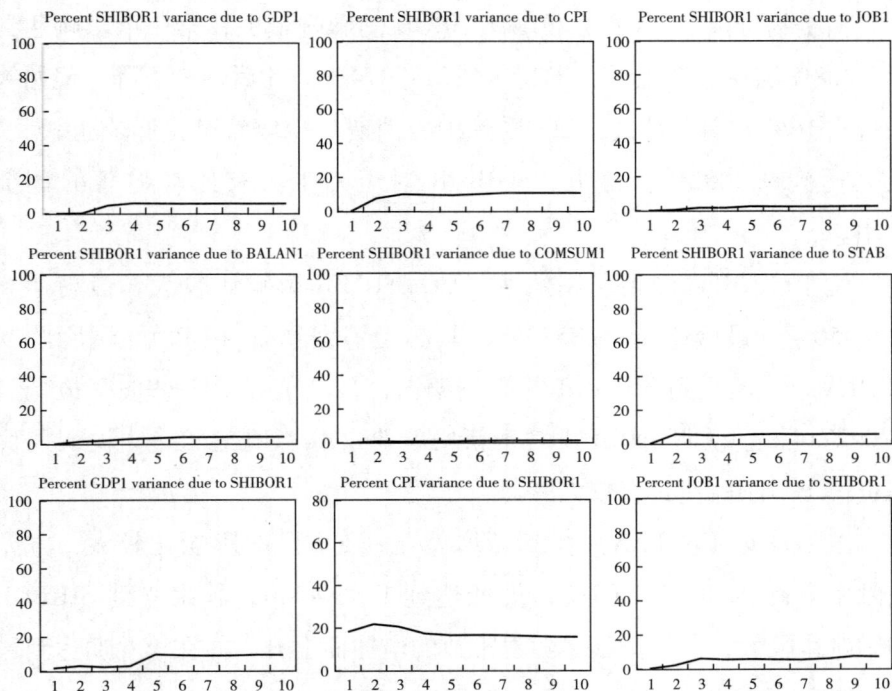

图 5.29　SHIBOR 与最终目标各变量之间的 SVAR 方差分解

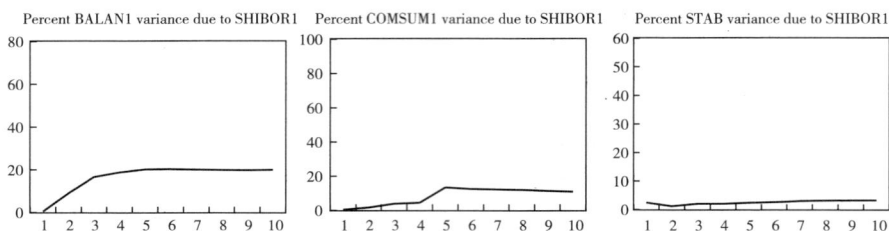

图 5.29　SHIBOR 与最终目标各变量之间的 SVAR 方差分解（续）

从方差分解的结果可以发现，相关变量受自身影响较大，但是随着滞后期的推移受自身影响逐渐下降，方差贡献率逐渐降低。经济增长（GDP）受到自身波动影响较大，方差贡献率最大达到 98.31%，其次受到消费物价指数（CPI）影响较大，最大影响达到 21.1691%。SHIBOR 对于 GDP 的影响较小最大达到 9.6364%，最小仅为 1.6792%。

消费物价指数（CPI）受到 SHIBOR 的影响最大，第一期影响达到 18.2208% 随后逐渐上升，最高达到 21.7374%。此后逐渐下降，但始终保持在 16% 左右。其次，CPI 受到国内消费（COMSUM）影响也较大，最大达到 9.3882%。可见，SHIBOR 对于 CPI 具有比较显著的调节作用。

就业（JOB）受到居民消费（COMSUM）影响比较大，最高达到 23.8456%，最低达到 15.8570%，其次是消费物价（CPI）、国际收支（BALAN），而受到 SHIBOR 的影响偏弱，最大值在 7.3969%，最低只有 0.2714%。说明 SHIBOR 对于新增就业 JOB 影响比较小，说明居民消费情况对于就业具有较大影响。

国际收支（BALAN）受到新增就业（JOB）的影响比较大，方差贡献率最高达到 25.4907%，最低达到 17.3945%，其次受到 SHIBOR 的影响比较大，方差贡献率随着阶数的增加而上升，并在第 6 期达到最大，为 20.2575%，随后逐渐下降至 19.8279%。

国内消费总量（COMSUM）受到新增就业（JOB）影响比较大，可见拉动内需的主要动力在于就业，其方差贡献率从第一阶段逐渐上升，至第 10 期时达到最大至 19.7507%，随后又逐渐下降。SHIBOR 对于国内消费总量（COMSUM）影响较弱，其方差贡献率最高达到13.3704%。

金融稳定（STAB）受到物价消费指数（CPI）的影响比较大，其方差贡献率从第一阶段的 20.2278%，之后逐渐上升到 34.7203%。SHIBOR 对于金融稳定（STAB）也构成了一定的影响，但总体影响偏弱。

表 5.6　　　SVAR 模型中不同滞后阶数各变量方差贡献率变动情况

Per	S. E.	SHIBOR1	JOB1	GDP1	COMSUM	CPI	BALAN1	STAB
SHIBOR1								
1	0.6294	100.0000	0.0000	0.0000	0.0000	0.0000	0.0000	0.0000
2	0.7147	84.1681	0.3728	0.2243	0.6212	7.4872	1.4496	5.6769
3	0.7584	76.0172	1.6868	4.6507	0.5520	9.9030	2.0386	5.1517
4	0.7693	74.1728	1.7120	5.8682	0.6425	9.6704	2.9260	5.0081
5	0.7778	72.6247	2.4625	5.7569	0.6477	9.4613	3.4681	5.5788
6	0.7847	71.3534	2.4314	5.6660	0.9449	9.9536	3.9965	5.6543
7	0.7892	70.5597	2.4126	5.6560	1.0776	10.6740	4.0233	5.5968
8	0.7902	70.3954	2.4318	5.6417	1.0779	10.6667	4.1717	5.6149
9	0.7911	70.2619	2.5441	5.6320	1.1159	10.6522	4.1864	5.6076
10	0.7916	70.2386	2.5769	5.6249	1.1271	10.6450	4.1857	5.6018
JOB1								
1	33.9515	0.2714	99.7286	0.0000	0.0000	0.0000	0.0000	0.0000
2	47.9901	2.2260	59.4944	0.0293	15.8570	2.8706	19.3466	0.1761
3	59.8535	6.1913	42.5642	1.4395	23.8456	2.7816	19.4680	3.7098
4	65.2593	5.5332	36.4024	2.2630	20.1024	12.0855	19.5838	4.0297
5	72.6627	5.8341	41.0982	1.8270	18.7109	9.8064	19.0168	3.7067
6	74.3357	5.5902	41.1362	1.7501	18.6644	10.7773	18.2239	3.8579
7	77.5602	5.4600	40.2046	1.7577	21.4861	10.1959	16.8685	4.0273
8	79.9159	6.0508	37.8918	1.7874	20.2861	12.2636	17.8110	3.9093
9	84.2458	7.3969	37.8359	1.6454	20.6969	11.0392	17.1752	4.2106
10	85.5795	7.1827	36.9171	1.7995	20.1244	12.4162	17.2633	4.2968

GDP1								
1	0.6317	1.6792	0.0059	98.3149	0.0000	0.0000	0.0000	0.0000
2	0.7584	3.0623	3.3888	70.2441	2.4308	12.2586	7.4165	1.1989
3	0.8526	2.4363	2.6887	58.0524	3.5744	11.1564	19.6349	2.4569
4	0.8894	2.9091	3.7334	53.6351	3.3222	15.0666	19.0373	2.2963
5	0.9987	9.6364	4.6221	42.8860	3.1468	17.3534	20.0636	2.2916
6	1.0320	9.2429	4.7237	40.2897	3.3889	20.6653	18.9295	2.7599
7	1.0545	8.9792	5.4112	39.0612	3.5971	21.1691	18.9472	2.8351
8	1.0596	8.9647	5.6539	38.8679	3.6031	21.0405	19.0542	2.8158
9	1.0632	9.3956	5.6220	38.6578	3.6255	20.9033	18.9288	2.8670
10	1.0710	9.2623	5.9766	38.1354	3.8019	20.8204	18.8474	3.1559
COMSUM1								
1	0.0355	0.3304	0.4951	0.3048	98.8697	0.0000	0.0000	0.0000
2	0.0421	1.5711	1.9302	0.2394	80.6967	5.5089	5.6737	4.3800
3	0.0490	3.8521	13.2349	0.3806	66.9220	6.5345	5.8112	3.2647
4	0.0545	4.4200	15.0764	0.4826	54.2123	11.1213	11.7212	2.9662
5	0.0622	13.3704	13.6722	0.3719	49.6973	8.5451	10.8515	3.4916
6	0.0654	12.5031	12.9058	0.8848	46.1985	10.5640	12.4426	4.5013
7	0.0715	12.1932	16.7182	1.0744	41.1541	9.6711	15.1327	4.0563
8	0.0734	11.9502	18.6608	1.0235	39.1654	10.3005	14.4929	4.4067
9	0.0760	11.4180	19.1885	0.9597	39.3024	9.7334	15.1184	4.2796
10	0.0776	10.9611	19.7507	0.9636	37.9247	11.1849	14.8469	4.3682
CPI								
1	0.7015	18.2208	2.7382	0.2280	0.2231	78.5899	0.0000	0.0000
2	1.3384	21.7374	4.5155	1.2940	0.2334	64.6520	6.1500	1.4177
3	1.7389	20.5798	4.7476	1.7158	0.7032	62.4794	6.8014	2.9728
4	1.9272	17.3665	5.3118	2.0222	0.7745	62.6006	8.0896	3.8349
5	1.9769	16.5473	5.7675	2.0217	0.7376	62.0804	9.0546	3.7910
6	1.9800	16.6022	5.7542	2.0721	0.7629	61.8878	9.0862	3.8347
7	2.0003	16.5212	5.7774	2.0825	0.8258	61.5955	9.0784	4.1193
8	2.0375	16.1195	5.8851	2.0811	0.8533	61.6202	9.1403	4.3004
9	2.0671	15.8083	5.9789	2.0850	0.8403	61.6901	9.2642	4.3331
10	2.0792	15.6744	6.0203	2.0745	0.8318	61.6829	9.3882	4.3280

续表

	BALAN1							
1	278.3296	0.4393	17.3945	0.0167	2.9704	8.3715	70.8077	0.0000
2	407.7511	8.9973	25.4907	0.0172	2.4061	4.3789	57.2255	1.4844
3	441.6225	16.6047	24.7532	0.1150	3.2691	3.7598	49.7298	1.7684
4	453.6895	18.7715	23.4548	0.1487	3.8367	4.8315	47.2208	1.7360
5	459.3968	20.1478	22.8906	0.3977	3.7425	5.0704	46.0554	1.6956
6	465.8483	20.2575	22.9954	0.8412	3.8902	4.9350	45.1892	1.8915
7	468.2940	20.0472	23.0864	0.9739	3.9017	5.2199	44.7809	1.9901
8	470.0696	19.9100	22.9451	0.9689	4.5295	5.1921	44.4443	2.0101
9	471.7491	19.8279	22.7899	1.0321	4.5323	5.5676	44.2419	2.0083
10	473.4356	19.9449	22.9188	1.0257	4.6302	5.5331	43.9369	2.0104
	STAB							
1	0.0167	2.4323	2.5354	2.8529	20.5835	20.2278	0.5321	50.8360
2	0.0288	1.1260	6.2184	6.2056	14.5326	27.7166	4.9558	39.2450
3	0.0363	1.9986	11.0247	4.3492	9.2998	29.2780	13.6171	30.4327
4	0.0375	1.9963	10.8491	4.1431	8.7516	30.8145	14.5388	28.9066
5	0.0376	2.3747	10.8345	4.1238	8.8693	30.5996	14.4199	28.7782
6	0.0381	2.5591	10.6641	4.0677	8.6476	31.6803	14.1176	28.2636
7	0.0389	2.9664	10.5271	4.0114	8.2938	33.0533	13.8317	27.3163
8	0.0398	3.1493	10.6702	3.8859	7.9760	33.9518	14.0091	26.3576
9	0.0402	3.2095	10.5509	3.8498	7.8645	34.6142	13.9719	25.9392
10	0.0402	3.1993	10.5277	3.8500	7.8600	34.7203	13.9906	25.8521

5.4 本章小结

通过对 SHIBOR 的相关性采用 SVAR 分析，结果表明 SHIBOR 对于国内生产总值的影响比较微弱，虽然 SHIBOR 作为货币的价格，在虚拟经济领域内具有一定的调节作用，但是对于实体经济的调控作用较弱。SHIBOR 对于消费物价具有显著的影响效应。SHIBOR 对于就业水平总体产生了负向影响，但是程度相对微弱。SHIBOR 对于国际收支的影响逐渐增强。SHIBOR 的影响更多地显示在货币市场与资本市场，对于居民消费的影响并不大。SHIBOR 对于金融稳定的影响总体较弱。

6 联动性：SHIBOR 对于其他
市场利率的引导效应

"联动性"是继"可测性""可控性"和"相关性"之后的又一项评价货币政策操作目标效力的标准。从理论上，操作目标是介于市场经济活动与央行行政调控之间的传导枢纽，必须同时具备"市场"与"行政"两方面属性。本章将着重介绍 SHIBOR 在"市场"调节方面的具体表现，在价格型调控转型的背景下，SHIBOR 的"市场"调节表现又可称为价格调节效力，与之对应的"行政"调节与数量调节效力将是第 7 章讨论的内容。

6.1 我国利率体系及其相关关系

本节主要探讨我国利率体系的基本情况，着重介绍三种利率体系，不同利率体系的基本构成，以及利率之间的相关关系。

6.1.1 利率体系的基本构成

一般而言，利率体系构成如下：其中第一个层级是包括三大货币政策调控型利率在内的央行利率，包括准备金率、存贷款基准利率和再贷款利率等。近年来，随着调控手段的丰富，以 SLF、MLF、PSL 为代表的新型政策调控工具逐渐成为新的央行利率工具的重要组成部分；第二个层级包括市场上运行的资金价格型利率，包括同业利率、国债收益率和质押式回购利率等；第三个层级主要由商业银行利率组成，也就是机构与个人存贷款利率。目前以上三个层级的利率体系共同组成了我国利率的综合体系。

（1）中央银行利率体系

目前，央票、回购和现券等金融产品都属于央行公开市场操作的选择性对象。一般而言，央行公开市场操作行为能够对资金的市场价格发挥比较显著的影响作用，上述效应也得到了经济研究成果的证实。2003年底，存款准备金调节成为我国又一项重要的货币政策调控工具，通常而言，准备金政策的使用会因乘数效应对货币产生较大的影响效应，存款准备金率是对于经济作用较强的一项货币政策工具，但是我国央行动用存款准备金工具并不罕见。

再贷款浮息制度是我国央行于 2004 年开始采取的一项新的货币政策工具，该项制度允许商业银行以基准利率作为资金价格的基础，按照有关制度规定，按照再贷款利率水平浮息加点后所形成的新利率水平作为再贷款利率，并以其为基础办理再贷款业务。该项业务可以在一定程度上提升政策调控的便利性。2014 年该项制度得到了进一步改革，央行采取差别对待的方式进一步推进再贷款利率管理。此后央行多次开展再贷款利率与再贴现政策实现对经济实体的调节。

中国人民银行在实体经济面临危机过后复苏乏力，实体经济前景低迷的情形下，推出了短期流动性调节工具（Short – term Liquidity Operations，SLO）和常备借贷便利（Standing Lending Facility，SLF）等流动性调节工具。后期又推出了抵押补充贷款工具（Pledged Supplementary Lending，PSL），上述工具对于进一步扩充市场流动性，提高货币政策调控的精准度具有重要作用，是一项创新性、实用性、精准性较强的新型货币政策工具，能够较好地应对复杂的经济金融形势，能够使用较低的政策调控成本与调控代价，就可以实现对经济的精准调节。

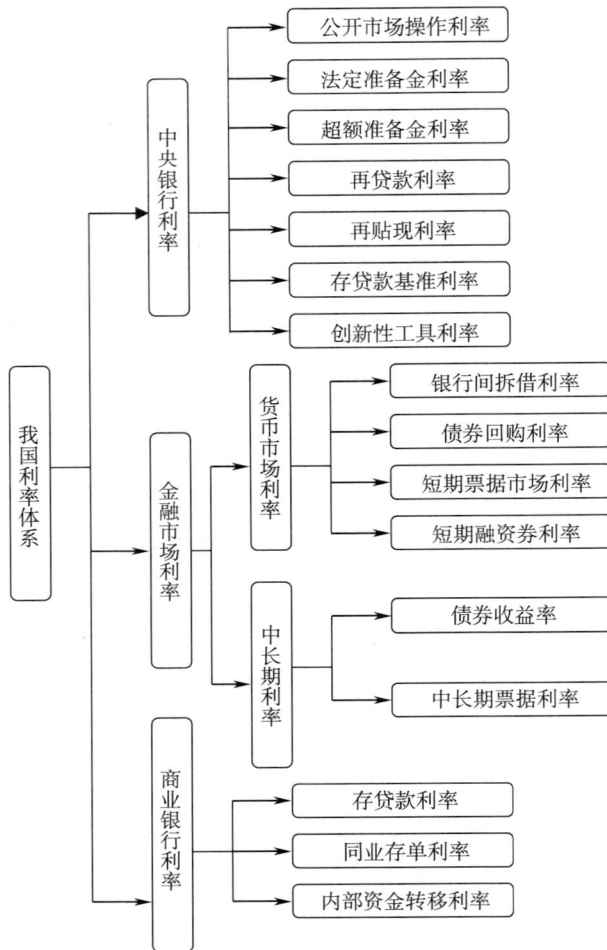

图 6.1　我国利率体系构成的基本情况

（2）货币市场与债券市场利率

货币市场利率是我国金融市场利率的重要组成部分，其中票据市场、银行间债券市场和同业市场是货币市场的重要组成部分。上述三类货币市场在经济发展与调节方面都具有各自不同的特点，同时也是央行货币政策工具的重要调节对象，发挥着市场经济主体的经济活动交易平台的重要作用。

SHIBOR 在货币市场利率中占有重要一席，SHIBOR 从 2007 年初正式发挥同业拆借利率的作用时拥有隔夜、1 周、2 周等 8 个品种，市场上，每天都会公布 SHIBOR 的水平，目前 SHIBOR 已经发展成为最主要的货币市场利率之一，SHIBOR 与其他市场利率一起构成了货币市场利率的中坚。而在此之前，CHIBOR 就已经设立，并发挥作用，但是 CHIBOR 也存在较多弊端，目前市场主要采用 SHIBOR 作为主要的市场拆借利率。1997 年银行间债券市场利率开始运行，同 SHIBOR 相类似，银行间债券市场利率也有多个交易品种。

进入 21 世纪，短期融资券和中期票据的运营，我国银行间利率市场上的金融产品种类进一步丰富起来，目前债券市场已经成为银行融资的主要来源，并且也是央行政策调节的重要载体，并发挥着越来越大的作用。

票据业务在我国的运行由来已久，目前我国已经建立起比较完备的票据交易体系，随着票据交易规模的日渐壮大，票据市场在资金融通和政策调节方面发挥了越来越重大的作用，并且随着经济的深入发展，票据市场的作用将更加显著。此外，中国人民银行于 2013 年底推出了同业存单业务，目前有十多家银行业金融机构开办了同业存单业务，上述业务进一步丰富了金融工具，促进金融市场的繁荣发展。

（3）商业银行信贷利率

在长期的"大一统"的金融管理体系中，银行存贷款利率完全由国家政策安排所规定，随着市场经济的发展，要求存贷款利率市场定价的趋势逐渐显现出来，目前，存贷款利率都已经放开，利率市场化取得标志性进展。

为了促进信贷利率的市场化发展，更好地发挥市场对于金融产品价格调节机制，运用科学的调节手段对利率定价进行规范与完善，在人民银行的引导下，建立了商业银行定价机制，包括风险定价（RP）与内部转移定价（FTP）两种。目前相当数量的商业银行已经实行资金转移定价机制，但是还有少部分银行仍然实行的是传统的差额转移定价。

在目前的商业银行利率管理体制之下，商业银行分别采用了构建管制利率产品 FTP、市场化产品 FTP 两种方式实现利率定价，其中前者主要采用央行公布的基准利率作为定价基准，而后者主要以国债利率、央行票据利率、SHIBOR 等为基准（如表 6.1 所示）。

而风险定价主要是商业银行通过对风险及收益进行综合考量后的定价方法，目前我国银行业的风险定价主要包括风险补偿、资金成本与操作成本等因素，其中风险补偿的计算是进行风险定价的基础，对于违约概率、信用风险的概率分布及敞口以及违约损失率准确估算是关键。

表 6.1　　　　　　　我国利率体系中的代表利率及其特性

利率种类	形成机制	期限分布	期限集中程度	连续性
银行间同业拆借利率	市场交易形成	1 天、7 天、14 天、21 天、1 个月、2 个月、3 个月、4 个月、6 个月、9 个月、1 年	1 天和 7 天回购交易占债券回购总额的 90%	3 个月以下报价连续，3 个月以上交易不连续、报价不连续
银行间债券回购利率	市场交易形成	1 天、7 天、14 天、21 天、1 个月、2 个月、3 个月、4 个月、6 个月、9 个月、1 年	1 天和 7 天回购交易占债券回购总额的 90%	同上
上海银行间同业拆借利率	市场报价形成	1 天、7 天、14 天、1 个月、3 个月、6 个月、1 年	不适用	连续
央行票据发行利率	市场交易形成	3 个月、6 个月、1 年、3 年	3 个月和 1 年期占发行总额的 90%	不连续
存贷款基准利率	中央银行行政规定	活期、3 个月、6 个月、1 年、3 年、5 年	不适用	连续

利率种类	形成机制	期限分布	期限集中程度	连续性
银行间国债收益率	市场交易形成	1 天、1 个月、2 个月、3 个月、6 个月、9 个月、1 年至 10 年、15 年、20 年、30 年、40 年、50 年	不适用	连续

6.1.2　市场利率间的相关关系

与过去相比，目前我国利率的市场化程度已经有了很大的提高，利率间价格的上升与下降已经能够在相当程度上客观反映市场供求的实际状况。在此，我们选取中国同业拆借利率（CH）、上海同业拆借利率（SH）、质押回购利率（R）和国债收益率（S）4 项市场化程度较高的利率进行相关性分析（如表 6.2 所示），对于央行政策调控利率与商业银行存贷款利率，由于行政化定价色彩较浓而市场化程度较低，因此暂且不做分析。经过相关系数比较分析，我们发现不同利率不同期限间的相关程度存在差异。对于债券回购市场而言，其中期利率对于其他期限利率的影响程度最大，其中平均相关系数最高的是 1 个月的债券回购利率，平均相关系数为 0.9452，此为极大值，相关系数随着期限的缩短与延长而逐渐下降，其中相关期限最小的是 1 年期回购利率，相关系数为 0.8949；对于 CHIBOR 市场也存在上述特征，其最大相关性系数的期限是 1 个月，数值在 0.9142，其相关系数随着期限的变化而逐渐减小，其最小值期限是 1 年，只有 0.8071；SHIBOR 的变化也具有上述特征，但是各个期限之间的相关系数的差异较小，表现出变化比较平稳的趋势，其最大相关系数是 1 个月，其平均相关系数为 0.8806，最小系数出现在隔夜拆借利率，系数为 0.8052；国债收益率的相关系数与上述趋势显著不同，其最大相关系数出现在 3 个月利率，数值为 0.9475，最小出现在隔夜利率，系数为 0.8002。由上述分析可见 SHIBOR 兼具其他货币市场利率的相关系数分布趋势，同时其不同期限间利率相关系数又具有国债收益率的某些特征，表现出 SHIBOR 对各期限利率都具有良好的兼顾性与包容性。

表 6.2　债券回购、CHIBOR、国债和 SHIBOR 不同期限利率相关系数比较

	期限	隔夜	7 天	14 天	1 个月	3 个月	6 个月	1 年
债券回购市场	隔夜	1.0000	0.9494	0.9110	0.9207	0.8812	0.8662	0.7966
	7 天	0.9494	1.0000	0.9566	0.9546	0.9266	0.9110	0.8562
	2 周	0.9110	0.9566	1.0000	0.9634	0.9186	0.9052	0.8533
	1 月	0.9207	0.9546	0.9634	1.0000	0.9553	0.9413	0.8813
	2 个月	0.8812	0.9266	0.9186	0.9553	1.0000	0.9780	0.9382
	3 个月	0.8662	0.9110	0.9052	0.9413	0.9780	1.0000	0.9392
	1 年	0.7966	0.8562	0.8533	0.8813	0.9382	0.9392	1.0000
	期限	隔夜	7 天	2 周	1 个月	3 个月	6 个月	1 年
CHIBOR市场	隔夜	1.0000	0.9362	0.9195	0.8792	0.8286	0.7871	0.6327
	7 天	0.9362	1.0000	0.9789	0.9413	0.8982	0.8519	0.7240
	2 周	0.9195	0.9789	1.0000	0.9473	0.8908	0.8422	0.7111
	1 个月	0.8792	0.9413	0.9473	1.0000	0.9307	0.9093	0.7915
	2 个月	0.8286	0.8982	0.8908	0.9307	1.0000	0.9530	0.8882
	3 个月	0.7871	0.8519	0.8422	0.9093	0.9530	1.0000	0.9021
	1 年	0.6327	0.7240	0.7111	0.7915	0.8882	0.9021	1.0000
	期限	隔夜	7 天	2 周	1 个月	3 个月	6 个月	1 年
SHIBOR市场	隔夜	1.0000	0.9139	0.8712	0.8578	0.7204	0.6411	0.6317
	7 天	0.9139	1.0000	0.9513	0.9188	0.7772	0.6983	0.6910
	2 周	0.8712	0.9513	1.0000	0.9467	0.7946	0.7178	0.7093
	1 个月	0.8578	0.9188	0.9467	1.0000	0.8737	0.7898	0.7776
	2 个月	0.7204	0.7772	0.7946	0.8737	1.0000	0.9691	0.9592
	3 个月	0.6411	0.6983	0.7178	0.7898	0.9691	1.0000	0.9977
	1 年	0.6317	0.6910	0.7093	0.7776	0.9592	0.9977	1.0000
	期限	隔夜	1 个月	2 个月	3 个月	6 个月	9 个月	1 年
银行间国债市场	隔夜	1.0000	0.8881	0.7817	0.7603	0.7362	0.7246	0.7108
	1 个月	0.8881	1.0000	0.9630	0.9474	0.9250	0.9149	0.9021
	2 个月	0.7817	0.9630	1.0000	0.9964	0.9855	0.9786	0.9703
	3 个月	0.7603	0.9474	0.9964	1.0000	0.9950	0.9896	0.9829
	6 个月	0.7362	0.9250	0.9855	0.9950	1.0000	0.9975	0.9931
	9 个月	0.7246	0.9149	0.9786	0.9896	0.9975	1.0000	0.9984
	1 年	0.7108	0.9021	0.9703	0.9829	0.9931	0.9984	1.0000

为了进一步验证各利率之间的因果关系，我们对上述利率进行 Granger 因果关系检验，我们选取了隔夜（如表 6.3 所示）与 1 年（如表 6.4 所示）两个分析的极值时期分别进行考察。通过检验，我们发现了几个比较重要的规律：（1）回购利率对于其他利率的 Granger 因果影响较小，仅作为国债收益率的 Granger 原因；（2）CHIBOR 对于其他利率构成了 Granger 原因，但是对于 SHIBOR 的影响甚微；（3）国债收益率能够与绝大部分其他利率互为 Granger 因果关系；（4）SHIBOR 对于其他利率均构成了 Granger 原因，表现出其较好的利率联动效力。以上特征体现出不同利率的特征。

表 6.3　　各主要市场隔夜利率之间 Granger 因果关系检验结果

原假设	观测值	F 统计量	P 值	结论
R does not Granger Cause S	118	0.93576	0.0953	拒绝原假设
S does not Granger Cause R		0.42835	0.0526	拒绝原假设
CH does not Granger Cause S	118	0.99139	0.0743	拒绝原假设
S does not Granger Cause CH		0.33905	0.0132	拒绝原假设
SH does not Granger Cause S	118	0.4127	0.0629	拒绝原假设
S does not Granger Cause SH		0.10517	0.0003	拒绝原假设
CH does not Granger Cause R	118	5.52275	0.0051	拒绝原假设
R does not Granger Cause CH		3.93717	0.1222	接受原假设
SH does not Granger Cause R	118	1.60716	0.0051	拒绝原假设
R does not Granger Cause SH		0.31883	0.7277	接受原假设
SH does not Granger Cause CH	118	0.82794	0.0397	拒绝原假设
CH does not Granger Cause SH		1.06514	0.3482	接受原假设

表 6.4　　各主要市场 1 年期利率之间 Granger 因果关系检验结果

原假设	观测值	F 统计量	P 值	结论
R does not Granger Cause S	118	5.03759	0.008	拒绝原假设
S does not Granger Cause R		8.88527	0.0003	拒绝原假设
CH does not Granger Cause S	118	1.69741	0.1878	接受原假设
S does not Granger Cause CH		17.1461	$3.00E-07$	拒绝原假设

续表

原假设	观测值	F 统计量	P 值	结论
SH does not Granger Cause S	118	18.5946	1.00E－07	拒绝原假设
S does not Granger Cause SH		0.21303	0.8085	接受原假设
CH does not Granger Cause R	118	3.48405	0.0340	拒绝原假设
R does not Granger Cause CH		7.02721	0.0013	拒绝原假设
SH does not Granger Cause R	118	19.9251	4.00E－08	拒绝原假设
R does not Granger Cause SH		0.552	0.5774	接受原假设
SH does not Granger Cause CH	118	13.101	8.00E－06	拒绝原假设
CH does not Granger Cause SH		1.94369	0.1481	接受原假设

6.2　利率联动效应的内在机理

操作利率实现对其他利率的调节主要基于商业银行的实际经营行为，通常情况下，当商业银行出现流动性不足时，主要有四种方法解决临时流动性的问题：（1）央行渠道，主要通过再贴现或再贷款的方式融入流动性；（2）同业渠道，就是在同业市场通过抵押、质押或者信用借款的方式融入资金；（3）债券渠道，就是在资本市场上以一定的价格实现对所持债券的变现，获取流动性；（4）信贷渠道，即通知借款人归还银行贷款，以弥补银行流动性的不足。因此，我们在分析利率联动内在机理时主要围绕上述四种行为作为分析线索，分析不同情形下利率间的联动效应。

6.2.1　货币政策渠道

如图 6.2 所示，我国基准利率通常通过货币政策委员会制定，并参照经济发展情况与相关市场的货币价格（如 SHIBOR）制定政策利率。因此操作利率的变化将会对央行价格型货币政策利率的水平构成影响，从而对市场利率产生影响，进而实现操作利率对其他市场利率的调节作用。

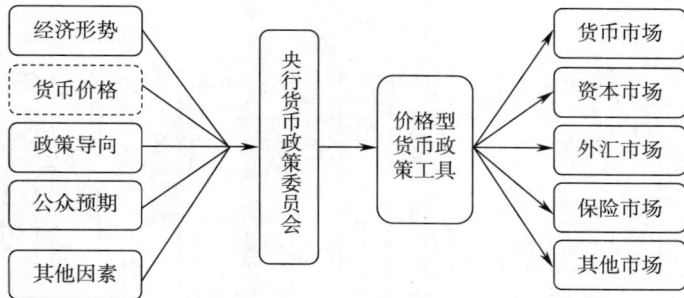

图 6.2　央行货币政策渠道操作利率的联动效应

6.2.2　债券市场渠道

当 SHIBOR 出现上升时，如图 6.3 所示，商业银行由于保有存款准备金的实际需要减少债券购买，在市场上的债券需求将由于银行的经营行为导致下降，从而拉低了债券的价格。

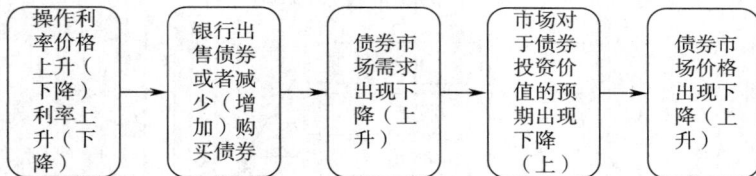

图 6.3　债券供求渠道操作利率的联动效应

6.2.3　信贷市场渠道

如图 6.4 所示，有两条途径构成了操作利率变动对于同业利率变动的影响路径。一方面，操作利率上升导致债券收益率上升，商业银行可将手中持有的资金用于购买债券，进而导致银行可贷资金减少，使得市场资金变得稀缺，而导致贷款利率上升。另一方面，债券收益率上升导致居民投资于债券市场，从而减少了银行储蓄，也导致存款利率上升。

上述两条途径都可以通过银行资产负债表效应而导致同业拆借利率上升。

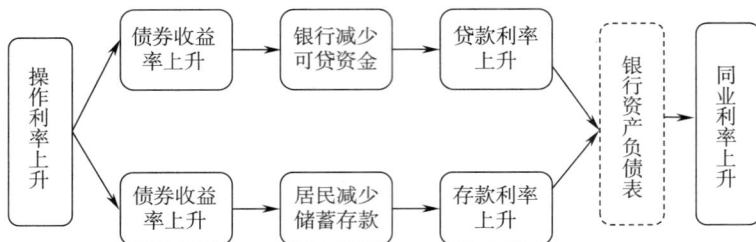

图6.4　银行信贷供求渠道操作利率的联动效应

6.2.4　同业市场渠道

如图6.5所示，操作利率借助同业渠道对其他利率产生影响效力主要取决于不同资金融入成本、商业银行经营动机以及同业经营策略等因素，而上述三方面因素都与资金成本密切相关，因此操作利率主要从资金成本的角度对于商业银行同业业务产生影响。

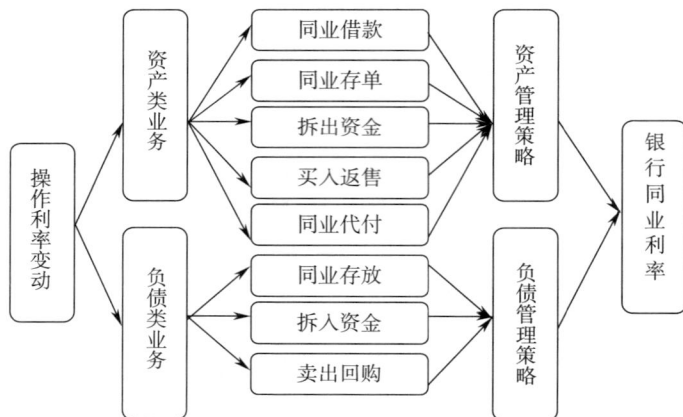

图6.5　银行同业渠道操作利率的联动效应

6.3 SHIBOR 各期限间的联动效应

本节中，我们将采用 TVP – VAR 模型对 SHIBOR 的联动效力进行评估，重点分析不同期限 SHIBOR 之间的利率联动效应以及 SHIBOR 与其他几种主要的利率之间的联动效应。

6.3.1 TVP – VAR 模型的理论分析

在波动率的联动属性方面，VAR 类模型取得了较好效果，自 Sims（1986）首次提出 VAR 模型以来[①]，VAR 模型在经济金融领域内被广泛运用。

20 世纪 80 年代，Sims 又提出了 SVAR 模型，Stock 和 Watson（1996）[②]、Cogley 和 Sargent（2001）[③]等在 SVAR 模型的基础上进一步推广，将可变参数引入 VAR 系统，Jacquier、Polson 和 Rossi（1995）[④]，Chib、Nardari 和 Shephard（2002）[⑤]等在 VAR 模型中引入了随机波动。Primiceri（2005）[⑥]将模型扩展为截距、系数和方差都随时间变动的 Time – Varying Parameter VAR Model with Stochastic Volatility（TVP – VAR）时变系数模型。

---

① Sims. C. A. Are Forecasting Models Usable for Policy Analysis？ ［J］. *Federal Reserve Bank of Minneapolis Quarterly Review*，1986，10（1）：873 – 889.

② Stock. J. H.，Watson. M. W. Evidence on Structural Instability in Macroeconomic Time Series Relations ［J］. *Journal of Business & Economic Statistics*，1996，14（1）：11 – 30.

③ Cogley. T.，Sargent. T. J. *Evolving Post – world War II US Inflation Dynamics* ［M］. Macroeconomics Annual 2001，Volume 16. Mit Press，2002：331 – 388.

④ Jacquier，Polson. N. G. Rossi. P. E. Models and Priors for Multivariate Stochastic Volatility ［R］. CIRANO，1995.

⑤ Chib. S.，Nardari. F.，Shephard. N. Markov Chain Monte Carlo Methods for Stochastic Volatility Models ［J］. *Journal of Econometrics*，2002，108（2）：281 – 316.

⑥ Primiceri，Giorgio. E. Time Varying Structural Vector Autoregressions and Monetary Policy ［J］. *The Review of Economic Studies*，2005，72（3）：821 – 852.

　　TVP – VAR 模型在联动效应方面的研究发展迅速。陈浪南、罗嘉雯和刘昊（2015）[1]应用 TVP – VAR – GCK 模型分析量价关系的时变特征和卖空交易制度对量价关系的联动影响。胡利琴、彭红枫和李艳丽（2014）[2]运用 TVP – VAR 模型来刻画该背景下 EMP 与货币政策的非线性动态关系。金春雨和张浩博（2016）[3] 采用 TVP – VAR 模型对货币政策对我国股票市场流动性的联动效应进行了实证检验。

　　为了测定同业拆借利率的联动效应，现借助 TVP – VAR 模型进行分析。本书将根据各变量的外生性程度，按照 SHIBOR _ 1d、SHIBOR _ 1w、SHIBOR _ 2w、SHIBOR _ 1m 的顺序进行分析。参照 Nakajima （2011） 的方法，在利用蒙特卡洛马尔科夫链模拟（MCMC）之前对参数进行赋值，设定 $\mu_{\beta_0} = \mu_{\alpha_0} = \mu_{h_0} = 0'$，假定下式成立：$\sum_{\beta_0} = \sum_{\alpha_0} = \sum_{h_0} = 10 \times I'$，并同时假定下式成立：$(\sum_{\beta})_i^{-2} \sim Gamma(4' 0.02)$，$(\sum_{\alpha})_i^{-2} \sim Gamma(4' 0.02)$，$(\sum_{h})_i^{-2} \sim Gamma(4' 0.02)$，那么，由此可以采用蒙特卡洛马尔科夫链模拟（MCMC）的结果。

6.3.2　MCMC 模拟估计

　　本书借鉴 Johnson 和 Flegal （2014）[4]提出的算法，并参考 Nicholas、Arianna 和 Rosenbluth （1953）[5]等提出的随机游走的 Metropolis – Hasting

　　① 陈浪南，罗嘉雯，刘昊. 基于 TVP – VAR – GCK 模型的量价时变关系研究［J］. 管理科学学报，2015，18（9）：72 – 85.

　　② 胡利琴，彭红枫，李艳丽. 中国外汇市场压力与货币政策——基于 TVP – VAR 模型的实证研究［J］. 国际金融研究，2014（7）：87 – 96.

　　③ 金春雨，张浩博. 货币政策对股票市场流动性影响时变性的计量检验——基于 TVP – VAR 模型的实证分析［J］. 管理评论，2016（3）：20 – 32.

　　④ Johnson. A. A., Flegal. J. MA. Modified Conditional Metropolis – Hastings sampler［J］. *Computational Statistics & Data Analysis*，2014（78）：141 – 152.

　　⑤ Nicholas Metropolis, Arianna. W. Rosenbluth, Marshall N. Rosenbluth, Augusta. H. Teller and Edward Teller. Equation of State by Fast Computing Machines［J］. *The Journal of Chemical Physics*，1953，21（6）：1087 – 1092.

取样法，进行蒙特卡洛马尔科夫链模拟（MCMC）迭代 50000 次，得到有效样本。

表 6.5　　　　短期同业拆借利率波动率的 MCMC 模型估计结果

Parameter	Mean	Stdev	95%L	95%U	Geweke	Inef.
sb1	0.023	0.0027	0.0185	0.029	0.59	5.27
sb2	0.023	0.0026	0.0186	0.0285	0.313	8.71
sa1	0.0907	0.0352	0.0434	0.1749	0.153	13.33
sa2	0.0626	0.0217	0.0376	0.1129	0.057	24.18
sh1	0.389	0.1273	0.1712	0.6778	0.088	53.05
sh2	0.2147	0.1127	0.0709	0.4968	0.904	25.99

　　表 6.5 显示了短期同业拆借利率波动率的 MCMC 模型估计结果，表中有关检测变量均在置信区间内显著，从收敛性质来看，参数 Geweke 均没有超过 5 的临界值，表明收敛于后验分布的零假设不能被拒绝。TVP‐VAR 模型的后验推断是足够，可以开展进一步分析。

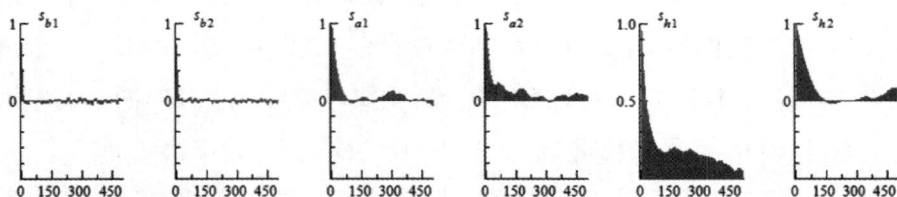

图 6.6　样本自相关系数

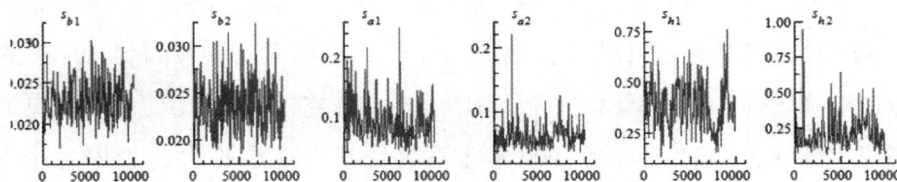

图 6.7　样本路径系数

　　从图 6.6 可以看出，样本自相关系数呈现逐步下降的趋势，从图 6.7 与图 6.8 中可以看到样本路径系数和样本后验分布，系数显示样本

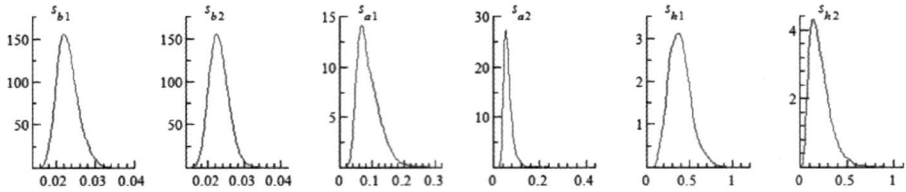

图 6.8 样本后验分布

数据是稳定的,该样本已经通过 MCMC 采样预置参数,因此所获取样本是相互无关的有效样本。

6.3.3 联动效应检测结果

为了分析不同时点各变量在不同滞后期内的变动情况,TVP – VAR 分析了上述变量之间的时变性联动特征。为了加强不同时期脉冲响应的可比性,设定冲击项大小等于样本随机波动的均值。图 6.9 显示了 6 个月、12 个月和 24 个月的动态脉冲响应图。总体而言,滞后 6 个月的冲击响应效应比较明显,并存在结构性突变现象,而 12 个月、24 个月的冲击响应并不明显。因此我们的分析主要以滞后 6 个月的冲击响应为主。对于 2007 年"次贷危机"、2011 年"钱荒"、2013 年"钱荒"与 2015 年"流动性紧张"等事件在时变脉冲响应结果中均有反映,但不同期限的 SHIBOR 又具有各自不同的脉冲响应特征。

各期利率对 SHIBOR_1d 的利率联动效应。不同时期的短期同业拆借利率对 SHIBOR_1d 的冲击响应均为正,并且不同期限的 SHIBOR 的冲击响应大体相同。具体而言,SHIBOR_1d 对于 SHIBOR_1w 呈现不同速率的冲击。2007 年至 2009 年上述冲击呈现逐渐扩大的趋势,并在 2009 年陡然下降,到 2010 年达到最低点,随后迅速上升至 2011 年达到顶峰,又震荡下行,并在 2013 年达到次高峰,随后迅速下降至 2014 年,2014 年至 2015 年再次上升,2015 年后又波动下降。通常而言,隔夜拆借市场多以满足调剂银行短期头寸的需要,2010 年随着 4 万亿元

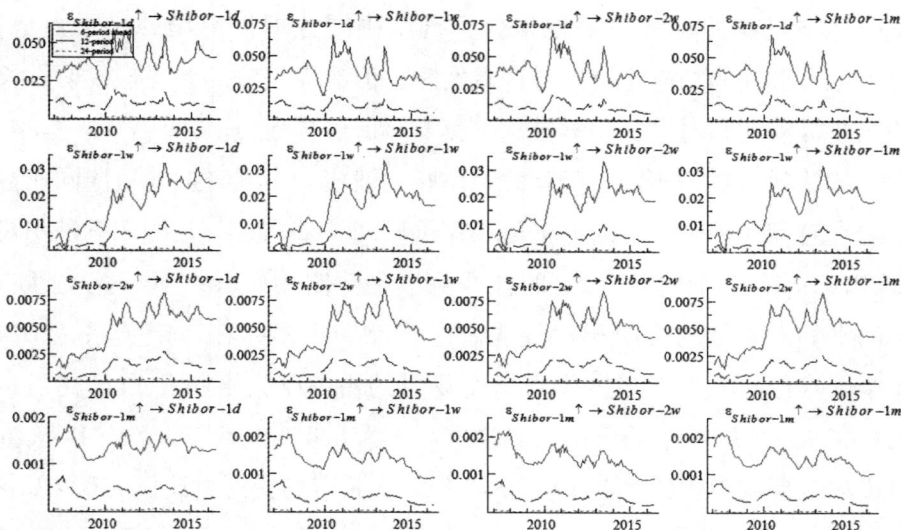

图 6.9 滞后 6 个月、12 个月和 24 个月的时变脉冲响应

经济刺激政策的推行，市场流动性相对充裕，隔夜拆借利率迅速下降。在扩张性政策支持下，银行借短贷长的经营行为开始普遍，隔夜拆借市场的投机氛围渐浓，导致 SHIBOR＿1d 对 SHIBOR＿1w 与 SHIBOR＿2w 产生显著的冲击作用，并在 2011 年"钱荒"时期达到峰值。2013 年"钱荒"时期再次达到高点。隔夜拆借利率对 SHIBOR＿1m 的冲击与上述趋势类似。可见在经济扩张的背景下短期 SHIBOR 的头寸调剂功能出现异化，并且在经历了 2011 年"钱荒"之后市场对 SHIBOR＿1d 反应已经有所准备，其冲击力度并没有超过 2011 年。

各期利率对 SHIBOR＿1w 的利率联动效应。不同时期的短期同业拆借利率对 SHIBOR＿1w 的冲击响应存在差异。SHIBOR＿1d 对于 SHIBOR＿1w 冲击响应总体呈现逐渐扩大的趋势，并在 2010 年历经轻微下降后出现首次显著上升，2011 年至 2012 年呈现震荡上升的趋势，并在 2013 年冲击响应达到峰值，随后保持较高走势直至 2016 年。SHIBOR＿1w、SHIBOR＿2w 与 SHIBOR＿1m 冲击响应在 2013 年以前的走势与 SHIBOR＿1d 基本一致，但在 2013 年达到峰值后却呈现下行走势。SHI-

BOR＿1w 的脉冲走势较好地拟合了现实中同业拆借市场的一贯走势，对于重大事件的响应比较符合客观实际。但响应趋势的差异性说明，长期同业拆借利率对于短期拆借利率具有显著引导效应。

各期利率对 SHIBOR＿2w 的利率联动效应。不同时期的短期同业拆借利率对 SHIBOR＿2w 的冲击与 SHIBOR＿1w 基本是一致的。只是相对 SHIBOR＿1w，SHIBOR＿2w 的脉冲响应趋势略为平缓，对于流动性市场的影响性事件的反应相对较弱。这与市场规模存在一定关系，2014年全国银行间隔夜拆借拆借市场交易量约占整个同业拆借市场交易量的 68.2% ~ 88.3%，7 天市场交易量占比为 8.4% ~ 25.7%，而 14 天拆借市场交易规模占比为 1.3% ~ 5.8%，30 天市场交易量比例为 0.7% ~ 2.2%。上述比例说明 14 天以上拆借市场交易量较低，其市场利率敏感性也较低。

各期利率对 SHIBOR＿1m 的利率联动效应。各时期利率对 SHIBOR＿1m 的脉冲响应的趋势基本一致。其脉冲响应都是在初期达到峰值后震荡下行，但与其他拆借利率波动不同，SHIBOR＿1m 的冲击在 2008 年次贷危机时期就达到峰值。可见次贷危机影响之大，市场表现长期看淡的特征比较明显，这对长期同业拆借市场的稳定性带来了显著性影响。但随后几次钱荒属于暂时性流动性紧缺，虽然也冲击了同业拆借利率，但主要集中在短期市场，对于 SHIBOR＿1m 的影响有限。由此导致了 SHIBOR＿1m 与其他短期同业拆借利率截然不同的冲击走势。

6.4　SHIBOR 与主要市场利率间的联动效应

由于中央银行利率基本由央行政策调控决定，银行利率主要受制于自身经营行为，而只有金融市场利率最为接近市场运行的客观实际，因此本节将重点讨论 SHIBOR 与质押回购利率、CHIBOR 以及国债收益率等主要市场利率之间的利率联动情况。

6.4.1　各市场利率联动的历史情况

从图 6.10 所示的主要金融市场隔夜利率的波动情况看，短期利率市场对于影响市场流动性的响应比较显著，例如，2007 年、2011 年、2013 年和 2015 年的"钱荒"时间对于短期市场利率的影响相对显著，但上述四者又存在细微差别。2007 年"钱荒"主要受国美国次贷影响，市场预期普遍看淡，各商业银行对于资金需求较大，导致流动性紧缺。2011 年的"钱荒"主要有两个原因。一方面是受前期 4 万亿元投资的影响，通胀紧缩政策效力不够明显；另一方面，是由于实体经济对于资金保持了较高的需求，从而加剧了流动性波动。

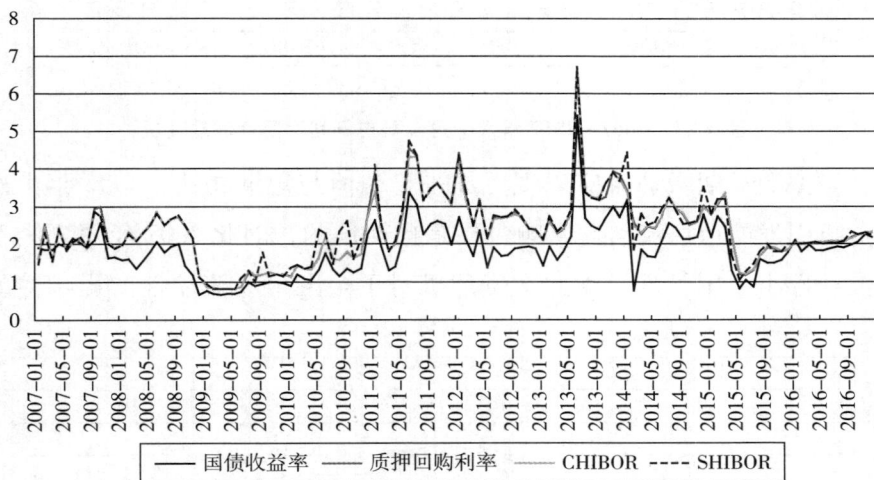

图 6.10　2007—2017 年隔夜金融市场利率月度波动情况

在中期四种市场利率的波动相对短期更为平缓，相比较而言，国债收益率与 SHIBOR 相对于质押回购利率与 CHIBOR 更加平缓，从时间继起的关系看，国债收益率与 SHIBOR 表现相对滞后，质押回购利率与 CHIBOR 应市场变化作出的反应比较及时，并且历次钱荒事件对于中期市场利率均产生了显著影响。只是相对于短期市场，中期市场表现相对平稳，从时间继起的关系看，质押回购利率对于其他市场利率联动效应表现更加显著。

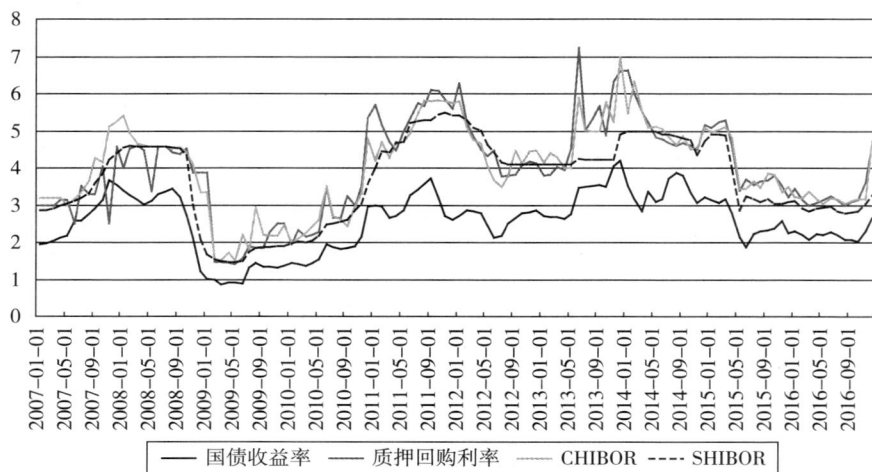

图 6.11   2007—2017 年六个月金融市场利率月度波动情况

利率的长期联动效应表现更加平稳，但与短期相比，2007 年由次贷危机引发的市场流动性影响主要是预期性的，因此 2007 年短期利率的波动性小于中长期，因此次贷危机对于金融市场流动性的影响主要

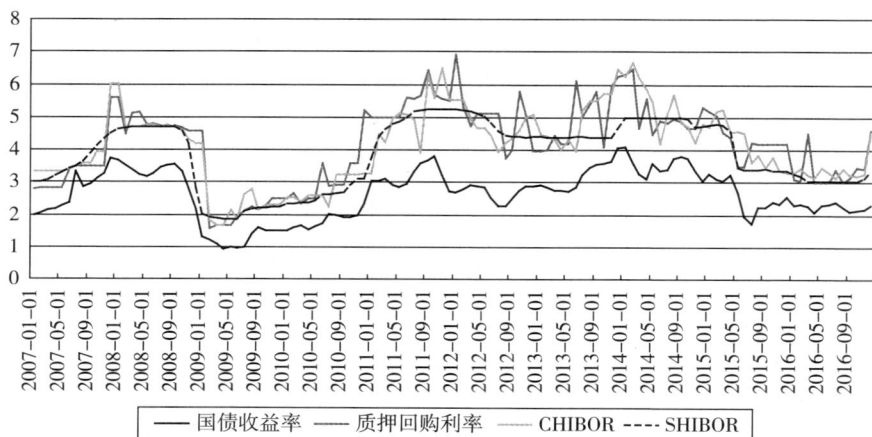

图 6.12   2007—2017 年一年期金融市场利率月度波动情况

是中长期性的，特别是在长期，各时期利率波动幅度趋同。一方面说明流动性波动事件长期影响效应较低，另一方面也说明我国长期市场利率功能不健全，特别是长期 SHIBOR 比较平缓，反映出长期 SHIBOR 在利率联动方面表现较弱，难以较好地对相关市场利率发挥引导作用。

6.4.2　短期市场利率联动情况

表 6.6 显示了 MCMC 模拟估计结果。从结果看，参数后验均值均处于 95% 的置信区间以内，Geweke 的 CD 值收验诊断值均小于 1.96，即均在 5% 的临界值，表明不能拒绝收敛于后验分布的原假设。同时，从参数的无效因子可以看出，sh1 与 sh2 的无效因子分别是 73.51 与 127.91，其余参数的无效因子小于 100，说明在连续抽样 50000 次的情况下，所得样本是收敛的，抽样结果比较理想。

表 6.6　　　短期同业拆借利率波动率的 MCMC 模型估计结果

Parameter	Mean	Stdev	95% L	95% U	Geweke	Inef.
sb1	0.0227	0.0026	0.0184	0.0285	0.352	4.37
sb2	0.0232	0.0029	0.0186	0.0295	0.724	40.71
sa1	1.6945	12.8588	0.0493	13.4846	0.659	29.12
sa2	0.1476	0.4037	0.0350	0.8562	0.752	53.04
sh1	0.6280	0.1534	0.3336	0.9784	0.098	73.51
sh2	1.4990	0.7980	0.4374	3.1203	0.003	127.91

运用 TVP - VAR 模型，通过分析 6 个月、12 个月和 24 个月的动态脉冲响应情况，对于短期的隔夜市场利率而言，6 个月的利率联动效应最显著，12 个月的效应较弱，而 24 个月时的联动效应几乎没有显现。说明市场利率的短期波动只会造成 6 个月以内短期的影响，超过 6 个月影响效应是非常微弱的。而从联动系数看，国债收益率所产生的预期引导效益最大，SHIBOR 的联动系数次之，CHIBOR 与质押式回购利率的效应最弱。

各期市场利率对国债收益率的利率联动效应。不同时期的市场利

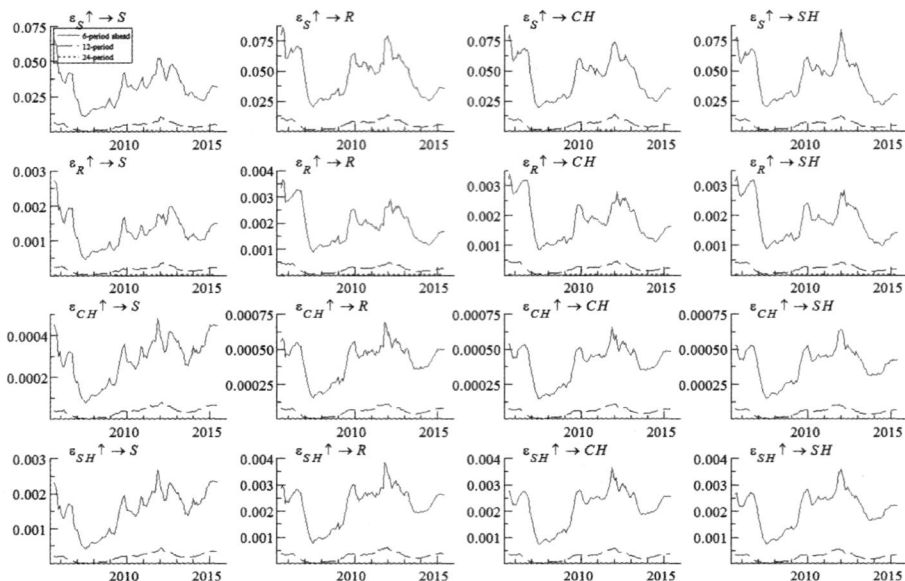

图 6.13　滞后 6 个月、12 个月和 24 个月的短期时变脉冲响应

率对国债收益率的冲击响应均为正，2006—2008 年的脉冲响应呈现总体下降的趋势，可以看出，相对于债券回购利率与 CHIBOR，SHIBOR 对于国债收益率的联动响应系数较大，说明在短期内，SHIBOR 对于国债收益率的联动效果最佳。2008—2013 年上述联动效应逐渐上升，其中 2010 年出现第一个峰值，并于 2013 年达到最大值，2013 年之后又逐渐下降。需要说明的是，2006—2008 年我国经济发展相对平稳，金融市场筹资功能较强，不同金融市场相互替代性较强，市场利率比较清晰地反映了不同市场间资金的供求情况。但在 2008 年国际金融危机后，市场预期趋紧，市场投机氛围较强，利率联动呈现趋同的趋势，这一趋势在 2010 年中央 4 万亿元投资之后达到高潮，而 2013 年银行体系出现历史罕见的"钱荒"则是资金投机需求与避险需求矛盾达到极点的表现。之后，随着中央调控政策的落实，上述趋势又逐渐弱化下来，并且下降幅度较大，我们认为，在资金"脱实向虚"的趋势下，国债收益率这一变化并不寻常（观察其市场规模）。

各期市场利率对质押回购利率的利率联动效应。始于 1991 年的债券业务，经过几十年的发展，目前已经成为我国交易量最大、交易程度最活跃的市场之一。其波动对于其他市场利率属于趋势引导，短期引导效应不够明显。目前，质押式回购利率是以各品种的交易量为权重所计算出来的加权平均利率，债券回购市场风险小，成交量大，从市场间利率联动效应的比较可以看出，各质押回购利率对于其他市场利率的联动系数波动相对平稳，同时联动系数数值在 4 类市场利率中最低，说明其对于其他市场利率的联动效应较低，并且存在一定"时滞"，其联动性显著低于其他市场利率，其总体趋势比较平稳。2008 年以前其变动趋势与国债收益率联动系数变化趋势相似，但在后期其变动趋势却趋于平稳。

各期市场利率对 CHIBOR 的利率联动效应。图示中 CHIBOR 的联动系数与其他市场利率变动基本一致，所不同的是在 2013 年之后，国债收益率与质押式回购市场利率都呈现逐渐下降的趋势。但是 CHIBOR 在经历短期下降之后，迅速上升，并且其 2016 年底利率联动系数几乎与 2013 年持平，可见 CHIBOR 的利率联动效应大于国债收益率与质押式回购市场利率，市场利率引导性较强。

各期市场利率对 SHIBOR 的利率联动效应。SHIBOR 的利率联动效应与 CHIBOR 基本一致。事实上 SHIBOR 与 CHIBOR 的相关系数高达 0.8 以上。这也说明了为什么两者的利率联动相似的原因。所不同的是，CHIBOR 是全国银行间拆借中心每日营业终了发布的信用拆借各个交易品种的加权平均利率，而 SHIBOR 是由信用等级较高的银行自主报出的人民币同业拆出利率计算确定的算术平均利率，而当银行间融资活动颇为清淡时，CHIBOR 的代表性较低。因此，虽然 SHIBOR 与 CHI-BOR 变化趋势比较一致，但是 SHIBOR 联动系数高于 CHIBOR。

6.4.3　中期市场利率联动情况

表 6.7 显示了 MCMC 模拟估计结果。从参数的估计结果看，参数后

验均值均处于95%的置信区间以内，无效因子数值较低，小于100，说明在连续抽样50000次的情况下，所得样本是收敛的，抽样结果比较理想。

表6.7　中期同业拆借利率波动率的 MCMC 模型估计结果

Parameter	Mean	Stdev	95%L	95%U	Geweke	Inef.
sb1	0.0227	0.0026	0.0184	0.0287	0.004	7.01
sb2	0.0232	0.0028	0.0184	0.0295	0.000	26.09
sa1	0.5434	0.8596	0.0493	1.9126	0.000	95.08
sa2	0.0834	0.0346	0.0428	0.1763	0.232	76.59
sh1	1.2089	0.6369	0.5125	2.8042	0.000	96.38
sh2	0.6896	0.3175	0.2587	1.4413	0.000	91.57

在中期，如图6.14所示，市场利率对国债收益率的冲击响应均为正。我们发现，虽然在中期市场利率对于2011年、2013年与2016年都有体现，但其却与短期利率市场的响应具有显著不同。说明同样的流动性事件对于不同期限利率的影响不同，即使是同一种市场利率，因期限不同而造成的联动效应也不同。对于国债收益率的联动性而言，2011年的利率联动效应大于其他几次事件。说明实体经济流动性需求造成的国债收益率联动效应较大。通常而言，国债是经济调节工具中极其重要的基础性、全局性调控工具。因此，在中期（实际上长期也是如此），国债收益会显著影响实体经济的预期，从而造成较大联动效应。而一些流动性本身所导致的利率波动，却不会引起国债收益率联动效应的较大波动，这进一步说明，国债收益率对于市场利率的联动效应是长期的，侧重宏观预期引导效应。

与国债收益率不同，由于资金泡沫性事件对于质押回购的联动效应大于实体经济事件。究其原因，质押回购市场已经发展成为金融市场的主要融资工具，交易规模高于其他市场利率。因此在货币资金"脱实向虚"的趋势下，这种由于流动性自身导致市场利率波动，通过质押回购市场所产生的利率联动效应更大。但综合来看，其联动系数较低，说明质押回购利率在中期对于金融市场利率的联动效应总体偏低。

但不可否认，质押回购的利率联动表现比较符合市场的实际，其作为操作利率的价值值得期待。

与短期市场不同，从各市场利率对 CHIBOR 的脉冲响应的反应可见，在中期，实体流动性波动对于 CHIBOR 所造成的利率联动效应强于流动性不足所引发的利率联动效应。但这似乎与 CHIBOR 作为日终平均利率的性质不同，实际上这也就说明了 CHIBOR 本身作为市场流动性指示利率存在"不足"，这一点在下文分析长期利率流动性利率中体现得更加明显。

SHIBOR 在中期利率市场的利率联动效应与国债收益率比较接近，相对于 CHIBOR，SHIBOR 的利率联动效应表现较为平稳。从联动系数来看，SHIBOR 联动效应较弱，对于其他市场联动作用较低。

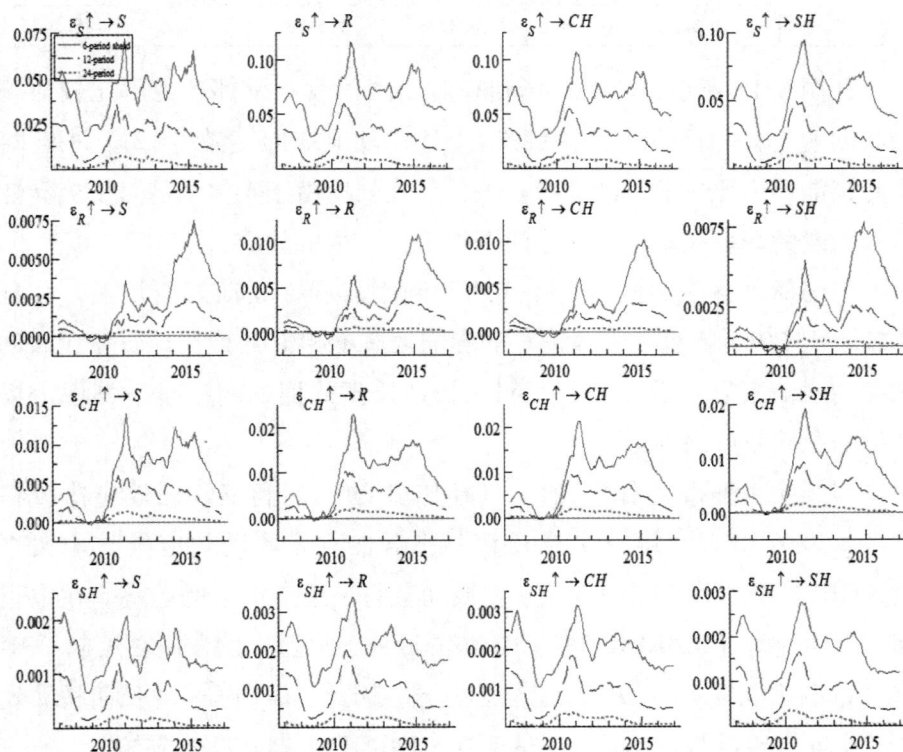

图 6.14　滞后 6 个月、12 个月和 24 个月的中期时变脉冲响应

6.4.4　长期市场利率联动情况

表 6.8 显示了 MCMC 模拟估计结果。从参数的估计结果看，各参数的无效因子小于 100，说明在连续抽样 50000 次的情况下，所得样本的抽样结果是比较满意的，具有统计意义。

表 6.8　　　　长期同业拆借利率波动率的 MCMC 模型估计结果

Parameter	Mean	Stdev	95% L	95% U	Geweke	Inef.
sb1	0.0228	0.0026	0.0184	0.0287	0.045	8.15
sb2	0.0224	0.0025	0.0183	0.0279	0.151	7.21
sa1	0.3112	0.5660	0.0441	2.0729	0.020	33.74
sa2	0.0874	0.0360	0.0433	0.1842	0.125	78.90
sh1	0.5706	0.2151	0.2659	1.1587	0.231	61.00
sh2	0.8621	0.3257	0.3248	1.5485	0.005	56.33

如图 6.15 所示，相关市场利率对于国债收益率都产生了比较显著的联动响应，并且相对于中短期，上述联动响应即使滞后 12 个月与 24 个月仍能产生比较显著的效应。可见，在长期由于实体经济对于流动性需求引发的利率联动效应大于流动性自身产生的效应。

与国债收益率类似，质押式回购利率的利率联动效应较强，并且 2011 年与 2013 年两次"钱荒"的影响效应不相上下，并且质押式回购利率的联动系数是最大的，说明在长期质押式回购利率对于其他市场利率的联动效应最强。

与其他三种市场利率相比，CHIBOR 的长期利率联动效应比较特殊，因为在 2011 年第一次"钱荒"引起的利率联动效应异常增大之后，CHIBOR 的利率联动效应呈现波动上行、逐渐扩大的趋势。在中短期，CHIBOR 与 SHIBOR 在联动趋势方面并无显著区别，但在长期 CHIBOR 的利率联动效应却出现了显著差异，因此，CHIBOR 的长期联动效应并不能客观反映市场情况，表现出 CHIBOR 长期联动效应较弱。

SHIBOR 延续了在中短期的一贯表现，其利率联动效应表现与国债收益率类似，能够很好地反映历次市场流动性的基本情况，但其显著性相对质押回购利率较弱，其联动相关系数在各市场中是最弱的，说明 SHIBOR 的长期利率性效应较弱，利率引导作用不足。

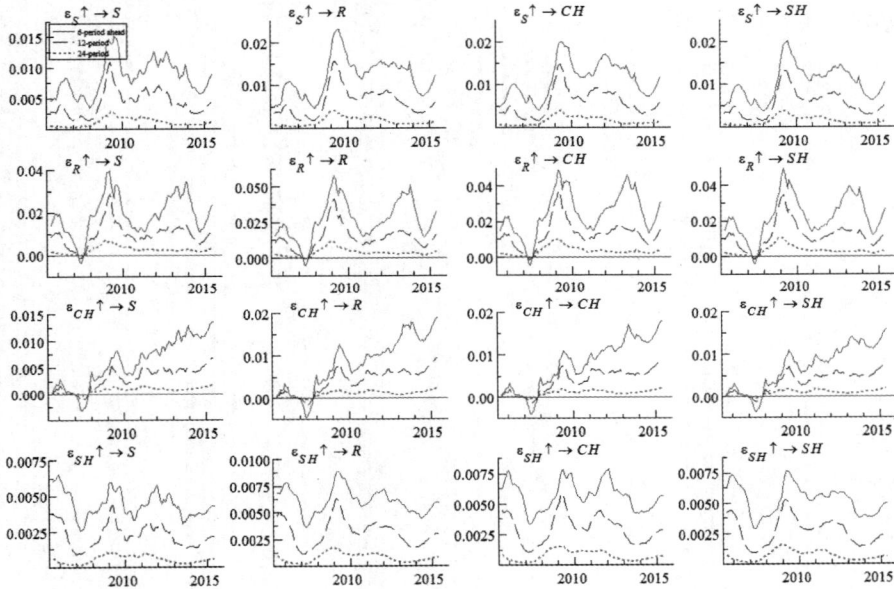

图 6.15 滞后 6 个月、12 个月和 24 个月的长期时变脉冲响应

6.5 本章小结

通过对不同期限 SHIBOR 的 TVP – VAR 模型的分析，结果表明不同期限的 SHIBOR 之间存在联动关系，长期同业拆借利率对于短期同业拆借利率具有更加显著的引导效应，短期 SHIBOR 对于长期 SHIBOR 的联动效应相对有限。短期内，SHIBOR 的联动效应最强；国债收益率的联动效果在四种被测试利率中处于中下水平；其他市场利率对于质押回购利率的联动效应较低；CHIBOR 的利率联动效应大于国债收益率与质押式回购市场利率的联动效应。在中期，国债收益率对于其他市场利率的联动效应有所上升；质押回购利率在中期对于金融市场利率的联动效应依然偏低；CHIBOR 与 SHIBOR 的利率联动效应在中期表现较为平稳。在长期，国债收益率的利率联动效应表现仍然较强，质押回购利率是联动性最强的市场利率，SHIBOR 长期利率联动效应相对较弱。

7 协调性：SHIBOR 与货币供应量 变动的相互影响效应

在第 5 章 SHIBOR 对于最终目标的调控中，我们已经论述了有关市场利率变动与经济目标之间的关系。在经济学理论框架下讨论货币供应与利率的影响效应，似乎是一个关于"鸡生蛋还是蛋生鸡"的哲学探讨，货币数量与货币价格的彼此是一个事物的两个方面。在第 6 章我们已经着重考察 SHIBOR 在"市场"调节方面的具体表现，在价格型调控转型的背景下，SHIBOR 的"市场"调节表现又可称为价格调节效力，与之对应的"行政"调节与数量调节效力将是本章将要讨论的内容。

7.1 货币供给与利率协调的理论分析

为了分析货币供应与利率协调的相关关系，我们将首先从理论上探讨货币供给与利率的变动关系。通常而言，货币供应对于利率的影响理论比较丰富；而利率对于货币供应的影响的理论依据却不甚清晰，因此我们将采取计量分析的手段就上述问题展开分析。

7.1.1 货币供给对利率的影响效应

按照经典的货币银行理论，在货币政策传导过程中，凯恩斯主义、货币主义的货币供应可以论证货币供应对利率的影响过程，上述影响渠道并不限于政策传导，还包括通胀预期、汇率和信贷等渠道。

根据经典的凯恩斯主义理论，在中央银行采取有效货币政策措施，采取的货币政策是扩张性的时候，实际利率水平将不可避免地随着货币供给曲线向原有交点的右侧平移而出现下降。该理论还认为，与名义利率所不同，由于"价格黏性"效应的作用，只有实际利率才能对实体经济发挥显著作用。经过更进一步分析，我们发现依据可贷资金理论，货币供应与利率呈现负向变动的趋势。而货币主义者与凯恩斯主义者的主张存在差异，货币主义者认为即使名义为零，货币政策效力也不会因此消失，而是仍然有效。但是综合上述理论的基本结论，普遍认为货币供应会对利率产生影响，并且两者的变动方向通常是负向的，即随着货币供应的增长，利率呈现下降的趋势。

除了利率渠道，汇率也是货币主义者所认为的货币供应对利率发挥作用的渠道之一。其学术理由在于，假设货币供应增加，那么国内存款的吸引力将下降，因为作为资金收益率的利率水平也将下降。随着本币缺乏外币支撑（外币大量流出本国），进一步导致利率下降。另外，货币供应增加可以弥补准备金的不足，在存款准备金率不变的前提下，银行可贷资金得到了有效满足，那么银行对外借入准备金的动力就会下降，由此减少对于同业拆借市场的依赖，作为拆借市场指向作用的SHIBOR 也呈现下降趋势。

7.1.2　利率对货币供给的影响效应

与前文论述的货币供给对利率的影响效力理论的丰富性有所不同，利率对于货币供给的影响没有清晰的理论，鲜有经典理论对这一命题得出确切的结论。那么我们就借助目前公认的货币政策传导效力模型，展开对这一问题的论述。在此提出两条理论路径，并借助一定的计量方法，试图推导出 SHIBOR 对于货币供应的影响作用。1931 年"宏观经济学"的提出者，著名经济学家卡恩（Baron Kah）在《国内投资与失业之关系》一文中首次提出了"乘数"的概念，在此之后，凯恩斯在《就业、利息和货币通论》中借鉴了卡恩的乘数原理，提出了投资乘数理论。

数年之后，另一个著名经济学流派，新古典综合派在前人研究的基础上，进一步拓展了乘数的应用范围，成为分析货币政策效力的一项重要工具，该理论将价格分析与总量分析相互结合，提出了"货币乘数"的理论。

根据新古典综合学派所提出的货币乘数的理论，货币乘数主要由货币供应量（M），即基础货币（MB）与货币乘数（m）共同决定。货币乘数基本模型形式如下：

$$M = m \times MB \tag{7.1}$$

还有一个比较特殊的概念就是"现金漏损率"，理论上而言，商业银行可以将除准备金以外的全部存款都贷放出去，但是总有一部分资金由于各种原因没有投向市场，这就构成了超额准备金，也就是"漏损"现金。如果，用 c 表示现金比例，e 表示超准率，r 表示法准比例，那么货币乘数可以表示为

$$m = \frac{1 + c}{r + e + c} \tag{7.2}$$

式（7.2）中 c 表示的是现金比例；e 表示超额准备金比率；r 为法定准备金比例。

$$M = \frac{1 + c}{r + e + c} \times MB \tag{7.3}$$

此外，新古典综合学派还认为，货币当局对于货币供应的控制是有限的，需要满足一定的条件，由此"内生货币供应量"的概念正式被提出，该理论认为，市场主体的经济活动决定了货币供应。

SHIBOR 对货币供应量的影响路径包括两个方面：一是超额准备金

现金漏损	准备金存款	法定准备金率	超额准备金率	通货比例	非金融机构存款比例

基础货币 × 货币乘数 = 货币供给

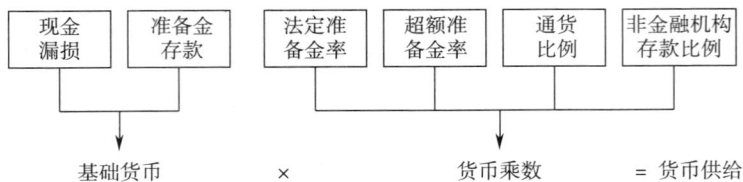

率，二是金融机构的信贷情况。因为 SHIBOR 的变化会影响银行持有超额准备金的资金成本，并对其信贷行为产生影响。那么这里涉及两个关键性条件：超额准备金路径：（1）SHIBOR 对于超额准备金比例的影响；（2）超额准备金比例与货币供应量的影响。信贷路径：（1）SHIBOR 对于信贷的影响；（2）信贷对于货币供应量的影响。接下来，我们详细考察上述两条途径中，SHIBOR 对于货币供应的影响。超额准备金途径方面，首先需要估算商业银行存款准备金比例，我们借鉴康立（2014）[①]、王晓芳和郑斌（2017）[②]等的研究成果。对于超额准备金率，我们通常可以在央行《货币政策执行报告》中寻找到若干数据，但是在具体计算过程中，我们需要通过央行资产负债表等公开数据的钩稽关系进行估算。按照经典的货币银行理论的定义，超额准备金被称为超出法定准备金限额的那部分准备金，而准备金的缴存基数可以由广义货币与流通中现金的差额表示。

此外，考虑到 2011 年以前相当数量的金融机构是需要缴纳准备金的，即使是保险公司也不例外，但是上述准备金却并不属于广义货币供应的一部分，因此需要将保险存款也估算在内。另外，汇票保证金不需要缴纳准备金，故应该从基数中扣除，并且证券保证金也需要计入货币供应。

---

① 王晓芳，郑斌. 超额准备金、货币政策传导机制与调控方式转型——基于银行信贷市场的分析［J］. 世界经济研究，2017，（6）：61 – 76.

② 康立. 超额存款准备金率与银行间市场流动性研究——月度数据估算与格兰杰因果检验［J］. 管理现代化，2014，34（4）：4 – 9.

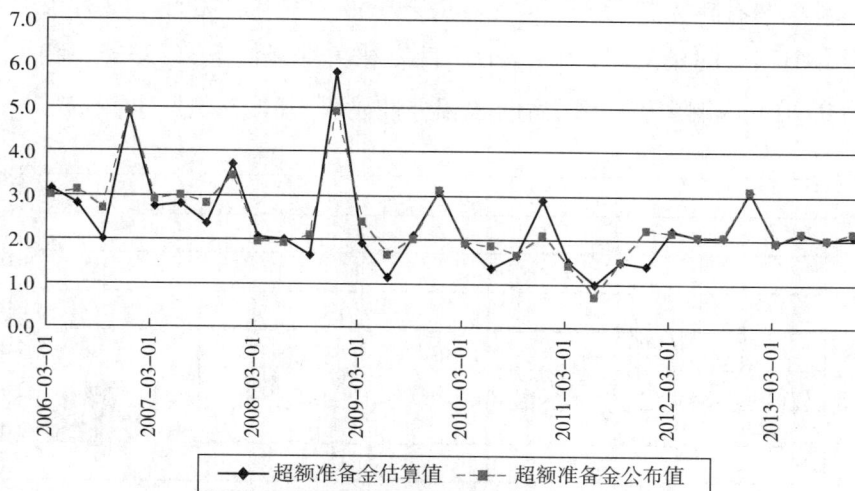

图 7.1 超额准备金率公布值与估计值基本情况

表 7.1 广义货币供应量、超额准备金率与 SHIBOR 之间的 Granger 因果检验结果

原假设	观测值	F 统计量	P 值	结论
EX does not Granger Cause DSHIBOR	26	3.89045	0.0607	拒绝原假设
DSHIBOR does not Granger Cause EX		0.01372	0.9078	接受原假设
ΔM2 does not Granger Cause EX	27	3.18063	0.0872	接受原假设
EX does not Granger Cause ΔM2		18.1449	0.0003	拒绝原假设

经过对广义货币供应量增长率、超额准备金率与 SHIBOR 之间进行 Granger 因果检验，如表 7.1 所示，货币供应量增长率对于超额准备金变化具有 Granger 因果作用，并且超额准备金对于 SHIBOR 增长具有 Granger 因果关系，但是，超额准备金率却不能对广义货币供应产生 Granger 因果促进作用，因此通过超额准备金渠道，实现 SHIBOR 对于广义货币供应影响的渠道并不存在。

银行信贷途径方面，我们选取了 2007—2016 年人民币贷款月度增长率、广义货币供应量增长率与 SHIBOR 等数据为分析样本，对其相关关系进行研究。从三者的变化趋势，我们大体可以发现，2007—2010 年，人民币贷款增长率与 M2 变化趋势是比较一致的，经过我们的测算，发现两者相关性为 63.02%，相关系数为 0.7，说明两者的相关性较强，但当时间延长至 2016 年时，两者相关性降低至 36.35%，相关系数为 0.79，说明 2010 年以后两者相关性显著下降。

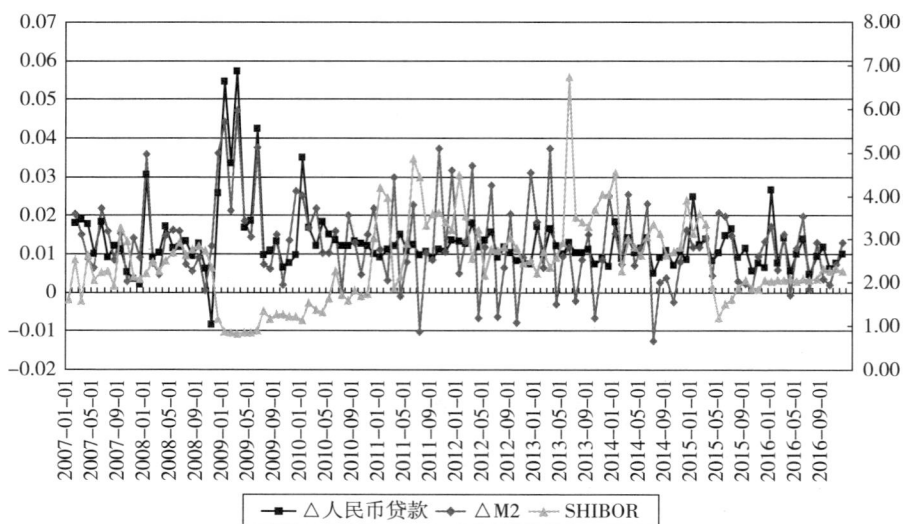

图 7.2   2007—2016 年 M2 增长率、信贷增长率与 SHIBOR 之间的变动关系

经过对广义货币供应量增长率、信贷增长率与 SHIBOR 之间进行 Granger 因果关系检验后，如表 7.2 所示，在银行信贷渠道中，SHIBOR 对于信贷变化存在因果关系，SHIBOR 变动是信贷变动的 Granger 原因，但是信贷变动并不是货币供应量增长率的 Granger 原因，反而广义货币供应量增长率是信贷增长的原因。

表 7.2   广义货币供应、信贷增长率与 SHIBOR 之间的 Granger 因果检验结果

原假设	观测值	F 统计量	P 值	结论
$\Delta M2$ does not Granger Cause $\Delta CREDIT$	117	4.71081	0.0109	拒绝原假设
$\Delta CREDIT$ does not Granger Cause $\Delta M2$		0.52427	0.5934	接受原假设
SHIBOR does not Granger Cause $\Delta CREDIT$	117	3.23511	0.0431	拒绝原假设
$\Delta CREDIT$ does not Granger Cause SHIBOR		0.46501	0.6293	接受原假设

我们发现，无论是超额准备金渠道还是银行信贷渠道，都无法说明

SHIBOR 对于货币供应量具有影响作用，那么是否存在一种渠道证明 SHIBOR 能够影响货币供应量变化？幸运的是，通过进一步的 Granger 验证，我们找到了这样一个渠道。

表 7.3   **超额准备金与银行信贷的 Granger 因果检验**

原假设	观测值	F 统计量	P 值	结论
ΔCREDIT does not Granger Cause EX	26	18.6210	2.E–05	拒绝原假设
EX does not Granger Cause ΔCREDIT		0.56261	0.5781	接受原假设

如表 7.3 所示，通过对超额准备金率与银行信贷增长率之间进行 Granger 因果关系检验，我们发现银行信贷增长率是超额准备金率的 Granger 原因，借助这一因果关系，我们将超额准备金渠道与银行渠道之间的联系建立起来，从而有如下关系成立：

$$SHIBOR \rightarrow CREDIT \rightarrow EX \rightarrow M2 \qquad (7.4)$$

通过综合考虑超额准备金率与银行信贷增长率之间的因果关系，我们确定了 SHIBOR 对于广义货币供应量增长率同样具有促进作用。上述理论论证为我们设定货币供应量增长率与 SHIBOR 之间的关系，进而为设计 MEC 模型奠定了基础。

7.2 SHIBOR 与货币供应量间协调的路径分析

本节我们将着重探讨 SHIBOR 对于货币供应量增长率的影响路径，在传统的数量型调控的模式下，货币供应量是调控关注的首要指标，该种运行模式已经持续多年。调控模式转型后，SHIBOR 作为利率调控的重要组成部分，如何与调节货币供应量相适应，从而保持政策调节的连续性与平稳性成为新的研究命题。

7.2.1 SHIBOR 与流通中现金（M0）间的协调效应

从图 7.3 可见，SHIBOR 与流通中现金（M0）增长率之间存在一定的相关关系，特别是从 2011 年至 2014 年两者波动呈现显著加剧的趋势，这一时期跨越了 2011 年与 2013 年两次"钱荒"，这也说明，"钱荒"不仅是单纯的流动性紧张，它还反映了货币指标的剧烈波动与货币数量与价格的不稳定，外在表现就是"钱荒"。特别是暂时性波动可以被理解为正常的资产价格波动，而从 2011 年至 2014 年持续多年的波动，则应该是实体经济的原因，与当时的政策导向、经济结构等因素有关，从 SHIBOR 与 M0 之间的 Granger 因果关系检验中也能看出，如表 7.4 所示，发现 M0 对 SHIBOR 具有 Granger 因果关系，而 SHIBOR 不会对 M0 发生 Granger 因果作用，上述检验进一步证明，以货币供应的中介目标发挥了较大的政策效力，本应作为政策传导的 SHIBOR 并没有对货币供应发挥积极的作用。

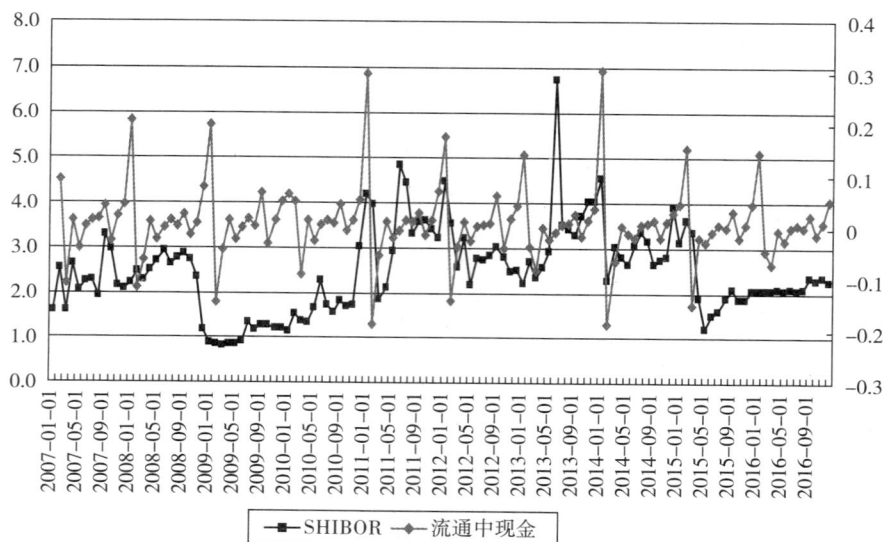

图 7.3　SHIBOR 与 M0 增长率波动情况

事实上，M0 主要用于日常交易以及生活中以备不时之需，通常取决于民众的生活习惯，受货币政策的影响比较有限。但 M0 是基础货币

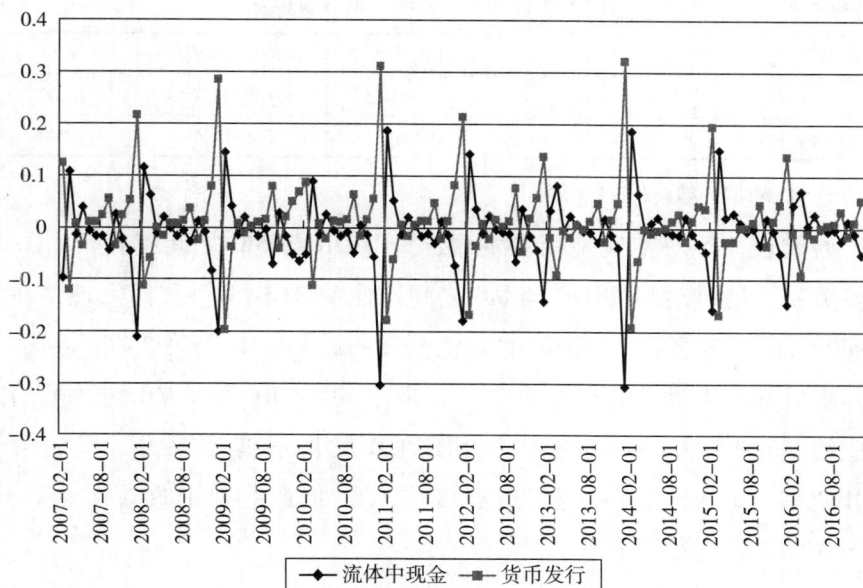

图 7.4 货币发行与 M0 增长率波动情况

（高能货币）的组成部分，因此会对商业银行信贷行为产生直接影响，从而通过准备金管理渠道对 SHIBOR 发挥作用。

表 7.4 SHIBOR 与 M0 的 Granger 因果检验

原假设	观测值	F 统计量	P 值	结论
ΔM0 does not Granger Cause SHIBOR	117	3.91743	0.0227	拒绝原假设
SHIBOR does not Granger Cause ΔM0		0.15042	0.8605	接受原假设

当流通中现金转化为银行存款时，就具备了货币创造功能，也能抵补一部分存款准备金从而扩大可贷资金，降低了银行对同业拆借资金的需求，客观上影响了 SHIBOR，但仅从 M0 增长情况还不能断言其对于 SHIBOR 是促进还是减少，因为流通中现金是一个不断有资金进出的"场所"，趋势增减并不能判断其具体流向，关键要看银行体系对于流通中现金的吸收情况。

表 7.5   SHIBOR 与 M0 之间的协整检验结果

零假设	特征值	统计迹计量	5% 临界值	P 值
None *	0.291610	43.49594	15.49471	0.0000
At most 1 *	0.036115	4.193316	3.841466	0.0406

注：* 代表在 5% 的显著水平下拒绝原假设。

通过表 7.5 协整检验结果发现，SHIBOR 与 M0 之间有且仅有一个协整关系。通过对 SHIBOR 与 M0 之间构建 VAR 模型，我们发现，在给予 M0 一个冲击之后，SHIBOR 呈现上升的趋势，并于第 2 期达到最大值，随后逐渐下降，并最终收敛，表现出 SHIBOR 受到 M0 的冲击出现响应的变化趋势，M0 的变化对 SHIBOR 发挥了波动效力。但在给予 SHIBOR 一个冲击后，M0 虽然也出现波动，但最终并未收敛，说明 M0 受 SHIBOR 影响并不显著。

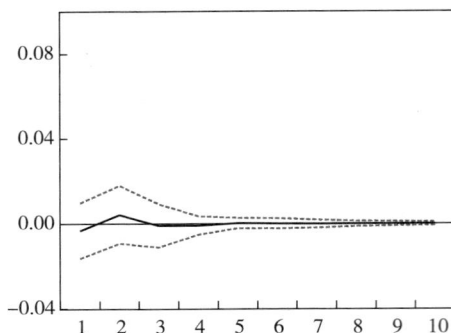

图 7.5 SHIBOR 对 M0 增长率脉冲
响应情况

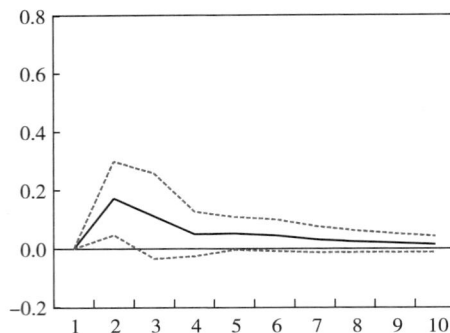

图 7.6 SHIBOR 对 M0 增长率脉冲
响应情况

7.2.2 SHIBOR 与狭义货币供应量（M1）间的协调效应

从图 7.7 可以看出，SHIBOR 与狭义货币供应量（M1）增长率之间的相互波动关系，同样在 2011 年至 2015 年出现了比较显著的波动，事实上，M0 与 M1 之间只相差"活期存款"的数额，在 M1 中活期存

款占比较大，占比在 60% ~ 70% 。因此，活期存款的变动将显著影响
M1 变动，通过 Granger 检验，我们发现在 5% 的显著水平下，M1 不会
对 SHIBOR 产生 Granger 因果关系，但是 SHIBOR 会对 M1 产生 Granger
因果关系，可见 SHIBOR 与 M1 之间的协调关系不同于 SHIBOR 与 M0，
如果说由于公众经济行为影响了 M1 进而对 SHIBOR 产生影响，那么
SHIBOR 主要通过影响活期存款进而对 M1 产生影响。从理论上说，目
前我国银行信贷占据融资规模在 60% 左右，SHIBOR 中短期（隔夜）
占比较大，因此短期 SHIBOR 对于银行短期信贷具有一定的影响作用，
进而对企业信贷资金构成了一定的影响，由此影响了单位经营及其资
金配置，进而影响了活期存款状况。

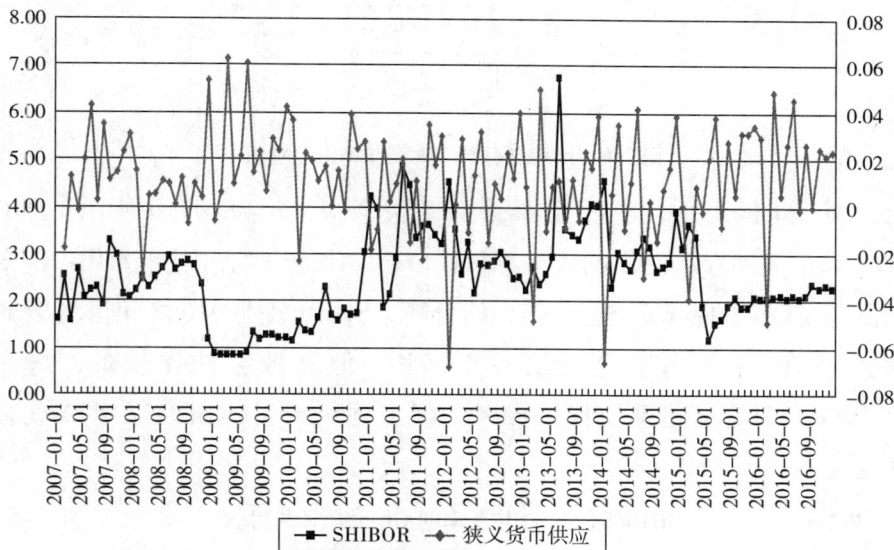

图 7.7 SHIBOR 与 M1 增长率波动情况

由此可见，SHIBOR 与 M1 增长率之间的相互作用，可以分解为两
方面：一方面，由居民日常习惯所控制的 M0 对于 SHIBOR 波动构成影
响，一定程度上影响了 SHIBOR 的变动。另一方面，SHIBOR 对单位活
期存款构成影响，那么 SHIBOR 与 M1 之间的相互作用同时取决于上述

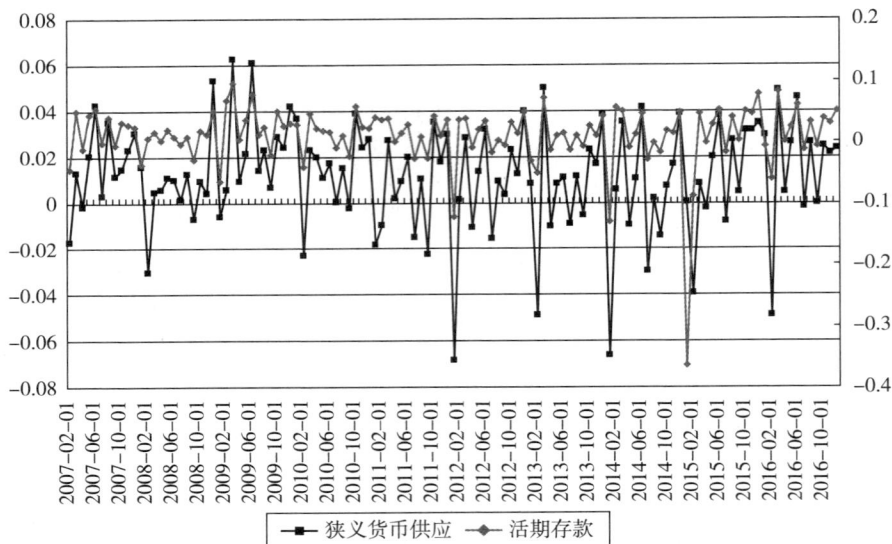

图 7.8　活期存款与 M1 增长率波动情况

　　两方面力量的对比，通过 Granger 因果关系检验，如表 7.6 所示，SHI-BOR 对于活期存款的影响大于 M0 对 SHIBOR 的影响，因此 SHIBOR 变化促进了 M1 的变动。经过 OLS 的分析，SHIBOR 与 M1 之间呈现微弱的负相关关系，相关系数在 -0.85%，但其拟合性比较低，只有 12.59%，因此上述系数仅供参考，但上述结论基本符合了可贷资金理论。

表 7.6　　　　　　　　　**SHIBOR 与 M1 增长率的 Granger 因果检验**

原假设	观测值	F 统计量	P 值	结论
ΔM1 does not Granger Cause SHIBOR	117	12.7147	1. E - 05	拒绝原假设
SHIBOR does not Granger Cause ΔM1		1.68193	0.1907	接受原假设

　　通过协整检验，如表 7.7 所示，在 5% 的显著水平下拒绝原假设，说明 SHIBOR 与 M0 之间存在两个协整关系，可以进一步构造 VAR 模型。

表 7.7　　　　　　　SHIBOR 与 M1 增长率之间的协整检验结果

零假设	特征值	统计迹计量	5%临界值	P 值
None *	0.301099	45.29357	15.49471	0.0000
At most 1 *	0.038312	4.453426	3.841466	0.0348

注：*代表在 5%的显著水平下拒绝原假设。

经过 VAR 脉冲响应分析，如图 7.9 所示，我们在给予 SHIBOR 一个脉冲之后，导致 M1 上升，随后逐渐下降，并收敛于 0，说明 SHIBOR 的变动引起了 M1 的波动，尽管上述影响比较微弱，而在给予 M1 一个脉冲后，SHIBOR 也有了相应响应，但并未收敛，说明 M1 不能对 SHIBOR 构成波动性影响。

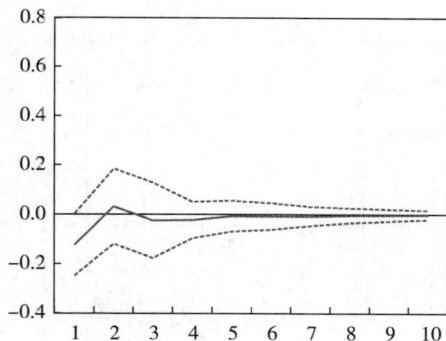

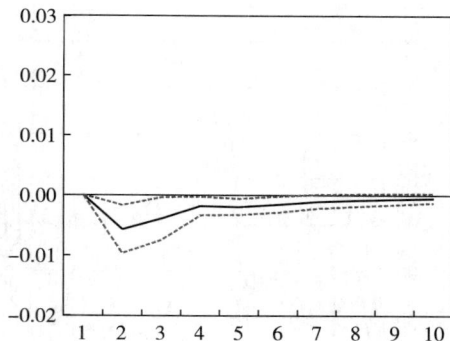

图 7.9　SHIBOR 对 M1 增长率脉冲　　　图 7.10　M1 增长率对 SHIBOR 脉冲
　　　　　响应情况　　　　　　　　　　　　　响应情况

7.2.3　SHIBOR 与广义货币供应量（M2）间的协调效应

从 SHIBOR 与广义货币供应（M2）的变化趋势看，两者在大部分时期呈现此消彼长的趋势，即 SHIBOR 上升对应 M2 下降的趋势。经过 OLS 数据分析，我们发现两者之间存在极其微弱的负向关系，相关系数为 -0.0027，相关系数仅为 0.057。经过 Granger 因果关系检验，如表 7.8 所示，我们发现在 1%的显著水平下，拒绝 "SHIBOR 不是 M2 的

Granger 原因"的原假设，说明 SHIBOR 对 M2 具有因果作用，在 10%显著水平下拒绝"M2 不是 SHIBOR 的 Granger 原因"的原假设，说明 M2 也对 Granger 具有因果关系。从三类存款的波动状况看，"储蓄存款"与"其他存款"变化相对稳定，年际变化不大。但是定期存款却呈现不同的变化趋势，2010 年前波动较大，2010 年以后波动显著减小，经过方差计算，我们发现 2010 年定期存款方差为 0.0836，而 2010 年后方差减小至 0.0165，两者相差明显。造成上述变化的原因，我们认为实体经济发展具有一定的规律性与沿袭性，不太可能在短期内出现如此巨大的变动，而仅有可能与单位存款特别是企业存款流向有关，资金的"脱实向虚"逐渐显著。

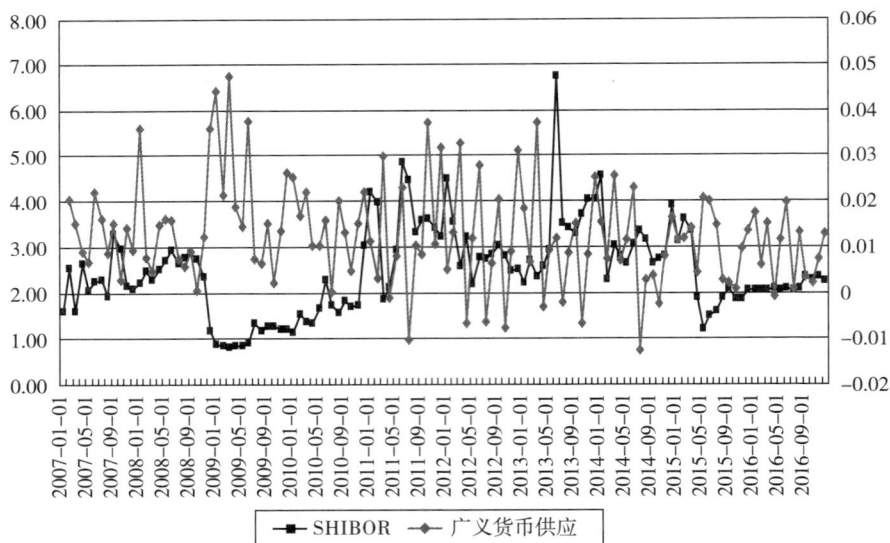

图 7.11　SHIBOR 与 M1 增长率波动情况

M2 可以分解为 M1 等货币供应量指标，在前文中，我们已经分析了 SHIBOR 与 M1 的变化关系，兹不赘述，我们对 SHIBOR 与定期存款、储蓄存款和其他存款增长率之间的关系进行因果分析。我们发现在 5%

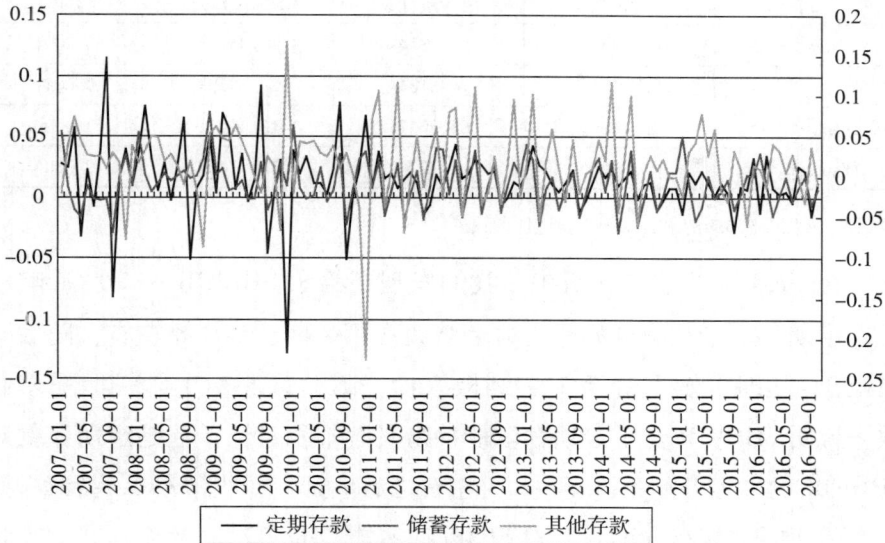

图 7.12 三项存款增长率的月度波动情况

显著水平下，"定期存款"与 SHIBOR 不存在因果关系，"其他存款"
与 SHIBOR 也不存在因果关系，但是"储蓄存款"与 SHIBOR 之间呈现
相互的因果关系。

表 7.8　　　　　SHIBOR 与三项存款增长率的 Granger 因果检验

原假设	观测值	F 统计量	P 值	结论
ΔDEP does not Granger Cause SHIBOR	117	0.26863	0.7649	接受原假设
SHIBOR does not Granger Cause ΔDEP		1.25453	0.2892	接受原假设
ΔSAV does not Granger Cause SHIBOR	117	5.55678	0.0050	拒绝原假设
SHIBOR does not Granger Cause ΔSAV		3.21371	0.0440	拒绝原假设
ΔOTH does not Granger Cause SHIBOR	117	0.14181	0.8679	接受原假设
SHIBOR does not Granger Cause ΔOTH		1.40395	0.2500	接受原假设

通过协整检验发现，SHIBOR 与定期存款、储蓄存款与其他存款之
间存在四个协整关系，可以进一步构造 VAR 模型。

表 7.9 SHIBOR 与三项存款之间的协整检验结果

零假设	特征值	统计迹计量	5%临界值	P 值
None *	0.604256	255.7149	47.85613	0.0001
At most 1 *	0.501782	148.1844	29.79707	0.0001
At most 2 *	0.378889	67.36521	15.49471	0.0000
At most 3 *	0.099215	12.12067	3.841466	0.0005

注：*代表在5%的显著水平下拒绝原假设。

在 VAR 脉冲响应分析中，我们发现在给予 SHIBOR 一个脉冲响应后，定期存款增长率开始呈上升趋势，在第 2 期达到 0.8 左右，随后下降至 0，随即缓慢上升至 1 达到极大值，随后又逐渐下降，但并未收敛，说明 SHIBOR 对于定期存款的冲击具有不稳定性，但是定期存款对 SHIBOR 的冲击开始下降至 -0.5 左右之后上升，并收敛于 0，持续 3 期左右，说明定期存款增长率对 SHIBOR 具有三年的冲击效应。储蓄存款增长率应 SHIBOR 的冲击响应开始逐渐下降，到第 3 期达到 -2 的极值后缓慢上升并收敛于 0 附近，说明 SHIBOR 对储蓄存款增长利率冲击并不稳定，而 SHIBOR 应储蓄存款增长率的冲击先呈现下降趋势，随后上升到 0 附近，直至第 6 期恢复至 0 说明储蓄存款增长率对 SHIBOR 的一

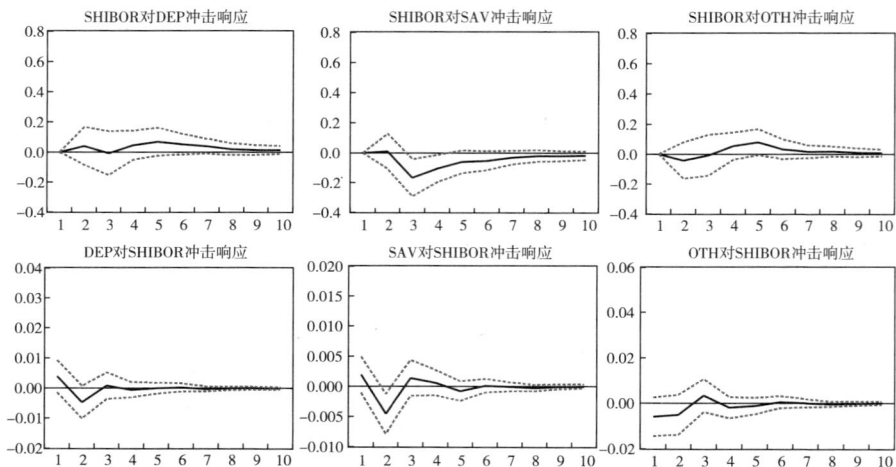

图 7.13 SHIBOR 与三项存款增长率之间的冲击响应结果

个正向冲击将持续 6 年左右。在给予 SHIBOR 一个正向冲击后，其他存款开始小幅下降，随后逐渐上升至 1 左右，并在第 5 期达到顶峰，随后恢复至 0 附近，说明 SHIBOR 对于其他存款的冲击并不稳定。而其他存款对于 SHIBOR 的稳定冲击可以维持 5 年左右。

7.3　基于 SEM 模型的实证分析

本节中，我们将使用结构方程模型对 SHIBOR 与货币供应量增长率之间的关系进行分析，希望能得出有价值的分析结论。

7.3.1　理论分析

结构方程模型（Structural Equation Modeling，SEM）目前已经比较广泛地运用于经济金融研究的各个领域。该模型可以被视作一种广义线性模型，该模型融合了因子分析和路径分析的理念，是一种用于分析观测变量、潜在变量内部关系的计量模型。

（1）相关概念解释

在实际模型分析过程中，我们通常用方框表示观测变量，也就是可以直观观测到的变量。而与观测变量相对应的还有潜在变量，该变量通常由椭圆表示，该变量不能直接测量，只能依靠其他变量进行估算。内生变量也被称为因变量，是受外变量影响下的变量。外变量又称为自变量，也就是可以对其他变量产生影响的变量；而中介变量则指的是同时具备外生变量与内生变量特性的变量。另外，内生/外生观测变量、内生/外生潜变量也是 SEM 模型中的常见变量。

（2）SEM 模型结构

一般而言，结构方程模型可以分为由观测变量与潜变量之间关系表示的测量模型以及由潜变量之间关系所表示的结构方程模型两部分。

测量模型：

$$x = \Lambda_x \xi + \delta \tag{7.5}$$

$$y = \Lambda_y \eta + \varepsilon \tag{7.6}$$

结构模型：

$$\eta = B\eta + \Gamma\xi + \zeta \tag{7.7}$$

我们通常将 x 和 y 称作观测变量，ξ 和 η 称作潜变量，y 是 η 的观测变量，Λ_x、Λ_y、B 和 Γ 是路径系数矩阵，δ、ε 和 ζ 是误差变量。此外，δ、ε 和 y、η 不相关；δ 和 ε 不相关；ξ、δ、ε 不相关，变量间呈线性关系，观测数据相互独立并满足正态分布。

（3）SEM 模型优点

SEM 模型是一种适用范围比较广泛的计量分析模型，该模型可以用于分析一定数量范围内的因变量与自变量的计量关系，并可以研究观测变量与非观测变量之间的结构关系，SEM 模型目前广泛应用于经济金融研究的各个领域，并且都取得了较满意的分析结论。

（4）SEM 模型实现步骤

关系路径：在构建 SEM 模型之前，需要对各个变量之间的关系路径进行事先预计，也即需要预先设计各个变量之间的经济关系，才能对相关系数进行合理预估。

资料数据：数据资料是开展 SEM 模型分析的必要前提，数据应该满足最小样本分析条件，对于默认数据，应该进行必要插补，然后进行分析。

模式识别：模型识别中的关键步骤就是要求确定各个变量数量，包括观测变量与潜在变量的数量，还包括方程个数与变量个数，以确定模型。

当满足：

$$t > \frac{1}{2}(p + q)(p + q + 1) \tag{7.8}$$

认为模型是可以识别的，其中 t 表示计算的参数个数；p 为外生观

测的变量个数；q 为内生观测的变量个数，

当满足：

$$t = \frac{1}{2}(p + q)(p + q + 1) \tag{7.9}$$

时，认为模型刚好能够识别，

当满足：

$$t \leq \frac{1}{2}(p + q)(p + q + 1) \tag{7.10}$$

时，模型能够过度识别。

模型评价：为了确保结论的科学性与客观性，需要对模型进行合理评价，并对分析过程中出现的异常值、拟合精度等进行分析与检验。对于样本异常的分析对象，一般需要进行 ADF 或 Bootstrapping 分析，以确保样本符合 SEM 模型分析的需要。

模型修正：如果数据拟合数值偏低，就需要对数据进行修正，以剔除拟合性较弱的变量，直到拟合度达到实际需要，并最终确定模型。

确定模型：在经过模型识别、模型评价、模型修正之后，对于最终确定的各个变量之间的相关关系，就可以最终确定模型形式。

7.3.2　样本选取

在实际研究过程中，有部分学者认为，样本量及变量的数量是决定 SEM 分析结论是否科学的重要参考依据，只有符合样本数量分析要求的分析样本才是一个好的样本，可以进行 SEM 模型分析，而对于样本量过小，指标分布不够均衡，观测变量数量过少的样本则不适合进行 SEM 分析，或者即使经过了 SEM 分析，也难以取得科学的研究结论。鉴于上述要求，结合学者的经验研究，我们选取 2007 年 1 月至 2016 年 12 月的货币供应增长率（包括 M0、M1 与 M2）以及 SHIBOR（包括隔夜、7 天、14 天、30 天、90 天等 11 个期限品种）的月度数据。

7.3.3 数据处理

本书选择的相关数据分别做以下处理:

(1)内因潜变量:流通中现金、狭义货币供应量、广义货币供应量、SHIBOR。

(2)外因潜变量:货币供应总量。

(3)观测变量:本研究选取 2007 年至 2016 年 SHIBOR 各期数据以及"货币发行""定期存款""活期存款""储蓄存款""其他存款"等指标。

(4)量测误差:e1 至 e24 为量测误差。

表 7.10   SEM 模型所需变量含义及取值情况

变量	变量含义	变量类型	变量取值
ξ	M – supply	外因潜在变量	—
η_1	M – supply I	内因潜在变量	—
η_2	M – supply II	内因潜在变量	—
η_3	M – supply III	内因潜在变量	—
η_4	SHIBOR	内因潜在变量	—
X_1	M0	观测变量	货币供应 M0 层次数据
X_2	Currency	观测变量	央行"货币发行"项目
X_3	M2	观测变量	货币供应 M2 层次数据
	Deposit	观测变量	定期存款月度增长率数据
	Saving	观测变量	储蓄存款月度增长率数据
X_6	Other	观测变量	其他存款月度增长率数据
X_7	M1	观测变量	货币供应 M1 层次数据
X_8	Current	观测变量	活期存款月度增长率数据
X_9	0Day	观测变量	隔夜 SHIBOR 月度数据
X_{10}	1Week	观测变量	七天 SHIBOR 月度数据
X_{11}	2Week	观测变量	两周 SHIBOR 月度数据

续表

变量	变量含义	变量类型	变量取值
X_{12}	3 Week	观测变量	三周 SHIBOR 月度数据
X_{13}	1 Month	观测变量	一个月 SHIBOR 月度数据
X_{14}	2 Month	观测变量	两个月 SHIBOR 月度数据
X_{15}	3 Month	观测变量	三个月 SHIBOR 月度数据
X_{16}	4 Month	观测变量	四个月 SHIBOR 月度数据
X_{17}	6 Month	观测变量	六个月 SHIBOR 月度数据
X_{18}	9 Month	观测变量	九个月 SHIBOR 月度数据
X_{19}	1 Year	观测变量	1 年期 SHIBOR 月度数据

7.3.4　验证性因子分析

SEM 模型的验证因子分析需要运用 SPSS 和 AMOS 两种软件进行分析，首先需要对研究对象进行因子筛选，采用因子分析。

表 7.11　　　　　　　　　　　KMO 和 Bartlett 的检验

Kaiser – Meyer – Olkin 抽样充分性度量		0.770
Bartlett's 球状检验	卡方检验	3034.578
	df	171
	Sig.	0.000

为了增强分析的科学性与规范性，我们需要进一步采取 SPSS 软件自带的计量分析工具进行因子分析，主要采用 Bartlett 检验及 KMO 样本测度。只有通过了上述检验的分析样本才能开展 SEM 模型分析。结果如表 7.11 所示。

KMO 值大于 0.6 说明比较适合做因子分析，大于 0.7 说明适合做因子分析，大于 0.8 说明非常适合做因子分析，本研究检测值达到 0.77，因此可以做因子分析。

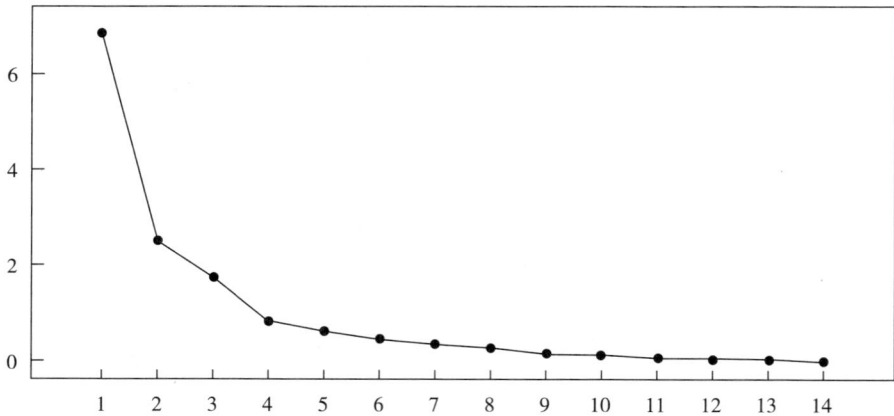

图 7.14　因子分析碎石分布

表 7.12　　　　　　　　　　　　　　　解释的总方差

因子	初始特征根			未旋转的因子提取结果			旋转提取因子的载荷		
	因子总和	解释方差	累积分布	因子总和	解释方差	累积分布	因子总和	解释方差	累积分布
1	6.934	36.492	36.492	6.655	35.029	35.029	5.242	27.587	27.587
2	3.705	19.499	55.991	3.365	17.709	52.738	3.451	18.161	45.748
3	2.234	11.757	67.748	1.822	9.591	62.330	2.481	13.060	58.808
4	1.531	8.058	75.806	1.382	7.275	69.605	2.051	10.797	69.605
5	1.124	5.913	81.719						
6	0.931	4.898	86.616						
7	0.566	2.977	89.593						
8	0.501	2.635	92.228						
9	0.428	2.253	94.481						
10	0.302	1.590	96.071						
11	0.256	1.350	97.421						
12	0.151	0.797	98.218						
13	0.130	0.684	98.902						
14	0.076	0.402	99.304						
15	0.061	0.322	99.626						

续表

因子	初始特征根			未旋转的因子提取结果			旋转提取因子的载荷		
	因子总和	解释方差	累积分布	因子总和	解释方差	累积分布	因子总和	解释方差	累积分布
16	0.044	0.231	99.857						
17	0.017	0.089	99.947						
18	0.007	0.037	99.984						
19	0.003	0.016	100.000						

注：图中横轴为组分数，纵轴为特征值。

4 个因子总共提取的信息量达到 69.61%，也达到了要求。表 7.13 表现了旋转后的因子分析结果（小于 0.3 的载荷值未在表中体现）。

表 7.13　　　　　　　　　　**旋转成分矩阵**

	Component Matrix[a]			
	1	2	3	4
X1	0.009	0.667	0.187	0.307
X2	-0.250	-0.716	0.376	0.123
X3	0.320	0.760	-0.279	-0.329
X4	0.822	0.112	0.379	-0.007
X5	0.831	0.044	0.418	0.049
X6	0.835	-0.006	0.450	0.075
X7	0.780	0.040	0.231	-0.185
X8	0.875	-0.056	0.380	0.050
X9	0.784	0.131	0.107	-0.083
X10	0.871	-0.328	-0.143	0.054
X11	0.614	0.008	-0.101	-0.320
X12	0.709	-0.394	-0.522	0.183
X13	0.677	-0.382	-0.562	0.218
X14	0.668	-0.389	-0.544	0.222
X15	0.324	0.794	-0.245	-0.297
X16	-0.095	-0.649	0.357	-0.367
X17	0.034	0.368	-0.099	0.660
X18	0.150	0.611	0.188	0.362
X19	-0.187	-0.104	0.320	0.486

从 SPSS 软件的输出结果可知，模型变量能够较好地实现因子的聚合，可见样本分布是比较满意的，因此样本通过因子分析，4 个因子分别对应了 4 个影响因素，可以进一步进行 SEM 建模。

7.3.5　建立初始 SEM 模型

依据前文论述的分析原理以及因子分析的基本结论，再以理论假设进行佐证，我们可以根据一级指标和二级指标之间的计量关系，构建一个反映货币供应量与 SHIBOR 关系的路径图，如图 7.15 所示。

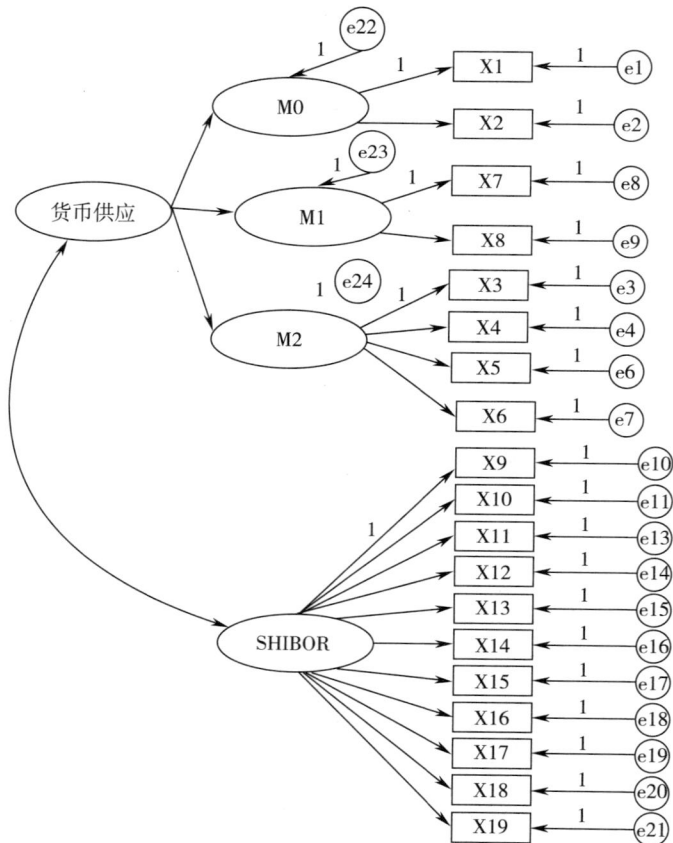

图 7.15　货币供应与 SHIBOR 相互关系的 SEM 初始模型

　　上述模型属于货币供应量与 SHIBOR 之间相互关系的通用结构方程，主要变量包括：潜变量，货币供应增长率（ξ_1）与 SHIBOR（ξ_2），其中货币供应量有 3 个潜在变量，每个潜在变量又有各自的观测变量：X_1 至 X_8，SHIBOR 有 11 个观测变量，e_1 至 e_{24} 为观测变量的误差项。此模型可以就货币供应与 SHIBOR 的关系做进一步设计和变量的筛选，模型不但具有通用性，还具有特殊性。

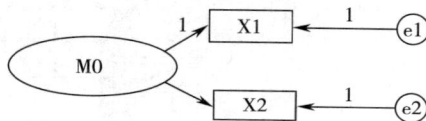

图 7.16　模型一：货币供应 I 级指标路径

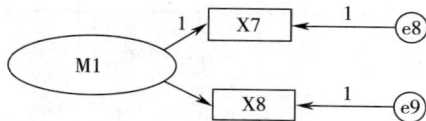

图 7.17　模型二：货币供应 II 级指标路径

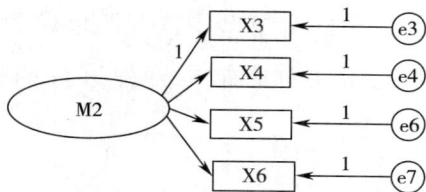

图 7.18　模型三：货币供应 III 级指标路径

　　（1）确定路径图。图 7.12 至图 7.15 依次表示货币供应、SHIBOR 的指标路径图，也就是模型一至模型四。

　　（2）数据准备。在第 2 节的数据处理过程中已经采用样本中位数对缺失值进行了插补，但还需要对数据进行标准化处理。

　　（3）模型识别。

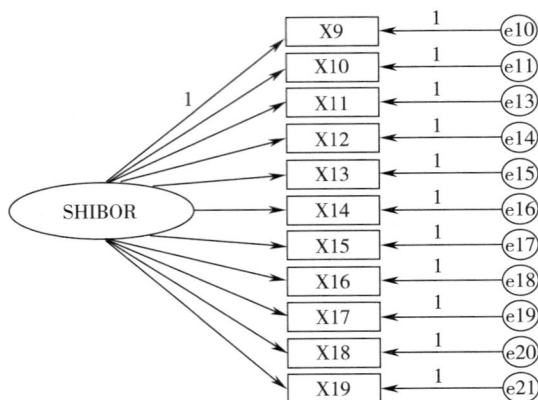

图 7.19　模型四：SHIBOR 指标路径

表 7.14　　　　　　　　　　　模型识别结果

模型	t	p	q	模型能否识别
模型一	4	0	2	不能
模型二	4	0	2	不能
模型三	8	0	4	能
模型四	22	11	0	能

　　根据表 7.14 可知，在四个模型中，有两个模型不能识别，另外两个模型可以识别，因此需要对原结构方程进行调整，调整结果如图 7.20 所示。

7.3.6　研究假设与验证

（1）研究假设

　　根据经典的经济学原理，市场利率能够对相关经济资源进行调节，因此利率具有杠杆作用。这种调节作用在资金供求方面表现得更加显著，利率是持有资金的机会成本，利率上升将改变资金供给状况，因为较高的利率意味着较高的资金使用成本，因此一定程度上会抑制借款需求，从而对货币需求产生影响。

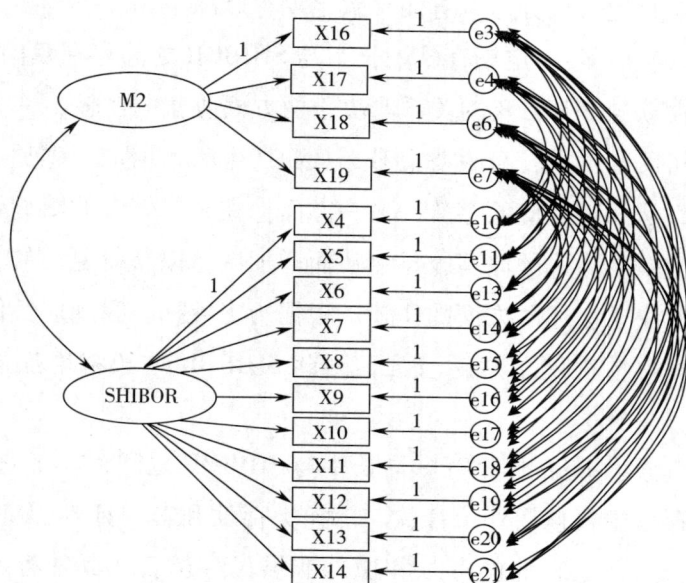

图 7.20　货币供应与 SHIBOR 相互关系的 SEM 调整模型

　　因此，假设 H1：广义货币供应量增长率与 SHIBOR 之间存在负向关系。

　　狭义货币供应量的组成包括两方面：一方面是流通中的现金，另一方面是活期存款，根据前文的分析，我们认为流通中的现金属于外生变量，主要取决于居民日常交易习惯，不会随着 SHIBOR 的变化而出现变化。活期存款属于企业流动资金，存期变化状况与单位经营状况有关，提高 SHIBOR 将加大企业资金成本，并增加单位资金应用的机会成本。

　　因此，假设 H2：狭义货币供应量增长率与 SHIBOR 之间存在负向关系。

　　定期存款与 SHIBOR 的关系主要取决于单位储蓄资金应用情况，根据第 6 章中的有关结论，我们认为 SHIBOR 与其他市场利率之间存在一定程度的关联性，因此 SHIBOR 的上升将增加定期储蓄的存款收益，但相对于储蓄利率，其他市场收益可能更高，SHIBOR 上升可能导致单位定期存款向其他市场分流，进而导致定期存款减少。

因此，假设 H3：定期存款增长率与 SHIBOR 之间存在负向关系。

储蓄存款与 SHIBOR 的关系取决于两方面收益的比较，一方面，利率上升时居民会觉得自身收益上升，从而产生收入增加的感觉，因此会增加消费，从而减少储蓄存款；另一方面，在替代效应的影响下，利率的上升又会提高居民的储蓄收益，从而增加储蓄以获得更大的收益，具体结果将取决于上述两方面的比较。根据历史数据，我国居民储蓄倾向相对较高，习惯性储蓄意愿较强，因此 SHIBOR 增长将增加居民储蓄倾向。

因此，假设 H4：储蓄存款增长率与 SHIBOR 之间存在正向关系。

其他存款主要包括外币存款、信托类存款和客户证券保证金存款，以及保险公司在银行业的存款和境外非居民存款。从其他存款的组成看，上述存款与一般意义的银行存款呈现相互替代的关系，在利率上升的情形下，上述存款将有下降的趋势。

因此，假设 H5：其他存款增长率与 SHIBOR 之间存在负向关系。

（2）假设验证

经过运用 AMOS 软件的分析，我们得出了货币供应量增长率与 SHIBOR 相互关系的估计结果，如图 7.21 所示，由估计系数可得出如下结论：

假设 H1 得到支持。总体而言，广义货币供应增长率与 SHIBOR 之间存在负向关系。作为资金的价格，在 SHIBOR 较高的情形下，对应着货币供应较少，因此两者呈现负向关系。

假设 H2 没有得到支持。可见狭义货币供应量增长率与 SHIBOR 之间并不是如预期的那样呈现负向关系，而是存在正向关系。因为狭义货币与广义货币不同，单位活期存款只会因 SHIBOR 上升而增加，与单位经营状况没有必然的关系。

假设 H3 得到支持。SHIBOR 的上升确实导致了单位定期存款的分

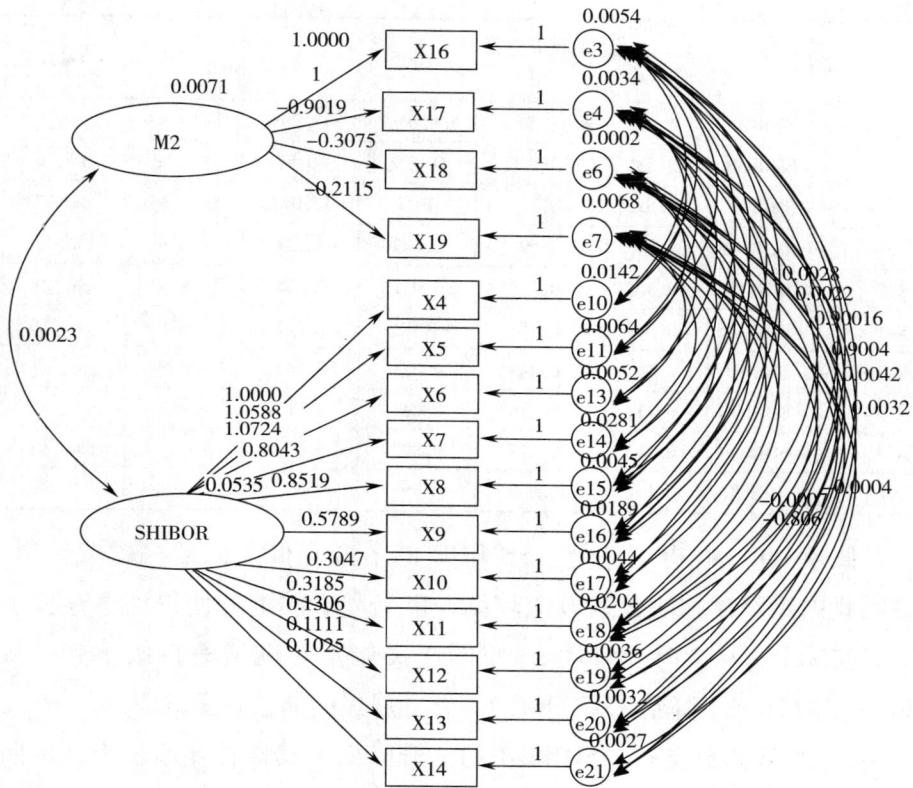

图 7.21   货币供应量增长率与 SHIBOR 相互关系的估计结果

流，在 SHIBOR 上升的背景下，定期存款出现了减少，说明市场利率上升的情形下，企业资金压力较大，资金存款出现下滑。

表 7.15   模型运行结果汇总

路径	未标准化路径系数	标准化路径系数	S. E.	C. R.	P	Label
X16 < − − − m2	1	0.751				
X17 < − − − m2	− 0.902	− 0.791	0.588	− 1.533	0.125	par _ 1
X18 < − − − m2	− 0.308	− 0.885	0.275	− 1.119	0.263	par _ 2
X19 < − − − m2	− 0.211	− 0.211	0.437	− 0.484	0.629	par _ 3
X5 < − − − SHIBOR	1.059	0.951	0.06	17.603	* * *	par _ 4

续表

路径	未标准化路径系数	标准化路径系数	S. E.	C. R.	P	Label
X6 < - - - SHIBOR	1. 072	0. 96	0. 06	17. 998	* * *	par _ 5
X7 < - - - SHIBOR	0. 834	0. 755	0. 079	10. 57	* * *	par _ 6
X8 < - - - SHIBOR	0. 852	0. 947	0. 05	17. 071	* * *	par _ 7
X9 < - - - SHIBOR	0. 579	0. 698	0. 063	9. 228	* * *	par _ 8
X10 < - - - SHIBOR	0. 305	0. 729	0. 031	9. 865	* * *	par _ 9
X11 < - - - SHIBOR	0. 319	0. 458	0. 06	5. 317	* * *	par _ 10
X12 < - - - SHIBOR	0. 131	0. 449	0. 025	5. 147	* * *	par _ 11
X13 < - - - SHIBOR	0. 111	0. 415	0. 024	4. 714	* * *	par _ 12
X14 < - - - SHIBOR	0. 103	0. 414	0. 022	4. 603	* * *	par _ 13
X4 < - - - SHIBOR	1	0. 889				

假设 H4 没有得到支持。SHIBOR 的上升降低了储蓄存款增长率，说明我国储蓄存款的收入效应较高，市场利率的上升使得储蓄存款下降。实际上，从 2010 年以来，我国居民储蓄存款增速持续下降，从 2010 年的 16% 下降到 2017 年的 7. 7% ，居民的储蓄意愿减弱。

假设 H5 得到支持。SHIBOR 的上升降低了其他存款增长率，按照定义，其他存款主要包括外币存款、信托类存款和客户证券保证金存款等。可见 SHIBOR 的上升对于上述存款产生了负相关关系。

表 7. 16　　　　　　　　研究假设验证情况

	路径系数	P 值	假设	检验结果
m2 < - > SHIBOR	- 0. 0020	* * *	H1	T
e3 < - > e10 - e21	0. 0011	* * *	H2	F
e4 < - > e10 - e21	- 0. 0010	* * *	H3	T
e5 < - > e10 - e21	0. 0000	* *	H4	F
e6 < - > e10 - e21	- 0. 0015	*	H5	T

7. 3. 7　模型评价

本研究采用 χ 、GFI、AGFI、NFI、IFI、CFI、RMSEA 这 7 个拟合指

数共同评价研究模型。标准在第一行，本书模型的拟合结果在最后一行。Default 模型、Saturated 模型与 Independence 模型分列第二行至第四行，其中关键是 Default 模型的数据比较具有代表意义。

表 7.17　　　　　　　　　模型拟合指数

指标	χ	GFI	AGFI	RMSEA	IFI	NFI	CFI
临界值	< 5	> 0.7	> 0.7	< 0.1	> 0.7	> 0.7	> 0.7
Default model	47	0.726	0.210	0.456	0.692	0.782	0.479
Saturated model	0	1.000	—	—	1.000	1.000	1.000
Independence model	105	0.261	0.156	0.423	0.000	0.000	0.000

由表 7.17 的结果可知，第一列是最小样本差异除以自由度。当相对卡方大于 2 或 3 时，保守的使用就需要拒绝模型，但是如果样本容量比较大，该值通常也比较大；GFI 是拟合优度指数，按照临界值可以接受模型；AGFI 应该至少大于 0.7。按照此标准，这个模型不可被接受。按照惯例如果 RMSEA 小于或等于 0.1，模型拟合得好，但实际数据按照此标准，没有紧密的拟合；IFI 是增值拟合指数，IFI 接近 1 表示拟合良好，实际结果中 IFI 比较小，模型不理想。NFI 是规范拟合指数，实际数值大于 0.7 表示模型可以被接受；CFI 是比较拟合指数，文中模型不可被接受。综合上述分析，模型估计的结果表现出 SHIBOR 与货币供应量增长率之间相互影响的性质，两者间主要通过定期存款、活期存款、储蓄存款等渠道发挥相互影响作用。但是 SHIBOR 与广义货币供应之间相关系数比较微弱，并且模型总体拟合程度并不是十分理想，说明现阶段 SHIBOR 对于货币供应量增长率的协调作用比较有限。

7.4　本章小结

通过对 SHIBOR 与货币供应量增长率的 SEM 模型的分析，研究表明，广义货币供应量增长率与 SHIBOR 之间存在负向关系。狭义货币供应量增长率与 SHIBOR 之间存在正向关系。SHIBOR 的上升确实导致了单位定期存款的分流，在 SHIBOR 上升的背景下，定期存款出现了减少，说明市场利率上升的情形下，企业资金压力较大，资金存款出现下滑。SHIBOR 的上升降低了储蓄存款，说明我国储蓄存款的收入效应较高，市场利率的上升使储蓄存款下降，SHIBOR 的上升降低了其他存款的增长趋势。

8　研究结论与对策思考

通过构建货币政策操作目标效力检验体系，并检验 SHIBOR 操作目标效力。我们已经能够得出本书的分析结论。根据上述结论，我们提出了进一步完善 SHIBOR 各项机制的对策建议。

8.1　主要研究结论

第一，本书探讨了国内外货币政策操作目标运行的现状。论证了操作目标效力的主要特征、决定因素、作用机理和检验标准。探讨了社会公众经济行为、金融机构经营行为与央行货币政策转型等方面对货币政策操作目标构成的影响。第二，借助 2006 年至 2017 年数据探讨了SHIBOR 波动的基本规律及其测定。第三，分析了 SHIBOR 应货币政策工具作用下的传导效力，从数量型与价格型货币政策工具的角度探讨了货币政策工具对 SHIBOR 的影响过程。第四，研究了 SHIBOR 对货币政策最终目标的调节作用，从经济增长、物价稳定、充分就业、国际收支平衡、结构调整和金融稳定六个方面，分析 SHIBOR 对最终经济目标的影响效果。第五，探讨了 SHIBOR 对其他主要市场利率的引导作用，从货币市场、债券市场、信贷市场和同业市场等方面分析了 SHIBOR 的利率联动作用。第六，探讨了 SHIBOR 对货币供应量的协调作用。从货币供应三个层次分析了 SHIBOR 与货币供应量之间的协调关系，并通过计量分析手段分析上述关系的实际效果。

通过上述研究，我们得到以下主要结论：

（1）通过对不同期限的 SHIBOR 进行 GARCH 族模型预测并对预测结果进行 DM 检验。研究表明，SHIBOR 波动性呈现出显著的"尖峰厚尾"的特征，短期同业拆借利率存在明显的 ARCH 效应，结果表明序列回归方程残差出现波动的集群现象，SHIBOR 市场具有很强的波动集聚性和持续性。总体而言，SHIBOR 的可测性较强，利用波动率模型可以较好地对其进行拟合与预测，但是不同期限的 SHIBOR 的波动特征存在差异，其中隔夜 SHIBOR 的 EGARCH 模型拟合性较强，1 周与 2 周 SHIBOR 的 APARCH 模型拟合性较强，1 个月 SHIBOR 的 TGARCH 模型拟合性较强。SHIBOR 波动具有非对称性，SHIBOR 对于类似"流动性紧缺""钱荒"等不利信息对冲击的敏感性较高，其波动性在市场负面信息影响下呈现显著的加大趋势，而面临正面信息时，却不能对 SHIBOR 波动立即发挥稳定效果。

（2）通过采用 State - space 模型就货币政策工具对于 SHIBOR 的调控关系进行分析。结果表明，准备金率调整的政策工具在过去使用的频率相对较高，公众对准备金率调整的影响已经有所预期，其操作效应对于 SHIBOR 的影响比较有限。存贷款基准利率对于 SHIBOR 的影响效应随着时间的不同而存在差异，早期对于基准利率的变动调节效力较弱，但随着时间的推移，其效力逐渐增强，并保持了一定时期的相对稳定，而到了中后期基准利率作为货币政策工具的效力有所下降。央行公开市场操作对于 SHIBOR 的调节效力，在不同的经济形势下存在差异性，当市场流动性相对平稳情况下，公开市场操作对于 SHIBOR 的调节作用比较显著，但当市场流动性出现较大波动，经济形势面临的不确定性因素增加时，公开市场操作对于 SHIBOR 的调节作用偏弱。汇率手段对于 SHIBOR 的调节作用随着人民币汇率形成机制市场化改革的推进而逐渐下降，随着汇率市场逐渐开放，人民币汇率对于 SHIBOR 的调节作用也逐渐下降。

（3）通过对 SHIBOR 的相关性采用 SVAR 分析结果表明，SHIBOR 对于国内生产总值的影响比较微弱，虽然 SHIBOR 作为货币的价格，在虚拟经济领域内具有一定的调节作用，但是对于实体经济的调控作用较弱。SHIBOR 对于消费物价具有显著的影响效应，且 SHIBOR 作为央行货币政策的风向标，对于物价水平具有比较显著的预期效应。SHI-BOR 对于就业水平总体产生了负向影响，但是程度相对微弱。SHIBOR 对于国际收支的影响并不稳定，随着人民币国际化，SHIBOR 对于离岸人民币价值的指示效应正在增强。SHIBOR 的影响更多地显示在货币市场与资本市场，对于结构调整的影响并不大。SHIBOR 对于金融稳定影响总体较弱。

（4）通过对不同期限 SHIBOR 的 TVP – VAR 模型的分析，结果表明不同期限的 SHIBOR 之间存在联动关系，长期 SHIBOR 对于短期 SHI-BOR 具有更加显著的引导效应，短期 SHIBOR 对于长期 SHIBOR 的联动效应相对有限。从期限上看，短期内，SHIBOR 对于国债收益率、质押式回购利率、CHIBOR 的联动效应最强；国债收益率的联动效果在四种被测试利率中处于中下水平，其中 SHIBOR 对于国债收益率的联动效果最强；其他市场利率对于质押回购利率的联动效应较低；CHIBOR 的利率联动效应大于国债收益率与质押式回购市场利率的联动效应，市场利率引导性较强。在中期，国债收益率对于其他市场利率的联动效应有所上升；质押回购利率在中期对于金融市场利率的联动效应较低；CHI-BOR 与 SHIBOR 的利率联动效应在中期表现较为平稳。在长期，国债收益率的利率联动效应表现仍然较强，质押回购利率对于其他市场的联动显著增强，成为联动性最强的市场利率，相对于 CHIBOR，SHI-BOR 长期利率联动效应相对较弱。

（5）通过对 SHIBOR 与货币供应量增长率的 SEM 模型的分析，研究表明，广义货币供应量增长率与 SHIBOR 之间存在负向关系。作为资金的价格，在 SHIBOR 上升的情形下，对应着货币供应量增长率下降，因此两者呈现负向关系；狭义货币供应量增长率与 SHIBOR 之间并不是如预期的那样呈现负向关系，而是存在正向关系，作为单位因为狭义货币供应量与广义货币供应量不同，单位活期存款只会因 SHIBOR 上升而增加，与单位经营状况没有必然的关系；SHIBOR 的上升确实导致了单位定期存款的分流，在 SHIBOR 上升的背景下，定期存款增长率出现了下降，说明市场利率上升的情形下，企业资金压力较大，资金存款出现下滑；SHIBOR 的上升降低了储蓄存款，说明我国储蓄存款的收入效应较高，市场利率的上升使储蓄存款增长率下降；SHIBOR 的上升降低了其他存款增长率，按照定义，其他存款主要包括外币存款、信托类存款和客户证券保证金存款等。可见 SHIBOR 的上升对于上述存款增长率产生了负相关关系。

8.2　相关对策思考

国民经济"十三五"规划纲要明确提出，"要完善货币政策操作目标、调控框架和传导机制，推动货币政策由数量型为主向价格型为主转变"。经过多年的努力，虽然以 SHIBOR 为代表的货币政策操作目标培育工作已经取得了重要进展，但仍存在一些需要进一步完善的地方，主要表现在：一是中长端的交易基础不强，由于成交较少，报价的准确性仍需进一步提高；二是在市场成员尤其是商业银行的资产负债管理和绩效考核中的应用仍有待提高，经营行缺乏主动应用定价的动力；三是社会有关方面的认知不够，需要进一步加强宣传推广工作。因此提升基础利率的地位，对于推进以为基础的金融产品定价具有重要意义。

8.2.1 加强 SHIBOR 报价体系机制建设并提升市场波动预测精确性

由于 SHIBOR 本身还不是一阶平稳序列，需要进行对数处理以后才能转化为一阶平稳序列，这与票据转贴现价格以及其他大多数的金融数据平稳特征不一致，造成了不能直接构建以基准利率为基础进行加点的定价方法。所以，当前制约基础性地位提高和应用推广的一个重要原因是报价的及时性和准确性不够。对此要重点做好以下几项工作：

（1）放宽市场的准入资格，形成主体多样运行稳健的 SHIBOR 交易市场

目前，我国的 SHIBOR 市场经过了几十年的发展，已经成为具有代表性的市场利率之一。但是 SHIBOR 参与主体仍然以大型商业银行为主，SHIBOR 要发展成为利率体系内具有举足轻重的资金定价标准，需要进一步扩大 SHIBOR 市场规模，加大市场准入力度，进一步丰富 SHIBOR 的市场构成。另外，畅通 SHIBOR 子市场的资金联通机制，充实资金形成机制。与债券回购交易规模相比，SHIBOR 市场规模偏小，有必要扩大同业拆借市场规模，夯实交易基础，做大做强 SHIBOR 市场。在这一方面，可以从以下几点着手，一是放开对交易主体资质的限制以及交易期限的约束，充实更多的交易主体参与 SHIBOR 交易；二是进一步丰富交易品种，需要加快丰富期货、远期、互换、期权等金融产品的品种，扩大 SHIBOR 的应用场景，以满足不同金融主体对于不同金融产品的喜好与实际需求；三是促进市场联通，注重不同市场间的交易联系，加大对资本账户的对外开放，加快汇率市场化形成机制，促进外汇市场与本币市场有效互联；四是加强交易所市场与银行间市场间的互联互通，规范交易规则和市场准入权限等；五是加强对成员资质管理与审核，鼓励具备相关资质的市场成员积极参与 SHIBOR 交易，进一步打牢 SHIBOR 发展的基础与内在合力，不断优化产品结构，以吸引各类投

资主体参与 SHIBOR 交易，不断形成公平、合理、健康、有序的 SHI-BOR 交易规则，树立货币当局的管理权威，促进市场的良性发展。

（2）提高中长端利率的准确性，缩小不同期限市场间的波动差距

虽然目前 SHIBOR 报价包括隔夜、一周、两周等共计八个品种，但是不同期限报价间的准确性存在差距。其中，短期报价，特别是 90 天以内的 SHIBOR 报价主要参考回购利率，因此短期报价的准确性较高，能够比较客观地反映资金的真实价值。但是超过 90 天以上的报价准确性并不高，表现出中长端 SHIBOR 与同期回购利率的差距较大，在一些经济形势波动的时期，波动差距相对明显。其主要原因在于，中长端 SHIBOR 缺少定价参照物，容易受到市场波动的影响。此外，在中长期市场上，银行对于中长期金融投资产品的开发也比较少，相对缺乏资金拆借的动力，因此也缺乏开展中长端 SHIBOR 定价研究的动力。为了应对上述困境，应采取如下措施：一是扩大 SHIBOR 在银行金融产品中的报价范围，如在同业存放中，加强 SHIBOR 作为报价基础的应用力度。二是鼓励商业银行开发基于 SHIBOR 的浮动利率金融产品，加强金融产品价格与市场价格的联系。三是建立利率互换报价机制，促进衍生品交易在银行资管业务中的比例。四是加强 SHIBOR 对金融产品的引导力度，增强 SHIBOR 的价格核心引导地位。

（3）规范市场秩序，加强对金融机构定价行为的监测分析

从目前各个主要经济体对于市场基准利率的报价情况看，SHIBOR 报价需要首先开展大量交易，在大量交易的基础上形成相应的市场报价。由此才能保证报价能够真实地反映资金的实际价格，以及对于市场波动的反映。但是目前，我国 SHIBOR 的报价只是事先公布，并不具有强制的交易义务。如此容易导致一系列问题：一是报价执行存在难度，SHIBOR 价格是各家银行给出的报价水平，而不是执行价格，因此很难保证 SHIBOR 报价的客观性，从而难以避免一些银行对于报价的随意性。二是存在串通报价的可能，由于 SHIBOR 的特殊运行机制，导致了

SHIBOR 的报价行具有较大的自主权，有可能导致报价行之间存在彼此报价串通的可能性，从而导致 SHIBOR 离市场真实报价差距较大，导致 SHIBOR 报价的波动性难以平稳控制。三是市场监管部门需要加大对市场主体的报价行为规范，打击串通报价行为，维护良好的市场运行规则，确保 SHIBOR 报价在正常合理范围内，防止 SHIBOR 报价离市场预期过远，出现价格偏离，从而扰乱正常秩序的行为。四是大型商业银行应自觉遵守相关的报价规则，从维护市场良好秩序的要求出发，确保 SHIBOR 的正常运行，必要时可以指定相关政策规定，保持市场纪律。五是加大市场检查力度，及时发现金融机构的不合理定价行为，进行有效约束与规范，防止市场出现较大波动。

8.2.2 强化 SHIBOR 监管和指导作用并改进货币政策工具调控效能

前文分析发现，数量型货币政策工具与价格型货币政策工具对于 SHIBOR 的影响力存在差异，并且后者的影响力具有逐渐增强的趋势。当前银行间货币市场、债券市场和信贷市场间存在一定的割裂现象。单独的某项货币政策工具往往只能在一定的市场范围内发挥效力，难以发挥跨市场的调节机制，因此需要强化货币政策对于 SHIBOR 的影响力，依托其跨市场调节效力，从而增强货币政策调节的实际效果。

（1）建立跨市场的联合调控机制，增强货币政策调节的协调性与规范性

目前，SHIBOR 主要应用于银行间短期资金拆借，拆借的目的主要是满足央行对于银行业金融机构的准备金要求，防范金融风险。但是 SHIBOR 的未来发展方向应该作为市场利率的基准利率，对于规模更大、快速发展的票据市场上，SHIBOR 需要发挥更加广泛的定价作用与功能，从而积极发挥 SHIBOR 的定价作用，促使 SHIBOR 成为市场价格的客观反映标准。需要促进货币市场与债券市场联络与沟通联系，促进

SHIBOR 在票据市场的应用。具体而言，应该大力发展直贴业务，直贴业务虽然属于信贷业务，在管理上遵循一般信贷业务的思路，但是在具体操作方面又具有更加灵活的操作模式。一般的信贷业务利率是在央行基准利率的基础上，采取一定的加点形成银行信贷利率，形成机制相对简单。直贴业务则是以再贴现利率的基础上，采取低于同档信贷利率为限度，加点形成的利率水平。再贴现利率是央行"最后贷款人"角色的集中体现，但是再贴现利率相对固定，受市场货币价格波动的影响较小，另外，再贴现利率很难应市场资金价格波动进行及时调整，因此继续采用再贴现利率作为直贴现业务的基准利率存在一定弊端。因此如果能够改用 SHIBOR 作为直贴现业务的基准利率，将强化直贴现利率与市场利率之间的联系，也将拓展 SHIBOR 在市场利率方面的应用。另外，直贴现业务的信贷期限普遍较短，相对于中长期金融市场，短期市场对于市场波动的影响效应较低，不会对市场带来较大的冲击性影响，倘若首先在直贴现领域实现 SHIBOR 业务的运用将可以在确保市场稳定的前提下，扩大 SHIBOR 市场的应用领域。此外，还能够发挥票据市场作为货币市场与债券市场之间的联络作用，促进市场的融合与协调发展，促进货币市场、票据市场和债券市场的协调发展。进一步拓展 SHIBOR 的市场应用价值，对于增强 SHIBOR 市场核心利率地位具有重要意义。

（2）强化对价格型货币政策工具管理，正确引导货币价格变动的合理预期

长期以来，我国利率体系中的重要利率主要由中央银行直接决定或调控，央行能够按照实际需要，对利率进行调控。所以这些利率会对市场预期产生较大影响。在过去，央行运用多个政策性利率对市场资金价格进行具体操作，特别是央票的发行与操作。但是由于不同政策工具的周期效力存在差异，例如，不同期限的央票在流通周期方面存在差异，由此导致了央行对于市场利率的引导方面存在不足。如果将 SHI-

BOR 培育成为操作目标，我们可以借鉴美联储对于联邦基金利率的设置方法，针对 SHIBOR 可以采取召开周期性协调会议的形式，根据每日公开市场操作与报价行的报价情况对 SHIBOR 进行调整，当市场流动性不足时，经过操作向市场投放流动性，当市场流动性过剩时又采取相关措施收回流动性，从而对流动性开展动态调整，保持市场流动性的均衡与稳定。另外，需要加强对市场准入的监督管理，确保具备良好职业道德的企业进入 SHIBOR 市场，需要确保具备良好资质的企业才能进入同业拆借市场，同时需要确保同业拆借市场具有多元化的主体，才能最大限度地发挥 SHIBOR 市场的价格发现机制，从侧面确保 SHIBOR 市场成为各个市场的联络性市场。并有效确保市场质量，维护良好的市场秩序，促进市场多样化发展。通过正确引导，促进市场良性竞争，有序发展。同时应该制定有效的市场运行规则，从而形成正确的市场预期，促进相关投资主体的正确经营行为。通过正确引导，促使市场自发形成良好的运行规则与秩序，促进 SHIBOR 市场有序健康发展。为形成客观合理的市场资金价格创造良好的前期条件，最后，合理引导投资者预期，避免市场出现大的波动，促进 SHIBOR 市场平稳有序发展。

（3）巩固央行的货币政策主体地位，不断提升金融市场管理的权威性

加强央行对于同业拆借交易的监管。央行应该制定一套完整的防范风险的准则，主要是针对指令交易、欺诈交易、内部制约和系统安全。通过监管交易双方的交易行为，预防价格出现异常的变动和制止"暗箱操作"的交易行为。所以加强市场交易监管的目的在于维护市场交易的正常进行，保证市场及时、真实、准确地披露相关信息。所以在加强监管、适当限制衍生产品门槛的基础上，可以为标的发展利率互换、利率期货、利率期权等衍生产品，一方面各期限品种为其提供定价基准，另一方面衍生产品的发展也使得报价具备了交易的特性。今年兴业银行分别与太平人寿资产管理公司、花旗银行签订以为

基准的第一笔人民币远期利率协议、利率互换，交易应该不断活跃。我们可以借鉴美国的经验，先发展短期衍生产品、再发展长期，当下可以发展隔夜指数互换，其完全以隔夜利率为基准，从而可以使利率曲线更为准确。

8.2.3　提升 SHIBOR 对货币政策最终目标影响作用并增强调节能力

本书研究表明 SHIBOR 对于不同货币政策最终目标的调节能力存在差异。资金大量流入对利率不敏感的地方融资平台和国有企业，制约了利率对投资需求的影响。收入结构不合理和社会保障体系不健全，制约了利率对消费需求的影响，进而影响了 SHIBOR 对于实体经济的调节效果。

（1）完善中央银行制度，保证中央银行决策独立性与货币政策适用性

目前，主要发达国家都建立了相对独立的中央银行制度，我国《中国人民银行法》也以法律的形式规定了中央银行独立行使法定职责的制度约定。因此中央银行需要进一步完善自身决策机制，增强货币政策的分析研判能力，中央银行应建立相对独立的政策研究与决策执行机构，进一步提升央行履职能力与宏观调控能力。加强货币政策透明度，并引导社会公众的合理预期，努力提升政策的针对性与制定的科学性，提升调节效能。促进货币政策对于最终经济目标的调节能力，从而在此基础上加强以 SHIBOR 为工具的货币政策的调控能力，增强货币政策实际效力，以此增强 SHIBOR 对于实体经济的调控能力，增强社会公众对于 SHIBOR 效力的认可度，从而提升中央银行的宏观经济调控力度。

（2）提高货币政策的经济调控效力，增强政策设计与经济运行的契合性

目前我国国民经济已经进入新常态，在新的发展阶段，经济金融形

势复杂多变，各种经济主体在新形势下都将面临许多新情况、新问题。上述现状也为中央银行履行经济调控与货币政策职能提出了新的要求与挑战。央行货币政策调节效果在新形势下要求有更高的效能，相对数量型调控手段，价格型调控对于改进货币政策操作，改善区域金融生态具有重要作用。传统的数量型货币政策调控工具也能发挥积极的调节作用，但是调节效力过高，对于宏观经济的影响效力较强，并且具有比较明显的行政调节色彩。为了更好地发挥市场调节作用，充分发挥市场性调节工具，可以以 SHIBOR 作为主导型操作工具对最终经济目标进行调控，增强货币政策调控的针对性与精准性，也能加强以 SHIBOR 为代表的价格型调控工具对最终经济目标的调控效能，并能避免由于力度过大以至于影响经济稳定运行，使得调节效果最大化而成本最小化，并且积极发挥市场调节的效力，形成合理的市场预期，避免行政手段对于经济波动的不良影响，促进货币政策工具与实体经济的良性循环互动，增强经济发展活力，更好地顺应新常态下经济发展新业态。

（3）加强货币政策与财政政策、产业政策的综合协调

在传统的经济调控场景下，货币政策与财政政策、产业政策呈现各自为政的状态，政策联络不畅，也缺乏必要的业务沟通。因此有必要增强不同政策之间的有效联络，特别是加强货币政策与其他政策之间的协调。一般而言，货币政策需要一定的调节周期，某项货币政策发挥效力需要经历制定、实施、生效等多个环节，因此货币政策调节比较强调"顺周期"调节，需要把好调节节奏，才能发挥最大效力。财政政策相对能够取得立竿见影的效果，在时间上具有时间短、见效快的特点，但具有较强的行政调节色彩，如果长期使用会在一定程度上影响市场自主性。产业政策具有一定的区域调节能力，对于做大经济总量，促进某一产业的经济振兴具有显著作用。综上所述，各种经济政策均存在一定的优缺点，对于整个经济总量而言，货币政策、财政政策与产业政策都具有自身特点，需要加强政策协调。特别是推进以 SHIBOR 为代表

的货币政策操作目标发挥更加积极的作用，加强利率工具的协调作用，促进经济政策之间的协调，强化政策效果。

8.2.4　改进 SHIBOR 与其他市场的联动关系并强化金融市场协调性

当前银行间货币市场、债券市场和信贷市场间割裂现象明显。央行对于市场流动性的调节，对于各市场的影响不尽相同，例如，信贷调节政策从效果看偏弱，这一方面是因为各银行的存贷比较低，另一方面是因为货币债券市场和信贷市场间缺乏利率（价格）传导机制。因此充分发挥货币政策操作目标的政策效力，需要强化 SHIBOR 市场与其他市场的联动关系。

（1）协调发展各金融市场，建立规范的货币市场资金流通渠道和机制

基于社会经济发展历史的原因，长期以来，我国金融市场存在条块分割的现象，各个市场间存在各自为政的现象，资金的跨市场流动并不完全顺畅，由此导致市场间利率水平存在阻隔，给货币当局采取有效措施规避金融风险带来一定障碍。虽然从理论上说，以 SHIBOR 为代表的货币市场利率应该与其他市场利率之间保持一定的联络，或者具备一定的相关性，这样才能发挥一定的统一市场价格的作用，促进投资者调整现有资产配置。但由于我国金融市场之间的联络并不畅通，由此导致 SHIBOR 很难发挥跨市场协调的作用。随着利率市场化的发展，市场间利率差距随之加大，特别是当利率市场参与主体的增加以及利率自主定价权的增强，部分市场参与主体对于利率市场的价格串通与操作行为不可避免，从而进一步加剧了市场间价格差距的形成。由于历史的原因，我国货币市场与资本市场之间相互隔离，使得利率传导机制无法在市场之间发挥作用。因此需要采取有效的措施，改进相关市场资金价格的运行机制，特别是利率传导机制，加强不同市场间资金价格的联络，

特别是要发挥以 SHIBOR 为代表的关键利率的价格联络作用，充分发挥市场主体合力，共同推进利率形成机制的合理途径，发挥市场调节的基础性作用，促进市场资金价格的有效形成。各市场主体在开展利率定价的同时需要考虑可能存在的利率风险，以及时有针对性地调整与改进。鼓励各市场主体在定价时采取 SHIBOR 作为价格参考，不断提高 SHIBOR 的市场定价地位，提升其政策效力，将其培育成为市场主流型资金价格，并改进效力发挥机制，促进 SHIBOR 在更广阔的范围内发挥市场基准性作用。加强不同市场间的价格联络，促进公平合理的资金价格的形成。

（2）完善货币价格的形成基础，不断改进金融资源配置的质量与效能

一是需要采取有效措施，促进货币市场的完善与发展，要进一步增加市场上的金融产品的种类，扩大 SHIBOR 的实际应用范围。发展大额可转让定期存单市场，利用大额可转让定期存单市场作为市场间调节的重要纽带，促进货币政策工具与金融市场间的传导协调力度，发挥其市场预测作用，更好地发挥 SHIBOR 在政策调控中的主动性作用。二是发展短期融资市场业务，进一步丰富企业融资来源，增加市场交易活力，增强金融产品种类及应用规模，并进一步增强短期 SHIBOR 在短期金融产品中的定价能力。三是开发基于央票、国债、企业债等债券为标的的金融产品，促进虚拟经济支持实体经济的应用能力，进一步拓展 SHIBOR 对于实体经济的调控力度，避免由于经济过于脱实就虚而导致的加杠杆等金融乱象，维护良好的金融发展秩序，有效提升市场利率的调节效力。

（3）促进利率产品定价与 SHIBOR 挂钩，不断丰富金融产品种类

通常而言，目前短期货币市场利率的报价准确性较高，但在中长期市场利率报价准确性较低，具体而言，3 个月及以下的利率报价精准性较强，但是 6 个月以上的准确性偏低。究其原因，主要是因为中长期货

币市场交易规模较低，无法通过市场交易情况形成客观真实的价格，因此 SHIBOR 与质押回购利率主要是在短期市场利率发挥作用。基于上述情况，需要大力发展中长期利率市场，特别是需要促进商业银行融资业务与网上金融产品相互促进，在同业拆借市场中，需要开发以 SHIBOR 为基准的定期同业存单业务，进一步拓宽 SHIBOR 的应用领域，扩大同业拆借市场的规模，可以探索研发基于 SHIBOR 定价的短期存单金融产品，从根本上提高资金对于市场需求的真实反应。积极开发利率互换、期货、期权等金融衍生品交易规模，促进 SHIBOR 在金融衍生品交易产品中的定价作用，强化报价的准确性，促进杠杆类业务的定价科学性，促进金融稳定，规避业务风险。同时，促进不同市场间价格形成机制的科学性与规范性，缩小不同市场间价格差异与价格波动性。

8.2.5　完善 SHIBOR 与货币供应量管控的协调配合并提高政策效能

以调节货币供应量为核心的数量型货币政策调控模式在我国的实行由来已久，随着货币政策向价格型调控转型，数量型与价格型调控的协调成为影响转型效果的关键。但从分析结果看，SHIBOR 与货币供应量之间的相关关系并不显著，这在一定程度上说明了数量型调控已经不利于新形势下政策的传导，但是为了保证转型的平稳推进，强化 SHIBOR 调控与货币供应量的管控确有必要。

（1）强化货币政策的科学性，提高 SHIBOR 对于货币政策调控的有效性

在前文的分析当中，我们发现在现阶段公开市场操作、法定存款准备金率等数量型工具对于经济的调节作用仍然较强。因此在现阶段，我们需要积极应用数量型货币政策工具的货币政策调节作用，进一步拓宽以 SHIBOR 为代表的价格型货币政策调节工具对于数量型货币政策调控的实际效力，加强政策联络，发挥数量型与价格型货币政策的合力，

强化政策调控的配合，扩充货币市场上的金融品种，促进 SHIBOR 在更广阔的舞台发挥效力，加强价格型调控工具与数量型调控工具之间的协调，加强货币政策效力研判，科学调配各种政策工具发挥最大效力，避免政策工具之间的抵触效应，确保政策调控的一致性，规避政策货币政策工具差异与方向相左而导致的调控效力低下及可能导致的政策调控风险，强化政策协调与配合，强化政策效力提前研判，使有限的货币政策发挥最大的合力，提升货币政策效力与促进作用，保持政策相对稳定性，促进货币市场和谐发展，以及各经济主体之间的良性发展。

（2）合理利用数量型与价格型调控工具，促进多种政策手段的调节效能

通常而言，货币政策需要在银行体系内部发挥效力，需要借助商业银行等金融机构的业务渠道发挥效果，因此良好的货币政策离不开良好的银行金融体系以及良好的货币政策运行环境，因此需要建立多层次、多种类的运行良好的现代金融体系作为货币政策的支撑。合理存贷款规模的商业银行与金融机构是发挥货币政策数量型调控的必要前提，因此必须加快发展银行存贷款业务，为货币政策数量型调控创造基础。另外，强化利率的市场化形成机制建设，提升以 SHIBOR 为代表的市场资金价格对于市场货币供求状况的真实反应，科学运用价格型调控机制，充分考虑市场预期、政策时滞效应等因素对于价格型货币政策工具的影响状况，建立科学的应对通货膨胀与通货紧缩的调节机制，提升货币政策的前瞻性与科学性，更好地发挥政策调控效能，建立有效的市场沟通联络机制，促进数量型与价格型货币政策工具的协调配合，发挥政策合力，创新联络机制，促进货币政策效力的稳步提升。

（3）着力解决货币政策调节的时滞性，提升宏观经济调节的针对性

货币政策时滞是货币政策在制定与执行过程中不可避免地产生的，对于货币政策时间效果产生影响的因素总和，一般而言，某项货币政

推出以前需要进行广泛的分析论证，在此过程中需要耗费一定的时间，例如，当实体经济出现通胀时，如果货币政策的制定不及时，有可能使得本想应对通胀的货币政策当实施的时候，实体经济已经转向紧缩，那么此时的货币政策不利于经济发展。此外，货币政策需要借助一系列经济变量发挥效力，在货币政策传导的过程中也受到经济主体运行时滞的影响，使得货币政策难以发挥立竿见影的效果，因此需要分析在货币政策工具的实际使用过程中的相关影响因素，着重强化以 SHIBOR 为代表的价格型货币政策工具对于货币总量的调节效力，有效克服货币政策时滞效应，在确保政策效率的前提下，最大限度地发挥价格型货币政策工具的效力。

参 考 文 献

［1］伍戈，李斌．货币数量、利率调控与政策转型［M］．北京：中国金融出版社，2016.

［2］张健华．利率市场化的全球经验［M］．北京：机械工业出版社，2012.

［3］李宏瑾．市场预期、利率期限结构与间接货币政策转型［M］．北京：经济管理出版社，2013.

［4］刘方．中国利率市场化进程的动力机制与宏观效应研究［M］．北京：中国经济出版社，2017.

［5］王国刚．利率市场化改革与利率调控政策研究［M］．北京：社会科学文献出版社，2016.

［6］马骏，纪敏．利率市场化改革与利率调控政策研究［M］．北京：中国金融出版社，2017.

［7］郭庆平，王爱俭．汇率政策与利率政策协调机制研究［M］．北京：中国金融出版社，2007.

［8］悉尼·霍默，理查德·西勒．利率史（第四版）［M］．北京：中信出版社，2009.

［9］李庆华．利率市场化与货币政策传导机制［M］．北京：中国石化出版社，2015.

［10］严长松．中国利率制度化建设与改革［M］．武汉：湖北科

学技术出版社，2012.

　　［11］中国金融四十人论坛上海新金融研究院．中国金融改革报告2015——中国经济发展与改革中利率市场化［M］．北京：中国金融出版社，2017.

　　［12］刘义圣．市场利率的理论范式与中国实践探索［M］．长春：长春出版社，2016.

　　［13］盛松成，吴培新．国货币政策的二元传导机制——"两中介目标、两调控对象"模式［J］．经济研究，2008（10）：37 - 51.

　　［14］范从来．论货币政策中间目标的选择［J］．金融研究，2004（6）：123 - 129.

　　［15］刘明志．货币供应量和利率作为货币政策中介目标的适用性［J］．金融研究，2006（1）：51 - 63.

　　［16］谢平，罗雄．泰勒规则及其在中国货币政策中的检验［J］．经济研究，2002（3）：3 - 12.

　　［17］王建国．泰勒规则与我国货币政策反应函数的实证研究［J］．数量经济技术经济研究，2006，23（1）：43 - 49.

　　［18］欧阳志刚．我国利率的非线性动态调节及其货币政策效果［J］．统计研究，2009，26（4）：33 - 40.

　　［19］邓创，石柱鲜．泰勒规则与我国货币政策反应函数——基于潜在产出、自然利率与均衡汇率的研究［J］．当代财经，2011（1）：64 - 73.

　　［20］王灿，李舜宇．我国定向宽松型货币政策研究［J］．经济视角，2014（5）：33 - 34.

　　［21］刘轶，李久学．中国利率市场化进程中基准利率的选择［J］．财经理论与实践，2003，24（4）：56 - 59.

　　［22］王志栋．中国货币市场基准利率选择的实证研究［J］．投资研究，2012（1）：25 - 40.

［23］董奋义．利率市场化过程中我国基准利率的选择与培育
［J］．经济经纬，2006（4）：136－139.

［24］戴国强，梁福涛．中国金融市场基准利率选择的经验分析
［J］．世界经济，2006（4）：3－11.

［25］蒋竞．我国利率市场化中基准利率的选择与培育［J］．西南
交通大学学报（社会科学版），2007，8（5）：28－33.

［26］蒋贤锋，王贺，史永东．我国金融市场中基准利率的选择
［J］．金融研究，2008（10）：22－36.

［27］王志栋．中国货币市场基准利率选择的实证研究［J］．投资
研究，2012（1）：25－40.

［28］刘湘云，邱乐平．SHIBOR 已成为我国货币市场基准利率了
吗？［J］．金融理论与实践，2011（1）：24－27.

［29］高丽．基于 SVAR 模型的货币市场 SHIBOR 基准地位研究
［J］．商业研究，2012（2）：97－101.

［30］吴玮．联邦基金利率发展经验及对推广的启示［J］．中国货
币市场，2007（8）：30－33.

［31］詹向阳，樊志刚，邹新，等．银行间市场基准利率体系选择
及运行分析［J］．金融论坛，2008，13（4）：3－8.

［32］胡海聘，赵慈拉．理顺和规范决定机制的思考［J］．上海金
融，2008（9）：30－33.

［33］梁琪，张孝岩，过新伟．中国金融市场基准利率的培养——
基于构造完整基准收益率曲线的实证分析［J］．金融研究，2010（9）：
81－98.

［34］梁琪，张孝岩，过新伟．中国金融市场基准利率的培育——
基于构建完整基准收益率曲线的实证分析［J］．金融研究，2010（9）：
81－98.

［35］郑振龙，黄薏舟．波动率预测：GARCH 模型与隐含波动率

［J］. 数量经济技术经济研究，2010（1）：13 – 22.

［36］刘铁鹰，田波平. GARCH 类模型和状态空间模型波动率预测评价［J］. 统计与决策，2009（16）：118 – 120.

［37］魏宇，余怒涛. 中国股票市场的最优波动率预测及其 SPA 监测［J］. 金融研究，2007，28（7）：138 – 150.

［38］方立兵，郭炳伸，曾勇. GARCH 族模型的预测能力比较：一种半参数方法［J］. 数量经济技术经济研究，2010（4）：148 – 161.

［39］李文华. 基于极值理论的商业银行同业拆借利率风险度量［J］. 统计与决策，2012，8（5）：150 – 153.

［40］周先平，李标，邹万鹏. 境内外银行间人民币同业拆借利率的联动关系研究［J］. 国际金融研究，2014（8）：69 – 77.

［41］严定琪. 基于条件异方差模型和在险价值的我国银行间同业拆借利率风险度量［J］. 甘肃金融，2011（8）：19 – 22.

［42］高薇. 基于 GARCH 族模型的我国 SHIBOR 金融市场波动率统计研究［J］. 统计与决策，2015（10）：30 – 33.

［43］何晓光. 基于 ARMA – GARCH 模型的同业拆借利率 VAR 度量［J］. 产业经济，2016（2）：85 – 87.

［44］李宏瑾，项卫星. 中央银行基准利率、公开市场操作与间接货币调控——对央票操作及其基准利率作用的实证分析［J］. 财贸经济，2010（4）：13 – 19.

［45］任兆璋，彭化非. 我国同业拆借利率期限结构研究［J］. 金融研究，2005（3）：28 – 37.

［46］陈学华. 状态空间模型理论与算法及其在金融计量中的应用［D］. 广州：暨南大学，2007.

［47］陈浪南，罗嘉雯，刘昊. 基于 TVP – VAR – GCK 模型的量价时变关系研究［J］. 管理科学学报，2015，18（9）：72 – 85.

［48］胡利琴，彭红枫，李艳丽. 中国外汇市场压力与货币政

策——基于 TVP – VAR 模型的实证研究［J］. 国际金融研究，2014
（7）：87 – 96.

[49] 金春雨，张浩博. 货币政策对股票市场流动性影响时变性的
计量检验——基于 TVP – VAR 模型的实证分析［J］. 管理评论，2016
（3）：20 – 32.

[50] 王晓芳，郑斌. 超额准备金、货币政策传导机制与调控方式
转型——基于银行信贷市场的分析［J］. 世界经济研究，2017（6）：
61 – 76.

[51] 康立. 超额存款准备金率与银行间市场流动性研究——月度
数据估算与格兰杰因果检验［J］. 管理现代化，2014，34（4）：4 – 9.

[52] 邹玲，周陈曦. 人民币离岸存款对境内货币流通的影响效
应——基于香港数据的实证检验［J］. 当代财经，2017，3（4）：20 –
32.

[53] 邹玲，周陈曦. 货币超发导致居民消费物价上涨：质疑与论
证［J］. 中央财经大学学报，2015（12）：25 – 40.

[54] 王国跃，周陈曦. 我国股份制商业银行流动性的实证研
究——基于 SPSS 软件的聚类分析［J］. 贵州财经学院学报，2009，
（11）：18 – 34.

[55] 李宏瑾，项卫星. 中央银行基准利率、公开市场操作与间接
货币调控——对央票操作及其基准利率作用的实证分析［J］. 财贸经
济，2010（4）：13 – 19.

[56] 彭红枫，鲁维洁. 中国金融市场基准利率的选择研究［J］.
管理世界，2010（11）：166 – 167.

[57] 姚余栋，谭海鸣. 央票利率可以作为货币政策的综合性指标
［J］. 经济研究，2011，4（2）：63 – 74.

[58] 方意，方明. 中国货币市场基准利率的确立及其动态关系研
究［J］. 金融研究，2012（7）：84 – 97.

［59］戴金平，陈汉鹏．中国利率市场化中基准利率的选择——SHIBOR 作为基准利率的可行性研究［J］．财经科学，2013（10）：1－10.

［60］易钢．中国改革开放三十年的利率市场化进程［J］．金融研究，2009（1）：1－14.

［61］方先明．SHIBOR 能成为中国货币市场基准利率吗——基于 2007.1—2008.3 间 SHIBOR 数据的经验分析［J］．经济学家，2009（1）：85－92.

［62］项卫星，李宏瑾．货币市场基准利率的性质及对 SHIBOR 的实证研究［J］．经济评论，2014（1）：107－117.

［63］冯宗宪，郭建伟，霍天翔．市场基准利率的基准性检验［J］．西安交通大学学报，2009，29（3）：24－30.

［64］刘喜波，赵鹏远，李红梅，等．SHIBOR 作为基准利率的实证研究［J］．数学的实践与认识，2008，38（11）：46－49.

［65］龙佩．浅析 SHIBOR 作为基准利率的问题［J］．江苏商论，2009（32）：39.

［66］周珠玲．上海银行间同业拆借利率作为我国基准利率的探讨［D］．上海：复旦大学，2009.

［67］JR Hicks, Capital controversies: ancient and modern American Economic Review, 1974 , 64（2）：307－316.

［68］Kydland. F. E, Prescott. E. C. The Econometrics of the General Equilibrium Approach to Business Cycles［J］. *Scandinavian Journal of Economics*, 1991 , 93（2）：161－178.

［69］Taylor. J. B.. Discretion versus policy rules in practice［J］. *Journal of Political Economy*, 1980, 88（1）：1－23.

［70］Rudebusch. G. D, Svensson. L. E.. Eurosystem Monetary Targeting: Lessons from U. S. Data［J］. *European Economic Review*, 1999, 46

(3) : 417 – 442.

[71] Woodford. M. . The Taylor Rule and Optimal Monetary Policy [J]. *American Economic Review*, 2001, 91 (2) : 232 – 237

[72] Engela. C, Rogersb. J. H. . The U. S. Current Account Deficit and the Expected Share of World Output [J] . *Journal of Monetary Economics*, 2006 , 53 (5) : 1063 – 1093.

[73] Mckinnon. R. I. . Futures Markets, Buffer Stocks, and Income Stability for Primary Producers [J] . *Journal of Political Economy*, 1967 , 75 (6) : 844 – 861.

[74] Shaw. E. S. . The Mechanism of Cheap Money: A Study of British Monetary Policy, 1931 – 1939 by Edward Nevin [J] . Journal of Political Economy, 1957, 8 (2) : 331 – 332.

[75] Gelb. A. H. On the Definition and Measurement of Instability and the Costs of Buffering Export Fluctuations [J] . *Review of Economic Studies*, 1979 , 46 (1) : 149 – 162.

[76] Fuhrer. J. C, Moore. G. R. . Monetary Policy Trade – offs and the Correlation between Nominal Interest Rates and Real Output [J] . *American Economic Review*, 1995 , 85 (1) : 219 – 239.

[77] Bernanke. B. S, Blinder. A. S. . The Federal Funds Rate and the Channels of Monetary Transmission [J] . *American Economic Review*, 1992, 82 (4) : 901 – 921.

[78] Estrella, A. , Hardouvelis, G. The term structure as a predicator of real economy activity The term structure as a predicator of real economy activity [J] . *Journal of Finance*, 1991: 555 – 576.

[79] Bernanke. B. S, Kuttner. K. N. . What explains the stock market's reaction to Federal Reserve policy? [J] . *Journal of Finance*, 2005 , 60 (3): 1221 – 1257.

[80] Sarno. L, Thornton. D. L. . The dynamic relationship between the federal funds rate and the Treasury bill rate: An empirical investigation [J] . *Journal of Banking & Finance*, 2003, 27 (6): 1079 – 1110.

[81] Morris. C. S, Sellon. G. H. . Bank lending and monetary policy: evidence on a credit channel [J] . *Economic Review*, 1995, 80 (2): 59 – 75.

[82] Bernanke. B. S, Gertler. M. . Inside the Black Box: The Credit Channel of Monetary Policy Transmission [J] . *Journal of Economic Perspectives*, 1995, 9 (4): 27 – 48.

[83] Taylor. J. B. historical analysis of monetary policy rules [J] . *Nber Chapters*, 1998, 30 (3): 1375 – 1386.

[84] Bardford. J, Long. D. . The Triumph of Monetarism? [J] . *Journal of Economic Perspectives*, 2010, 14 (1): 83 – 94.

[85] Black. F. , Scholes. M. . The Pricing of Options and Corporate Liabilities [J] . *Journal of Political Economy*, 1973, 81 (3): 637 – 654.

[86] Sadorsky. P. Modeling and forecasting petroleum futures volatility [J] . *Energy Economics*, 2006, 28 (4): 467 – 488.

[87] Agnolucci. P. Volatility in crude oil futures: A comparison of the predictive ability of GARCH and implied volatility models [J] . *Energy Economics*, 2009, 31 (2): 316 – 321.

[88] Bollerslev T. Chou R. Y. , Kroner K. F. . ARCH modeling in finance: A review of the theory and empirical evidence [J] . *Journal of econometrics*, 1992, 52 (1 – 2): 5 – 59.

[89] Figlewsky S. Forecasting Volatility, Financial Markets, Institutions and Instruments [J] . *New York University Salomon Center*, 1997, 6 (1): 1 – 88.

[90] Poon. S. H, Granger C. Forecasting Volatility in Financial Mar-

kets: A Review [J]. *Journal of Economic Literature*, 2003, 41 (2): 478 – 539.

[91] Merton. R. C. Onestimating the Expected Return on the Market: an Exploratory Investigation [J]. *Journal of Financial Economics*, 1980, 8 (4): 323 – 361.

[92] Corsi. F. A Simple Approximate Long Memory Model of Realized Volatility [J]. *Journal of Financial Economicrics*, 2009, 7 (2): 174 – 196.

[93] Bollerslev Tim. Generalized Autoregressive Conditional Het – eroskedasticity [J]. *Journal of Econometrics*, 1986, 31 (3): 307 – 327.

[94] Bollerslev. T, Chou. R. Y, Kroner. K. F. ARCH Modeling in Finance: A Review of Theory and Empirical Evidence [J]. *Journal of Econometrics*, 1992, 5 (2): 112 – 131.

[95] Bollerslev T., Engle. R. F, Nelson. D. B. ARCH Models in: Handbook of Econometrics (Engle RF, McFadden D eds.) 4 North – Holland, Amsterdam, 1994.

[96] Zhuanxin Ding, Clive W. J. Granger, Robert F. Engle A Long Memory Property of Stock Market Returns and a New Model [J]. *Journal of Empirical Finance*, 1995, 2 (1): 98.

[97] Hansen P. R., Lunde A. Consisitent Ranking of Volatility Models [J]. *Journal of Econometrics*, 2006, 131: 97 – 121.

[98] Christodoulakis, G. A., Satchell., S. E., Hashing GARCH : A Reassessment of Volatility Forecasting Performance [J]. *Forecasting Volatility in the Financial Markets*, 2007 (5): 227 – 247.

[99] Sims. C. A. Are Forecasting Models Usable for Policy Analysis? [J]. *Federal Reserve Bank of Minneapolis Quarterly Review*, 1986, 10 (1): 873 – 889.

［100］Stock. J. H, Watson. M. W. Evidence on Structural Instability in Macroeconomic Time Series Relations ［J］. *Journal of Business & Economic Statistics*, 1996, 14（1）: 11 – 30.

［101］Cogley. T, Sargent. T. J. *Evolving Post – world War II US Inflation Dynamics* ［M］. Macroeconomics Annual 2001, Volume 16. Mit Press, 2002: 331 – 388.

［102］Jacquier, Polson. N. G. Rossi. P. E. Models and Priors for Multivariate Stochastic Volatility ［R］. CIRANO, 1995.

［103］Chib. S, Nardari. F, Shephard. N. Markov Chain Monte Carlo Methods for Stochastic Volatility Models ［J］. *Journal of Econometrics*, 2002, 108（2）: 281 – 316.

［104］Primiceri, Giorgio. E. Time Varying Structural Vector Autoregressions and Monetary Policy ［J］. *The Review of Economic Studies*, 2005, 72（3）: 821 – 852.

［105］Johnson. A. A, Flegal. J. MA. Modified Conditional Metropolis – Hastings sampler ［J］. *Computational Statistics & Data Analysis*, 2014（78）: 141 – 152.

［106］Nicholas Metropolis, Arianna. W. Rosenbluth, Marshall N. Rosenbluth, Augusta. H. Teller and Edward Teller. Equation of State by Fast Computing Machines ［J］. *The Journal of Chemical Physics*, 1954, 21（6）: 1087 – 1092.

［107］Lakonishok J., Shleifer A., Thaler R., Wishny R.. Window Dressing by Pension Fund Managers ［J］. *The American Economic Review*, 1991, 81（2）: 227 – 231.

［108］La Porta R., Lopez – de – Silanes F., Shleifer A.. Corporate Ownership around in the World ［J］. *The Journal of Finance*, 1999, 54（2）: 471 – 517.

[109] Lazear, E., Rosen, S. Rank Order Tournaments as Optimum Labor Contracts [J]. *Journal of Political Economy*, 1981, 89: 841 – 864.

[110] Lintner J.. Security Prices, Risk, and Maximal Gains from Diversification [J]. *The Journal of Finance*, 1965, 20 (4): 587 – 615.

[111] Liu W.. A Liquidity – Augmented Capital Asset Pricing Model [J]. *Journal of Financial Economics*, 2006, 82 (6): 631 – 671.

[112] Tinbergen. J.. On the Theory of Income Distribution [J]. *Weltwirtschaftliches Archiv*, 1956, 77 (2): 155 – 175.

[113] Poole. W.. Optimal Choice of Monetary Policy Instruments in a Simple Stochastic Macro Model [J]. *Quarterly Journal of Economics*, 1969, 85 (4): 716 – 717.

[114] Keynes. J. M.. *The pure theory of money* [M]. Cambridge University Press, for the Royal Economic Society, 1930.

[115] Alesina. A, Barro. R. J.. *Currency unions Hoover Institution Press* [M]. Stanford University, 2001, 117 (2): 409 – 436.

[116] Bernanke. B. S, Gertler. M.. Should Central Banks Respond to Movements in Asset Prices? [J]. *American Economic Review*, 2001, 91 (2): 253 – 257.

[117] Woodford. M.. *Forward Guidance by Inflation – Targeting Central Banks* [M]. Social Science Electronic Publishing, 2013.

[118] Drakos. A. A, Kouretas. G. P.. Bank ownership, financial segments and the measurement of systemic risk: An application of CoVaR [J]. *International Review of Economics & Finance*, 2015, 40 (6): 127 – 140.

[119] Faia. E, Monacelli. T.. Optimal interest rate rules, asset prices, and credit frictions [J]. *Journal of Economic Dynamics & Control*, 2007, 31 (10): 3228 – 3254.

[120] Kwapil. C, Scharler. J.. Interest rate pass – through, monetary

policy rules and macroeconomic stability ［J］. *Journal of International Money & Finance*, 2010, 29 (2): 236 – 251.

［121］Mchone. D. L, Rodebush. C.. Active Foreign Business Income Test for 80/20 Corporations ［J］. *International Tax Journal*, 2009, 11 (3): 124 – 178.

［122］Clarida. R, J Gal L, Gertler. M.. A simple framework for international monetary policy analysis ［J］. *Journal of Monetary Economics*, 2002, 49 (5): 879 – 904.

［123］Mandelbrot B. B. *Fractals: Form, Chance and Dimension* ［M］. San Francisco: Freeman, 1977.

［124］Kwapil. C, Scharler. J.. Expected monetary policy and the dynamics of bank lending rates ［J］. *International Review of Economics & Finance*, 2013, 27 (2): 542 – 551.

［125］Friedman. M, Savage. J.. The Utility Analysis of Choices Involving Risk ［J］. *Journal of Political Economy*, 1948, 56 (4): 279 – 304.

致　　谢

　　翻过书本的最后一页，掩卷沉思，思绪翩翩：感恩、壮志、惆怅……五味杂陈。窗外一棵香椿树在每晚深夜书房灯光的吸引下，倚窗生长，数根侧枝靠窗倾斜。读博三年，岁月无形丰富了小树的生长形态，同时丰富的还有我的人生轨迹。

　　过去、现在、未来，我的人生都与经济学相关：我毕业于经济学专业，从事着与经济有关的职业，今后还将继续投身于祖国经济建设的事业。每当掌握的经济理论在现实中得到运用，脑海中的推测得到实践检验，主观的推理得到经典理论的验证时，那种动人心魄的激动让我真心喜欢上了这门专业。

　　理论之美令人窒息，无数的经济理论，如同但丁的神曲、达芬奇的蒙娜丽莎、贝多芬的第五交响曲般共同搭砌了人类进步的阶梯，完备了人类文明的精神体系与心灵家园，满足了人类那或许存在的共通思维习惯与审美体验。

　　回首三年的时光，每一次阅读都如同与作者真实对话，每一次提笔都如刻刀般雕琢一件作品，最后我似乎结识了许多挚友：马克思（Karl Heinrich Marx）、米什金（Frederic S. Mishkin）、高鸿业、王松奇……也收获了经手的一件艺术作品和一段坚定而倔强的岁月。这真是一种美妙而神奇的感受！

　　感谢导师邹玲教授的言传身教，如明灯般点亮我的学术道路，在人生的旅途上给予我的光和热，向您致敬！感谢胡援成老师、汪洋老师、严武老师、吕江林老师、黄飞鸣老师、孙秉文老师、冯凌秉老师，感谢他们三年来对我在学术上的启发引导、学习上的细心教诲和生活上的各种帮助！感谢答辩主席彭迪云教授，以及史焕平教授的宝贵指导！向过去教授给我知识的各位恩师致敬！感谢同窗好友给予我的帮助和鼓励！感谢父母大海般的生养恩情以及所给予我护身符般的家庭价值观。感谢女儿带给我生命中不可替代的乐趣（命运将天使般的你赐予我和我一生的挚爱——我的妻子），愿你如你的名字般拥有：美德、胸襟与学识。

感谢中国金融出版社张智慧主任和王雪珂编辑的辛勤指导！感谢南昌中支无私帮助过我的同志，感谢中国人民银行余江县支行的同仁们，这段挂职经历将是我一生最宝贵的财富，衷心祝愿你们的一切越来越美好！感谢中国（深圳）综合开发研究院阮萌所长！感谢中南财经政法大学、华南理工大学与重庆文理学院老师给予我的点拨与灵感！

最后感谢我可爱的中国。

周陈曦
2018 年 6 月于红谷滩